普通高校经济管理类应用型本科系列规划教材

金融学类专业导论

主　编／芮训媛
副主编／雷冬嫦　赖涛昌
　　　　张　晖

中国科学技术大学出版社

内 容 简 介

本书主要用于指导本科高校金融学类专业(包括金融学、保险学、投资学、金融工程等专业)大学新生了解该类专业的初步概念,做好大学专业学习规划,熟悉本专业就业方向和工作要求,引导大学生尽快熟悉和适应大学生活,掌握大学学习规律和方法,为培养学生自主学习意识和能力奠定基础。全书包括大学教育之本、金融学类各专业介绍、金融学类专业培养体系、金融学类专业上升路径、金融学类专业拓展资料以及附录等相关内容。

图书在版编目(CIP)数据

金融学类专业导论/芮训媛主编. —合肥:中国科学技术大学出版社,2017.8(2023.8 重印)
ISBN 978-7-312-04300-0

Ⅰ.金⋯ Ⅱ.芮⋯ Ⅲ.金融学—高等学校—教材 Ⅳ.F830

中国版本图书馆 CIP 数据核字(2017)第 183032 号

出版	中国科学技术大学出版社
	安徽省合肥市金寨路 96 号,230026
	http://press.ustc.edu.cn
	https://zgkxjsdxcbs.tmall.com
印刷	安徽国文彩印有限公司
发行	中国科学技术大学出版社
开本	787 mm×1092 mm 1/16
印张	15
字数	365 千
版次	2017 年 8 月第 1 版
印次	2023 年 8 月第 5 次印刷
定价	35.00 元

前　言

　　专业导论课是为了使大学生和社会大众了解相关专业内涵特点、专业与社会经济发展的关系、专业涉及的主要学科知识和课程体系、专业人才培养基本要求等,帮助高校学生形成较系统的专业认识,满足社会大众了解相关专业内涵和发展趋势的要求而开设的。

　　专业导论课程除了介绍专业的历史、现状之外,还要为学生客观呈现职业未来的发展趋势。没有一个职业规划老师可以有这样的资源、这样的条件、这样的优势。这是一份责任,也是一份义务,是对学生负责任也是对家长负责任,更是对社会负责任。导论课程要让学生了解自己的就业方向,引导学生去关注目标工作领域和工作单位的信息。

　　大一新生普遍都有迷茫的状态,迷茫通常是因为迷失,不知道自己在哪里,不知道将要去向哪里,也不知道该怎么去完成自己的专业学习。如果能有一张"专业地图"将所学专业的全面内容展示出来,那学生就能按图索骥,从而有的放矢。专业导论课应该承担这样的功能:为大一新生展示专业的地图,教会学生把握三个关键点,即我们在哪儿,要去哪儿,怎么去。如果把大学比作迷宫,大一新生就好比刚刚站在迷宫入口的孩子,如果有人能俯瞰这迷宫的全貌,描绘一幅迷宫的全图,并能在他们探索的路上及时给予指引,他们就会少走很多弯路。专业导论课正是给学生关于相关专业的一个宏观与总体认识。学业规划的核心问题是:学什么?什么时间学?学到什么程度?怎么学?通过什么渠道学?如果大学能结合专业的实际情况为学生解决这些实际问题,学生的学业规划就更清晰,努力的方向就更明确,对于提升就业率和就业质量都会有直接的帮助。

　　站在学生的角度,可从以下四个方面规划:激发职业兴趣,客观展望未来,全面描绘地图,精心规划学业。如果能做到这四点,我们的大一新生必然会有一个崭新的、有高度的起点。

　　"金融学"是一个范围很广的学科,包含投资学、保险学、金融工程学、数理金融学、行为金融学等。金融学类各专业开设导论课程的教学目的,是为新生提供进入金融类专业学科大门的钥匙或者敲门砖,为新生以后各学期学习专业课程奠定良好的基础,起到一个"引领"的作用。通过对导论课程的学习,学生能对金融学类学科形成一个整体的基本框架,对以后将要学习的专业知识做到心中有数,减少学习的盲目性,增强学习的自觉性,进一步激发学习专业课程的兴趣。导论课主要提供金融学的广度(而不是深度)知识,为后面的专业学习打下基础。除了引导读者进入金融学这一广阔领域以外,本书也鼓励所有的学生在这个领域里做更多的工作,通过本书,学生可以接触到金融学的各个领域,这会鼓励并帮助他们学习更多的金融学课程。

　　本书是根据普通高校应用型特色规划教材编写计划,结合地方高校创新创业教育的总体需求,按照教育部应用型人才培养的教学要求编写的。全书包括大学教育之本、金融学类各专业介绍、金融学类专业培养体系、金融学类专业上升路径、金融学类专业拓展资料以及附录等相关内容。全书紧扣应用型金融学类人才的培养目标，能够满足应用型本科院校金融学类专业的教学需要，也可作为其他相关专业和从事金融行业工作人员的培训教材。

本书为铜陵学院创新创业教研项目的教学成果之一，是在安徽省省级特色专业"金融学"、省级教学改革示范专业"投资学"的基础上，结合地方高校应用型人才培养的目标，在多年实际教学的基础上，结合本校实际编写而成的。担任教材编写工作的主要是金融学院各专业教研室主任，由于编写内容分散在各章节，不便于按章节划分工作任务。雷冬嬃老师负责保险学部分内容；赖涛昌老师负责投资学部分内容；张晖老师负责金融工程部分内容；金融学院伍孟林老师及部分外聘专家等参与教材大纲审定与目录修订工作，刘琼、朱文霞等老师参与部分资料搜集与整理工作；芮训媛老师负责全书的大纲修订、统稿，并撰写金融学、互联网金融和数理金融部分内容以及前言与其他资料。

在编写过程中，我们参照了部分专家意见以及网络资料，在此一并致谢。

高等教育前路漫漫，需要我们学习和思考的地方还有很多，作为地方高校的基层教学人员，深感责任重大，将砥砺前行。由于时间仓促，内容或有疏漏，使用过程中有任何问题，恳请及时沟通，以便完善。

编　者

2017年6月于铜陵学院翠湖校区

目　录

前言 …………………………………………………………………………（ⅰ）

绪论　大学教育之本 ………………………………………………………（ 1 ）

第一章　金融学类各专业介绍 ……………………………………………（18）
　　第一节　透析经济学 ……………………………………………………（18）
　　第二节　金融学类各专业的产生与发展情况 …………………………（25）

第二章　金融学类专业培养体系 …………………………………………（66）
　　第一节　金融学类专业的理论范式 ……………………………………（66）
　　第二节　金融学类各专业人才培养目标 ………………………………（73）
　　第三节　金融学类各专业课程体系 ……………………………………（80）
　　第四节　金融学类专业教学安排与学习方法 …………………………（91）

第三章　金融学类专业上升路径 …………………………………………（102）
　　第一节　金融学类专业就业指南 ………………………………………（102）
　　第二节　金融学类相关专业证书 ………………………………………（111）
　　第三节　金融学类报考研究生指南 ……………………………………（120）

第四章　金融学类专业拓展资料 …………………………………………（141）
　　第一节　金融学类专业图书及网络资料 ………………………………（141）
　　第二节　金融学类本科专业教学质量国家标准 ………………………（166）

附录一　铜陵学院金融学类专业人才培养方案 …………………………（178）
　　金融学专业人才培养方案 ………………………………………………（178）
　　保险学专业人才培养方案 ………………………………………………（187）
　　投资学专业人才培养方案 ………………………………………………（197）
　　金融工程专业人才培养方案 ……………………………………………（206）
　　金融数学专业人才培养方案 ……………………………………………（216）
　　金融学专业人才培养方案（对口招生） ………………………………（220）

附录二　中国大学学科门类目录 …………………………………………（230）

绪论　大学教育之本

> 学问为文明之母，幸福之源。一国之大学，即为一国文明幸福之根源，其地位之尊严，责任之重大，抑岂我人言语所能尽欤！
>
> ——梁启超

一、大学精神

古人注解大学，大都将"在明明德，在亲民，在止于至善"列为三纲，将"格物、致知、诚意、正心、修身、齐家、治国、平天下"列为八目。雪卢老人讲大学时，则以"在明明德，在亲民"为两纲，各领四目，"明明德"领格物、致知、诚意、正心，"亲民"领修身、齐家、治国、平天下，谓为"两纲八目"。而"在止于至善"一句即为两纲的总结，意谓明明德与亲民实行到至善之境，才算成就大学之道，也就是成了圣人。如此讲解，深合经章文法。

明德就是圣人之德，圣人以此明德，对于宇宙人生一切事理无不明白，如《尚书》多处说："唯圣罔念作狂，唯狂克念作圣。"据郑康成注文，以"通明"解释圣人。又如《虞书》称帝尧为"钦明"，称帝舜为"文明"，也都以圣人为明人，所以大学"明德"就是圣人之德，圣人有此明德，一般人也有此明德。但因一般人自心幻生物相，以致不明，所以大学教人明明德。

明德的"德"字，古文写作"惪"。据《说文解字》载："惪，外得于人，内得于己，从真心。""内得于己，谓身心所自得。外得于人，谓惪泽使人得之。"依此解释，吾人欲明明德，固须发明自心的明德，但同时也要以德泽人，希望人人都能明明德，所以大学之道又须亲民。假使不能亲民，则为德不广，自心的明德就不能完全发明。更进言之，纵然自心明德完全发明，而天下苍生尚有未明者，仍须亲民教化，不能自已。

大学两纲并行，不可偏废，两纲所领的条目先后连贯，而不相紊。明明德所领的格物、致知，须在治国、平天下的事相上用功，始易于着力，否则不但难用功夫，而且流于自修自足的小人物。亲民所领的治国、平天下，须以格物、致知为根本，始能成己成物，否则不知如何教民，纵使国民财富增加，而人民的心灵苦于闭塞，以致物质愈富有，精神愈贫穷，政治不能安定，天下不会太平。所以《大学》说："古之欲明明德于天下者，先治其国。欲治其国者，先齐其家。欲齐其家者，先修其身。欲修其身者，先正其心。欲正其心者，先诚其意。欲诚其意者，先致其知。致知在格物。"

这一段内容说得很清楚，治国平天下，旨在教天下人明明德，唯有教天下人明明德，才能使天下永远太平，所以《大学》又说："物格而后知至，知至而后意诚；意诚而后心正，心正而后身修，身修而后家齐，家齐而后国治，国治而后天下平。"

大学之道即以明明德教人，自明而又明人，明明德的道理就在格物。《尔雅·释诂》载："格，至也。"释言："格，来也。"格物就是来物，或是物至。吾人明德，本来光明，本无一物，但因自心妄生物相，为妄相所转，遂使光明变为昏暗，因而不明事实，不见真理。妄生物相就是格物，也就是孔子在《周易·系辞》传里说的"易有太极，是生两仪"。《周易·系辞》传又说："形而上者谓之道，形而下者谓之器。"太极未生两仪，就是"形而上"，无形，无生死变幻等无常之相。既生两仪，就是"形而下"，从此有形，有生死吉凶祸福种种无常之相。大学教人明明德，其故在此。学道的人即在格物致知上用功。自心每起一念，即观察其自何而起，落在何处。此念起落如果皆在时间空间等一切假相之内，便是陷入形而下，也就是本有的明德妄生物相，大学名之为"格物"，当下即知，不使继起，此即"致知"。用功时，固须如此观心，平常无论从政，或从事任何行业，都要注意自己的动机是善是恶，善者可为，不善者不可为，这当然不是真正的用功，真正的用功就是观察自己的心念，谈不上善恶，但日常注意善恶动机，有助于格物致知之道。

上古和封建时代的"大学"一词除了指儒家经典四书之一的《大学》外，还指聚集在特定地点整理、研究和传播高深领域知识的机构。根据文献记载，大学作为一种具有高等教育职能的机构，可以追溯到五帝时期的成均和上庠。董仲舒曰："五帝名大学曰成均，则虞庠近是也。"虞舜时成立上庠，"上庠"即"高等学校"的意思；郑玄曰："上庠为大学，在王城西郊。"以后夏朝的东序、商朝的瞽宗、周朝的辟雍，是当时位于京师的最高学府。

到了汉朝，中央设立太学，为最高学府，而地方也开始设立郡学、州学、府学、县学等供同龄学生学习的地方官办高等学校，相当于不同阶级的公立大学，低阶大学学业出色的学生可以进至高阶大学学习。隋唐以后将太学改为国子监，唐朝以后出现书院。书院可以分为大学部、小学部，有些并未有严格区分，既有官办，也有私立，还有不少是私办官助。白鹭书院、白鹿洞书院、岳麓书院、应天府书院、嵩阳书院、石鼓书院、茅山书院等都是著名书院的代表。

中国传统的学校以培养公共政治服务的官员仕人以及从事文化教育的文人为主，偏重儒学人文教育。另外，还有专门的学科部或者专科性的高等教育机构。南朝宋时设有儒学馆、玄学馆、文学馆、史学馆，合并后分儒、道、文、史、阴阳五部学。唐朝的国子监设有律学馆、书学馆、算学馆。明朝时设有专门培养外交翻译人才的四夷馆。此外还有兼具人才培养功能的专门性科研及应用服务机构，如医学领域的太医馆等，天文历法领域的司天监或者钦天监等。还出现过综合性的学术研究机构，如南朝之宋朝设立的华林学省，相当于后来的中央研究院。

13世纪初，在巴黎大学、牛津大学、撒拉曼加大学创立之初，规定一、二年级的"初阶"以人文教育为主；因此人文学院的文、史、哲三系就是大学的"通史"，全校同学都"必修"。三、四年级的"进阶"中学生可以深入自己喜爱的科目。

二战之后，美国重构了大学和研究系统，所以有了研究型大学之称谓，有的时候我们还把这类大学称为密集性研究型大学。但是在这个过程中，大学忘记了教育学生的任务，而是更关注学术追求，有些学校甚至不对教师培养学生所付出的心血给予肯定，更多的是以研究机构的属性评价大学。

当然，这个问题是一直存在的，早在20世纪30年代，清华大学校长梅贻琦在他的《大学一解》中就提到这个问题。他说："大学的功能应该对学生有知、情、智三方面的培养，但是现在的大学只能培养其中之一，大大窄化了大学的内涵。面对大学未来的发展，即使在数字化时代、国际化时代，我们仍然还要思考如何回归大学本意。需要重新定义大学，大学首先是一所教育机构，大学所有的功能都应该围绕着人的教育和培养而展开。当然，大学教育不只是课堂教学，我们还需要在课堂教学之外提供给学生足够的思想、道德、操守、身体、心智方面的发展机会，完成由制度到文化的重建，来回归大学之本，来坚守大学之本。在过去的很长时间里面，我们对学生的支持是基于评价性的，肯定他们过去所做出的努力，但在让学生面向未来、发掘自我个性方面，还未提供更多、更好的机会。"

二、大学组织

大学是国家高等教育的学府，提供综合性的教学和研究条件及授权颁发学位的高等教育机关。现在的大学一般包括一个能授予硕士和博士学位的研究生院和数个专业学院，以及能授予学士学位的本科生学院。大学还包括高职高专院校。

大学通常被人们比作象牙塔(Lvory Tower)。根据圣经《旧约·雅歌》第七章第四节，睿智富有的以色列王所罗门(Solomon)曾作诗歌 1005 首，其中《雅歌》都是爱情之歌。在第五首歌中，新郎是这样赞美新娘的："… Your neck is like an ivory tower. Your eyes are pools in Heshbon, by the gate of Bath-rabbim…"（……你的颈项如象牙塔；你的眼睛像希实本巴特那拉并门旁的水池……）很清楚，这里的"象牙塔"只是用来描述新娘美丽的颈项。这个词后来被逐渐运用到社会生活的各方面，主要是指"与世隔绝的梦幻境地，逃避现实生活的世外桃源、隐居之地"。在汉语中，象牙塔的外延含义主要是"比喻脱离现实生活的文学家和艺术家的小天地"。

"大学"一词是从拉丁语"universitas"派生的，大致意思是"教师和学者的社区"。大学的教学层次通常分为两种类型，分别是研究生和本专科；其中研究生包括硕士研究生和博士研究生两个层次，本专科分为本科和专科两个层次。教学方式主要为全日制和非全日制两种。

在中国古代，类似于大学的高等教育机构有国学（稷下学宫、太学、国子监）以及后来的高等书院等。中国古代的高等学校可以追溯到公元前两千多年，如虞舜之时，即有"上庠"。不过，中国古代的高等学校和西方现代的大学存在差别，尤其官办学校以培养治理政府的仕人及从事文化教育的文人为主，学科上自然科学尤为缺乏，所以到近代整个的传统教育体系都面临着转型、革新。

在近代和西方交流以来，西方的"university"早期被翻译成"书院"等。

19 世纪末 20 世纪初，辛亥革命元老、中国现代教育奠基人何子渊、丘逢甲等人开风气之先河，排除顽固守旧势力的干扰，成功引入西学（美式教育），创办新式学校，将平民教育纳入清朝的视野。清政府迫于形势压力，不得不对教育革新网开一面，于 1905 年末颁布新学制，废除科举制，并在全国范围内推广新式学堂，西学逐渐成为学校教育的主要形式。新学制将学校分为"小学堂""中学堂""高等学堂"和"大学堂"等几个等级，"高等学堂"和"大学堂"属高等教育。宣统元年（1909 年），地方科举考试停止以后，中国的现代教育得以迅速发展。

日本的学校成为当时官办高等学堂最主要的借鉴对象。北洋西学学堂(今天津大学)是中国近代史上第一所大学的萌芽,成立于1895年,1912年转为效法美国的大学制度,延续至今。民国以后,"大学"则成为正式称谓。

三、大学释义

在英文中,大学一词为"university",是由"universe"(宇宙)这个词的前身派生而来的。"universe"的前身,在拉丁文中为"universus",是由表示"一"的"unus"和表示"沿着某一特定的方向"的"versus"构成的,"universus"字面上的意思因此就是"沿着一个特定的方向"。"universum"是"universus"的中性单数形式,用作名词时指"宇宙",同样派生词"universitas"也指"一群人的联合体,社团"。在中世纪,拉丁文在政府、宗教和教育等领域得到使用,"universitas"这个词被用来指由教师和学生所构成的新联合体,比如在萨勒诺、巴黎和牛津出现的这种联合体。这类联合体即是今天的大学的最初形式。"university"这个词可以上溯到拉丁词,它首次被记录下来大约是在1300年,当时就用来指这种联合体。

希腊哲学家柏拉图于公元前387年在雅典附近的Academos建立"Academy",教授哲学、数学、体育,这被一些人认为是欧洲大学的雏形。

欧洲中世纪的大学是从教会办的师徒结合的行会性质学校发展起来的。在11世纪,"大学"一词和"行会"一词同样被用来形容行业公会,但是到了13世纪,"大学"一词就被用来专指一种学生团体。

欧洲中世纪的大学主要有三种形式:教会大学,学生和教师在一个校长领导下形成一种密切配合的团体,如巴黎、牛津和剑桥等大学;公立大学,由学生选举出来的校长总揽校务,如波伦亚大学和帕多瓦大学等大学;国立大学,由帝王征得教皇认可而建立的大学,如西西里的腓特烈二世成立的那不勒斯大学、卡斯蒂拉的斐迪南三世成立的萨拉曼卡大学。1088年在意大利博洛尼亚建立的波隆那大学,被认为是欧洲第一所大学,这所学校先由学生组织起来,然后再招聘教师。而有"欧洲大学之母"之称的巴黎大学,则是先由教师组织起来,之后再招收学生。

1810年,威廉·冯·洪堡建立柏林大学,将研究和教学结合起来,并确立了大学自治和学术自由的原则,这被认为是现代大学的开端。这种模式在美国最早被约翰斯·霍普金斯大学所效仿,到现在被世界各地的大学广泛采用。

自近代中国和西方交流以来,现在所称的西方的大学(英语:university;法语:université;德语:universität)早期被翻译为"书院"等,后来才统一改称"大学"。

巴基斯坦伊斯兰堡西北方向30千米的一座古城——塔克西拉,1980年正式被联合国教育、科学及文化组织列入文化遗产,原因是早在公元前7世纪这里已是该地区最早的高等学校所在地。

> **课堂讨论**　　结合下面的观点,请谈谈你对大学的认识
>
> "大学者,研究高深学问者也。"——北京大学原校长蔡元培
> "大学者,非谓有大楼之谓也,有大师之谓也。"——清华大学原校长梅贻琦
> "学生在大学里,实际上是学四种东西:学怎样读书,学怎样做事,学怎样与人相处,学怎样做人。"——香港中文大学原校长金耀基
> "大学是人类的动力站,大学是国家最进步力量的先驱。"——英国有机化学家珀金
> "大学是社会的道德灵魂。"——柏林大学创始人洪堡

四、我国大学分类

（一）全日制大学

（1）公办大学：① 特殊类：军队院校、武警院校、公安院校、司法院校、艺术体育院校；② 普通类："985工程"大学、"211工程"大学、一般本科院校（包含独立院校及二级院校）。

（2）高职高专院校：高等职业学校（高职）、高等专科学校（高专）。

（3）民办高等教育：民办院校。

（4）中外合作办学机构。

（二）非全日制大学

包括函授大学、广播电视大学、网络大学、夜校等。

大学的宗旨在于弘扬光明正大的品德,在于使人弃旧图新,在于使人达到最完善的境界。知道应达到的境界才能够志向坚定;志向坚定才能够镇静不躁;镇静不躁才能够心安理得;心安理得才能够思虑周详;思虑周详才能够有所收获。每样东西都有根本,有枝末,每件事情都有开始,有终结。明白了这本末始终的道理,就接近事物发展的规律了。在古代,那些想要在天下弘扬光明正大品德的人,先要治理好自己的国家;要想治理好自己的国家,先要管理好自己的家庭和家族;要想管理好自己的家庭和家族,先要修养自身的品性;要想修养自身的品性,先要端正自己的心思;要想端正自己的心思,先要使自己的意念真诚;要想使自己的意念真诚,先要使自己获得知识;获得知识的途径在于认识、研究万事万物。通过对万事万物的认识、研究后才能获得知识;获得知识后意念才能真诚;意念真诚后心思才能端正;心思端正后才能修养品性;品性修养后才能管理好家庭和家族;管理好家庭和家族后才能治理好国家;治理好国家后天下才能太平。上自国家元首,下至平民百姓,人人都要以修养品性为根本。若这个根本被扰乱了,要治理好家庭、家族、国家、天下是不可能的。不分轻重缓急,本末倒置,是不可能将事情做好的!

1. 中国大陆最知名学府

北京大学：简称"北大"，创办于1898年，初名京师大学堂，是中国近代第一所国立大学，被公认为中国的最高学府，也是亚洲和世界最重要的大学之一。在中国现代史上，北大是中国"新文化运动"与"五四运动"等运动的中心发祥地，也是多种政治思潮和社会理想在中国的最早传播地，有"中国政治晴雨表"之称，享有极高的声誉，具有重要的地位。作为中国高等教育的奠基者，北大诞生了中国高校中最早的数学、物理、化学、地质、计算机、微电子、核物理、心理、农学、医学、中文、历史、哲学、考古、外语、政治、经济、商学、新闻等学科。

清华大学：其前身是清华学堂，始建于1911年，曾是由美国退还的部分庚子赔款建立的留美预备学校。1912年更名为清华学校，1925年设立大学部，开始招收四年制大学生，同年开办研究院（国学门），1928年更名为"国立清华大学"，并于1929年秋开办研究院，各系设研究所。1937年抗日战争爆发后，南迁长沙，与北京大学、南开大学联合办学，组建国立长沙临时大学，1938年迁至昆明，改名为国立西南联合大学。1946年，清华大学迁回清华园原址复校，设有文、法、理、工、农等5个学院，26个系。

2. 中国台湾最知名学府

台湾大学：简称"台大"，前身为日据时期的台北帝国大学，是一所创立于台湾地区的全科性公立综合大学，亦为台湾地区规模最大的研究型大学。2008年被英国《泰晤士高等教育》评为全世界前200名的大学，位列第124名。

3. 中国香港最知名学府

香港大学：简称"港大"，是一所1910年于香港岛成立的大学，其前身为香港西医书院，是香港历史最悠久的大学。港大以英语作为教学语言。牙医学院和教育学院言语及听觉科学学部位于西营盘的菲腊牙科医院内。另有位于新界的嘉道理农业研究所及香港石澳鹤咀的太古海洋科学研究所。

香港科技大学：简称"香港科大"，是一所成立于1991年10月的高度国际化研究型大学，亦是香港八所受政府大学教育资助委员会资助并可颁授学位的高等院校之一。全部以英语为教学语言。香港科技大学在《QS亚洲大学排名》位列全球顶尖200所亚洲大学排名榜第1位(2011/2012)，《QS全球大学排名》中位列全球顶尖200所大学排名榜第40位(2011)。香港科大的"EMBA课程"与"机械工程研究发表量"更是在世界排名第一。

香港中文大学：简称"中大"，成立于1963年，是香港八所受政府香港大学教育资助委员会资助并可颁授学位的高等教育院校之一。中大由新亚书院（1949年成立）、崇基学院（1951年成立）、联合书院（1956年成立）及邵逸夫书院（1986年成立）组成，是香港唯一实行书院联邦制的大学。全部以英语为教学语言。

3. 中国澳门最高学府

澳门大学：简称澳大，是澳门第一所现代大学，也是最具代表性的一所公立大学。澳门大学在澳门是具有公允口碑的尖端学府，清华大学原校长王大中、前外交部长李肇星和美国前总统乔治·赫伯特·沃克·布什（老布什）等人均为澳门大学荣誉博士。校园位于澳门氹仔岛，未来将在珠海经济特区的横琴岛建设新校区。

4. 国防科学最高学府

中国人民解放军国防科学技术大学：简称"国防科技大学""国防科大"，是一所直属中央军委培养国防科学技术人才副大军区级综合类最高学府。是国家"985工程"和"211工程"重点建设并获中央特殊专项资金的全国顶尖名校。

5. 人文社会科学最高学府

中国人民大学：简称"人大"，中央部属高校，是一所以人文社会科学为主，兼有部分理工学科的综合性研究型教育部直属全国重点大学；是国家"211工程"和"985工程"重点建设高校。其在文、法、哲等领域国内领先，近年来还在理工科发展方面努力取得重大进步。人大的前身是在抗日战争时期创办于延安的陕北公学，后历经华北联合大学、北方大学、华北大学等时期，最终于1950年定校址于北京，定名为"中国人民大学"，成为新中国第一所综合性国立大学。该学府为中国培养了大量领袖人才和社会精英。现在，以"国民表率，社会栋梁"为学校培养学生的目标。

6. 中国华侨最高学府

暨南大学：中国第一所由国家创办的华侨学府，是中国第一所招收外国留学生的大学，目前全校共有境外生12000多人，是全国境外生最多的大学，是国家首批"211工程"重点综合性大学，直属国务院侨务办公室。学校的前身是1906年清政府创立于南京的暨南学堂，后迁至上海，1927年更名为国立暨南大学。抗日战争期间，迁址于福建建阳。1946年迁回上海。1949年8月合并于复旦、交通等大学。1958年在广州重建。1983年中共中央颁布文件《关于进一步办好暨南大学和华侨大学的意见》，将暨南大学列为"国家重点建设大学"。1996年成为国家首批"211工程"重点建设大学。

7. 国人创办的第一所大学

复旦大学：创建于1905年（原名复旦公学），是中国人自主创办的第一所高等院校，校首任校董为国父孙中山先生。复旦大学现为中央部属、教育部与上海市共建的全国重点大学，是国家"七五""八五""九五"重点建设、国家"211工程"和首批9所"985工程"重点高校之一，是国家"珠峰计划"和"111计划"重点建设的名牌大学，也是中国顶尖学府"常青藤联盟"（C9联盟）成员。作为中国人自主创办的第一所高等学府，复旦大学现已发展成为一所国际著名的综合性研究型高校，并朝着建设世界一流大学的宏伟目标奋进。

8. 历史最悠久的大学

湖南大学：教育部直属的全国重点大学，国家"211工程""985工程"重点建设高校，全国72所教育部直属高等学校之一，千年学府，百年名校。

学校起源于宋朝四大著名书院之一、创建于公元976年（宋太祖开宝九年）的岳麓书院。2000年，在全国高等学校布局结构调整中，湖南大学、湖南财经学院合并组建成新的湖南大学。湖南大学是东亚地区仅有的两所最古老的大学之一,与韩国成均馆大学的发展模式完全一致,都是在儒家书院的基础上向外扩建发展而来的,两所高校均是把以儒学研究为主的教育机构转变为综合性的高等教育机构的高校。

9. 第一所现代的大学

天津大学:坐落在渤海之滨的天津市,是教育部直属全国重点大学,素以"实事求是"的校训和"严谨治学,严格教学要求"的校风享誉海内外。其前身北洋大学始建于1895年,是中国近代教育史上的第一所大学,为我国近代工业体系的建立和近代科技人才的培养做出了重大贡献,被誉为中国近代科技、工业人才的摇篮,在国内外享有崇高的声誉。1952年经院系调整后定名为天津大学。2000年12月25日,教育部和天津市人民政府签署重点共建天津大学协议,天津大学跻身21世纪国家重点建设大学行列("985工程")。

10. 体制最特殊的大学

南方科技大学:学校以理、工学科为主,兼有部分特色文、管学科;在本科、硕士、博士多层次上办学,一步到位按照亚洲一流标准组建专业学部和研究中心(所),借鉴世界一流大学办学模式,建成类似加州理工学院和洛克菲勒大学那样小规模、高质量的高水平研究型大学。原中国科学技术大学校长朱清时院士出任首任校长。

11. IT行业最高学府

电子科技大学:原名成都电讯工程学院,是1956年在周恩来总理的亲自部署下,由交通大学(现上海交通大学、西安交通大学)、南京工学院(现东南大学)、华南工学院(现华南理工大学)的电子信息类学科合并创建而成的。学校1960年被列为全国重点大学;1997年成为首批国家"211工程"重点建设大学;2001年,教育部、四川省人民政府签署重点共建电子科技大学的协议,学校入选国家"985工程"重点建设大学行列;近年来又先后成为教育部—信息产业部、教育部—国防科工委重点共建高校,是全国电子信息领域、邮电领域唯一一所"985工程"国家重点大学。经过60多年的建设,电子科技大学形成了从本科到硕士、博士等多层次、多类型的人才培养格局,成为一所完整覆盖整个电子类学科,以电子信息科学技术为核心,以工为主,理工渗透,理、工、管、文协调发展的多科性研究型大学。在教育部进行的最新全国一级学科评估中,电子科学与技术专业全国排名第一,信息与通信工程专业全国排名第二。

12. 能源电力最高学府

华北电力大学:简称"华电",是教育部直属全国重点大学,国家"211工程"重点建设大学,国家"985工程优势学科创新平台""111计划"和"卓越工程师教育培养计划"重点建设高校,是全国能源电力领域的最高学府,有"电力黄埔"之称。学校创建于1958年,原名北京电力学院。1969年由北京迁至河北,先后更名为河北电力学院、华北电力学院。1995年与北京动力经济学院合并组建华北电力大学。2005年学校校本部迁至北京,分设保定校区,分别称为华北电力大学和华北电力大学(保定)。

13. 煤炭行业最高学府

中国矿业大学(徐州):世界著名的矿业最高学府,教育部直属全国重点大学,国家"211工程""985工程优势学科创新平台""111计划"重点建设高校,全国56所研究生院高校之一。也是江苏省四所(南京大学、东南大学、中国矿业大学(徐州)和河海大学)部省共建高校之一,设有中国矿业大学(北京)和孔子学院(澳大利亚)。

14. 地球科学最高学府

中国地质大学:首批"211工程"和"985工程优势学科创新平台"重点建设高校之一,是一所以地质、资源、环境、地学工程技术为主要特色,理、工、文、管、经、法相结合的多科性全国重点大学,是中国地学人才培养的主要教育机构和地学研究的基地,是一所在国际地球科学界享有盛誉的高水平、综合性、研究型大学,为中国的地球科学事业做出了卓越的贡献。现有中国地质大学(武汉)和中国地质大学(北京)两个独立的办学实体。2006年起,教育部和国土资源部共建中国地质大学。

15. 中国水利最高学府

河海大学:原华东水利学院,是一所以水利为特色,工科为主,理、工、经、管、文、法多学科协调发展的教育部直属全国重点大学。国家"211工程"和"985工程优势学科创新平台"重点建设高校,在中国水利界享有极高声誉。

16. 中国农业最高学府

中国农业大学:是一所以农学为特色和优势的教育部直属综合性全国重点大学,是中国现代农业高等教育的起源地。国家"211工程"和"985工程"重点建设高校,现有农学与生命科学、食品科学与营养工程、资源与环境科学、信息与计算机科学等学科群。学校共设有14个学院,涉及农学、工学、理学、经济学、管理学、法学、文学、医学、哲学等9大学科门类;设有研究生院和继续教育学院。

17. 林业生态最高学府

北京林业大学:简称"北林",原名北京林学院,是北京学院路八大学院之一。学校位于北京市海淀区清华东路35号,创办于1952年10月16日,是中华人民共和国的重点大学之一,亦是中华人民共和国教育部直属、教育部与国家林业局共建的农林类高等学校。1996年被国家列为"211工程"建设高校之一,2001年被列为"面向21世纪教育振兴行动计划"建设的22所高校之一。2004年5月通过教育部评估,正式成立研究生院,成为全国56所建有研究生院的高校之一。北京林业大学被称为"中国林业和生态环境的最高学府",在中国林业院校中享有较高声誉。

18. 橡胶行业最高学府

青岛科技大学:是山东省重点建设的综合性大学,为原国家化学工业部直属重点高校,是一所以工为主,理、工、文、经、管、医、法、艺等学科协调发展,以材料学、化学工程、应用化学、机械工程、自动化、信息与计算机为特色学科的多科性大学。被誉为我国橡胶界的"黄埔军校",是国内最早开设橡胶专业的学校。

19. 海洋科学最高学府

中国海洋大学:是一所以海洋和水产学科为特色,理学、工学、农学、医(药)学、经济学、管理学、文学、法学、教育学、历史学等学科门类较为齐全的重点综合性教育部直属高校,是国家"985工程"和"211工程"重点建设高校之一。校训是"海纳百川,取则行远"。学校以培养德智体美全面发展的学生,以造就国家海洋事业的领军人才和骨干力量为自己的特殊使命。中国海洋大学的前身是私立青岛大学,始建于1924年,原名为私立青岛大学、国立青岛大学、国立山东大学、山东大学、山东海洋学院、青岛海洋大学。

20. 化工行业最高学府

华东理工大学:教育部直属的全国重点大学,是国家"211工程"重点建设高校和"985工程优势学科创新平台"高校。学校是全国第一所以化工特色闻名的高等学府,现已发展成为特色鲜明、多学科协调发展的研究型全国重点大学。

21. 石油科学最高学府

中国石油大学:教育部直属的全国重点大学,由中国石油大学(北京)和中国石油大学(华东)两个办学实体组成,是国家"211工程"和"985工程优势学科创新平台"重点建设高校,全国具有研究生院的56所高校之一,拥有5个国家重点学科、2个国家重点实验室。半个多世纪以来,学校为国家培养了10万余名优秀专门人才,为国家石油石化工业的发展奠定了人才基础。

22. 中国民航最高学府

中国民航大学:是中国民航总局所属的一所普通高等院校,是被国际民航组织(ICAO)认定的世界上少数几所"享有国际盛誉"的民航类院校之一。

23. 法学教育最高学府

中国政法大学:教育部直属的全国重点大学,国家"211工程"重点建设高校,学校原名北京政法学院,简称法大或政法大学或中政大,是以法科为主的文科类大学,位于北京,有学院路和昌平两个校区。中国政法大学是中国大陆最著名的法律、政治学院校之一。

24. 中国审计最高学府

南京审计大学:我国唯一以"审计"命名的财经类高等院校。学校前身为始建于1983年的南京财贸学院;1987年更为南京审计学院,2016年更名为南京审计大学。1991年由审计署直属;1993年升格为本科院校;2000年,调整为江苏省与审计署合作共建、以江苏省管理为主;2009年,取得硕士学位授予权立项建设单位资格。学校秉承"诚信求是,笃学致公"的校训精神,树立"大审计"教育观,建成了以审计为品牌,经、管、法、文、理、工等学科相互支撑、协同发展的财经类院校。学校现有浦口和莫愁两个校区。

25. 税务行业最高学府

吉林财经大学:吉林省重点大学,是吉林省人民政府与国家税务总局共同建设的学校。学校起步于1946年7月东北银行总行举办的银行干部训练班,经历了东北银行干部学校、东北银行专门学校、长春银行学校、吉林财贸学院、吉林省财贸学校等几个历史时期,1992年5月更名为长春税务学院,2010年3月更名为吉林财经大学。学校曾是新中国创建的第一所金融高等学校、国家较早成立的普通本科财经院校之一、国家第一所税务本科大学。曾先后隶属于东北银行总行、中国人民银行、国家税务总局,2000年划归吉林省人民政府主管。

26. 质量监督最高学府

中国计量学院:亚洲唯一一所以计量学科为特色的综合性大学,始建于1978年,是中国质量监督检验检疫行业唯一的本科院校,实行省部共建、以省为主的管理体制,拥有硕士学位授予权。

27. 纺织行业最高学府

东华大学：位于上海，系国家教育部和上海市共建高校，正式创建于1951年成立的华东纺织工学院，后经中国纺织大学(1985~1999年)和东华大学(1999年至今)易名至今，历史渊源最早可上溯至清代实业家张謇于1912年在江苏创办的南通纺织染传习所，于1960年被正式确定为中国重点高校。现为教育部直属的72所高校之一，也是全国唯一一所以现代纺织为特色进入"211工程"重点建设的高校。同时也是国家高等学校学科创新引智计划(简称"111计划")高校之一和教育部"援疆学科建设计划"40所重点高校之一。

28. 中国最高音乐学府

中央音乐学院：中国艺术院校中唯一一所国家重点高校和"211工程"建设学校，1950年始建于天津。原隶属于中国文化部，2000年归属教育部。

29. 舞蹈教育最高学府

北京舞蹈学院：位于海淀区风景秀丽的紫竹院公园北侧，是新中国建立的第一所学制式专业舞蹈院校，是目前中国舞蹈教育最高学府，是当今世界知名的舞蹈院校。学院始建于1954年，并于1978年由文化部正式批准成立。1999年，获得舞蹈学硕士学位授予权，2005年获得艺术硕士学位授予权。2000年，北京舞蹈学院由直属文化部转为"中央和北京市共建，以北京市管理为主"。

30. 戏曲教育最高学府

中国戏曲学院：中国戏曲教育的最高学府，是中国戏曲高等教育体系的建立者，在国内戏曲教育领域学科最完备、培养体系最健全、优秀师资最集中、输送人才最多、社会影响最大，作为中国戏曲高等教育的引领者和示范者，支撑起新中国成立以来中国戏曲事业对高层次人才的基本需求，对中国戏曲事业的传承与发展有举足轻重的作用。

31. 戏剧艺术最高学府

中央戏剧学院：中央部属高校，教育部直属艺术院校，是中国戏剧艺术教育的最高学府，是世界著名的艺术院校，是我国戏剧、影视艺术教学与科研的中心和亚洲戏剧教育研究中心(ATEC)，是从事戏剧影视艺术训练和实践的重要基地。

32. 电影艺术最高学府

北京电影学院：中国电影人才的摇篮，是目前中国高等艺术教育中唯一的电影专业院校，在国内电影和文化艺术界享有盛誉，也是世界著名的电影艺术高等学府。经过多年的建设和发展，学院建立了科学、完整的电影学学科体系，形成了以本科教学为主体，涵盖专科、本科、硕士、博士和继续教育的多层次电影高级专业人才培养的体系。

33. 中国传媒最高学府

中国传媒大学：前身是北京广播学院，故简称"广院"，是中华人民共和国教育部直属的国家"211工程"重点建设大学，致力于广播、电视、电影、网络、出版、报刊等传媒人才培养和科学研究，是中国信息传播教育的最高学府。

34. 出版印刷最高学府

北京印刷学院：由原中华人民共和国新闻出版总署与北京市政府共建、以北京市管理为主的全日制普通高等学校。经过50余年的建设，已成为工、文、管、艺多学科协调发展的传媒类普通高等学校。学校以"立足首都,服务全国"为办学宗旨,肩负着为我国印刷、包装、出版等媒体与传播业培养应用型高级专门人才的重任。

35. 中国美术最高学府

中央美术学院:教育部直属的唯一一所高等美术学校,于1950年4月由国立北平艺术专科学校与华北大学三部美术系合并成立。学院现设有造型学院、中国画学院、设计学院、建筑学院、人文学院、城市设计学院6个专业学院,并设有继续教育学院和附属中等美术学校。学院以其高度的历史责任感,思考中国美术发展的全局,把握和引领中国美术教育的教学实践和学术建构,引导中国美术教育的进程,成为中国美术院校的代表。

36. 最特殊艺术类大学

吉林动画学院:是全国第一所专业动画高校、目前全国唯一一所独立设置的动画学院,也同时是我国目前动画高等教育领域内唯一的一所拥有国家动画教学研究基地、国家动画产业基地和吉林省原创动漫游戏产业园的特色鲜明的专业型高等院校,在我国动漫高等教育领域处于领先水平。是中国第一所专门培养动漫游戏人才的新型高等院校,现已发展成为一所国内领先、国际有一定影响力的动画高等院校。是全国艺术类高校中唯一具有"国家动画教学研究基地""国家动画产业基地""国家文化产业示范基地"称号的高等艺术本科院校。

37. 中国体育最高学府

北京体育大学:国家体育总局直属、全国唯一的一所体育大学。是全国重点院校和"211工程"院校之一。是中国体育的最高学府。

38. 中国外语最高学府

北京外国语大学:简称"北外",坐落于北京市魏公村,是当代中国最为著名的语言专业类学府。其前身是由成立于1941年的中国人民抗日军政大学三分校俄文大队发展而成的延安外国语学校。截至2011年,北京外国语大学已开设49种外国语课程(其中15种语言是国家唯一学科点),培养出诺贝尔奖得主1人,驻外大使400余人,参赞1000余人,"世界上凡是有五星红旗飘扬的地方,就有北外人的身影",因此赢得了"共和国外交官摇篮"的美誉。

39. 药学界的最高学府

中国药科大学:教育部直属的全国重点大学,国家"211工程"重点建设高校,我国唯一部属专业药科学校,也是世界上最大的专业药科大学。其前身是创建于1936年的国立药学专科学校,是中国历史上第一所由国家创办的高等药学学府。

40. 中医领域最高学府

北京中医药大学:中央部属高校,教育部直属高等学校,创建于1956年,是中华人民共和国最早成立的高等中医院校之一,是唯一一所进入国家"211工程"建设的高等中医药院校。

41. 中国海拔最高的大学

西藏大学:坐落在美丽的青藏高原,是中国乃至世界海拔最高的大学。建于西藏自治区首府拉萨市,是一所综合性地方高等院校,也是教育部与西藏自治区人民政府共建高校。

学校的前身是1951年成立的藏文干部培训班,历经西藏军区干校、西藏地方干校、西藏行政干校、西藏师范学校、西藏师范学院等几个发展时期。1985年7月,西藏大学正式成立。

42. 中国最北边的大学

黑河学院:坐落于素有"祖国北疆明珠"之称的黑龙江省黑河市,与俄罗斯远东第三大城市布拉戈维申斯克市隔江相望,是中俄边境线上我国境内唯一的一所普通高等本科院校。

43. 中国最南边的大学

琼州学院:创建于1958年的本科高校,也是三亚市唯一一所具有招收外国留学生资格的公办省属普通全日制综合性本科院校。学校正往"国际化、开放型、特色鲜明的品牌大学"的目标不断努力、创新发展中。拥有两大校区,主校区坐落在世界闻名、中国唯一的热带滨海旅游胜地——"美丽三亚,浪漫天涯"的三亚市,分校区坐落在海南中南部生态环境优美、四季气候宜人的"翡翠山城"——五指山市。

44. 中国最西边的大学

塔里木大学:原名塔里木农垦大学,位于新疆南部塔里木河畔的阿拉尔市。为了适应新疆农垦事业的发展和开发塔里木垦区对各类人才的需要,在原国家副主席王震将军的倡导和关怀下,于1958年创建。学校是国务院学位委员会、教育部批准的首批具有学士学位授予权的本科院校,2003年获得硕士学位授予权,2004年5月经教育部批准,更名为塔里木大学。

45. 中国最东边的大学

佳木斯大学:1995年6月27日,经原国家教委批准,由佳木斯医学院、佳木斯工学院、佳木斯师范专科学校和原佳木斯大学四所学校合并组成。1996年11月21日,佳木斯大学正式成立,2000年5月、2003年5月、2003年12月佳木斯市粮食干校、富锦师范学校、黑龙江省理工学校相继并入。

46. 图书馆最大的大学

三峡大学:图书馆主体有7层,总占地面积为7085平方米,总建筑面积为42605.33平方米,花园面积为1500平方米,是中国高校最大的单体图书馆。三峡大学图书馆仅仅是最大的单体图书馆,并不是最大的,也不是藏书最多的图书馆,但它是设施先进、藏书带有水利电力和三峡特色的图书馆。

47. 图书馆最豪华的大学

汕头大学:汕头大学图书馆是香港知名爱国人士李嘉诚先生捐巨资兴建的汕头大学的重要组成部分,是在我国改革开放时期发展起来的综合性、开放型的高等学校图书馆。建馆以来,一直把文献资源建设作为图书馆工作的重点之一,多渠道、多途径采集适合本校教学、科研需要的各种载体文献资料。从开始的单一纸质文献,逐步发展到以纸质文献为主,非书资料、数字资源为辅,过渡到纸质文献与数字资源并重的文献保障体系。

48. 四大纪念性大学

中山大学、星海音乐学院、仲恺农业工程学院、鲁迅文学院。

49. 百年名校

北京师范大学：学校的前身是1902年创立的京师大学堂师范馆，1908年改称京师优级师范学堂，独立设校。1912年改名为北京高等师范学校。1923年更名为北京师范大学，成为中国历史上第一所师范大学。1931年、1952年北平女子师范大学、辅仁大学先后并入北京师范大学。

北京交通大学：教育部直属的全国重点大学，是首批进入国家"211工程"建设高校和"985工程优势学科创新平台"项目重点建设高校。北京交通大学作为交通大学的重要组成部分，可追溯到1896年，她的前身是清政府创办的北京铁路管理传习所，是中国第一所专门培养管理人才的高等学校，是中国近代铁路管理、电信教育的发祥地。

上海交通大学：是教育部直属、教育部与上海市共建的全国重点大学，是国家"七五""八五"重点建设、国家"211工程"和"985工程"建设的高校之一，是国家"111计划"和"珠峰计划"重点建设的名牌大学，是中国大学"常青藤联盟"（C9）成员。

同济大学：教育部直属重点大学。创建于1907年，早期为德国医生在上海创办的德文医学堂，取名"同济"意蕴、合作共济。1912年增设工学堂，1923年被批准改名为大学，1927年正式定为国立同济大学。

南京大学：前身上可溯至源于汉后吴永安元年（258年）的南京太学，历史上曾历经多次变迁，是中国第一所现代大学，中国现代科学的发祥地和现代儒家思想与中华文明复兴的基地，倡行人文思想之会通与学术之昌明，以求世界的和平繁荣，在教育、学术和文化上均具重要贡献和深远影响。现为教育部直属全国重点综合性大学，国家"211工程"和"985工程"重点建设高校，是9校联盟成员，"珠峰计划"首批11所名校之一，为中国最顶尖的著名学府之一。

东南大学：我国最早建立的高等学府之一，素有"学府圣地"和"东南学府第一流"之美誉。东南大学前身是创建于1902年的三江师范学堂。1921年经近代著名教育家郭秉文先生竭力倡导，以南京高等师范学校为基础正式建立东南大学，成为当时国内仅有的两所国立综合性大学之一。郭秉文先生出任首任校长。他周咨博访、广延名师，数十位著名学者、专家荟萃东大，遂有"北大以文史哲著称、东大以科学名世"之美誉。1928年学校改名为国立中央大学，设理、工、医、农、文、法、教育7个学院，学科之全和规模之大为全国高校之冠。1952年全国院系调整，以原中央大学工学院为主体，先后并入复旦大学、交通大学、浙江大学、金陵大学等校的有关系、科，在中央大学本部原址建立了南京工学院。1988年5月，学校复更名为东南大学。

厦门大学：是教育部直属的全国重点大学，由著名爱国华侨领袖陈嘉庚先生于1921年4月6日创建，是中国近代教育史上第一所由华侨创办的大学，也是中国唯一一所地处经济特区的"211工程"和"985工程"重点建设的高水平研究型大学。

苏州大学：坐落于古城苏州，是国家"211工程"重点建设高校和江苏省省属重点综合性大学。其前身为创建于1900年的东吴大学。苏大利用地处苏州以及苏南这一独特的地理环境优势，努力抓住发展机遇，成为目前中国发展势头最好的重点高校之一，多项指标位列全国高校前列。苏州大学现已发展成为一所拥有哲学、经济学、法学、教育学、文学、历史学、理学、工学、农学、医学、管理学等11大学科门类,具有相当规模,基础较为雄厚,办学效益显著,在国内外具有一定知名度的地方综合性大学。

武汉大学：溯源于清朝末期1893年湖广总督张之洞奏请清政府创办的自强学堂,于1913年由国民政府建立国立武昌高等师范学校。1923年,国立武昌高等师范学校改名为国立武昌师范大学。1924年,国立武昌师范大学改名为国立武昌大学。1926年,国立武昌大学、国立商科大学、省立医科大学、省立法科大学、省立文科大学以及私立文华大学等合并,建立国立武昌中山大学(国立第二中山大学),设有大学部和文、理、法、经、医、预6科、17个系2个部。1928年,改组国立武昌中山大学,组建国立武汉大学。武汉大学是教育部直属全国重点大学,是近代中国首批国立综合大学之一,湖北第一所高等学府。是首批"985工程"和"211工程"重点建设高校。

西安交通大学：教育部直属重点大学。其前身是1896年创建于上海的南洋公学,1921年改称交通大学,1956年国务院根据国家经济建设发展战略需要决定将交通大学的主体内迁西安,1959年正式定名为西安交通大学,并被列为全国重点大学。

福建师范大学：一所具有百年历史和光荣传统的重点大学,是我国建校最早的师范大学之一,前身为1907年创办的福建优级师范学堂。新中国成立以后,由华南女子文理学院、福建协和大学、福建省立师范专科学校等单位几经调整合并,于1953年成立福建师范学院,1972年易名为福建师范大学并沿用至今。

西北大学：肇始于1902年的陕西大学堂,1912年始称西北大学,1923年8月改称国立西北大学。1937年抗战爆发后,国立北平大学、国立北平师范大学、国立北洋工学院等内迁来陕,组成国立西安临时大学,1938年更名为国立西北联合大学,1939年8月复称国立西北大学。

华中农业大学：其前身是清朝光绪年间湖广总督张之洞于1898年创办的湖北农务学堂,几经演变,1952年由武汉大学农学院和湖北农学院的全部系科以及中山大学等6所综合性大学农学院的部分系科组建成立华中农学院。新中国成立后,学校曾直属中央高等教育部,后实行农业部和湖北省双重领导。1979年经国务院批准列为全国重点大学,直属农业部。1981年经国务院学位委员会批准,成为首批具有博士学位和硕士学位授予权的学校。学校具有教授和博士生导师评审权。1985年更名为华中农业大学。2000年由农业部划转教育部直属领导。

河南大学：前身是河南留学欧美预备学校,成立于1912年,河南督军冯玉祥将军应教育界人士在河南创办大学的要求而建立。以"明德,新民,止于至善"为校训,为祖国的各项事业做出了突出贡献。分立出中南财经政法大学、华中师范大学、河南农业大学、河南医科大学(2000年并入郑州大学)、河南财经政法大学、河南师范大学等多所高校而不曾没落。

华南农业大学：在广东省一般简称"华农",是中国广东省的一所综合性大学。广东省和农业部"九五""十五"共建的全国重点大学,已有一百多年的办学历史。校园坐落在素有"花城"美誉的广州市区,学校悠久的办学历史可追溯至始创于1909年的广东全省农事试验场暨附设农业讲习所,是广东省高等教育的重要发祥地之一。

四川大学：由原四川大学、原成都科学技术大学、原华西医科大学三所全国重点大学经过两次合并而成。原四川大学起始于1896年四川总督鹿传霖奉光绪特旨创办的四川中西学堂，是西南地区最早的近代高等学校；原成都科学技术大学是新中国院系调整时组建的第一批多科型工科院校；原华西医科大学源于1910年由西方基督教会组织在成都创办的华西协合大学，是西南地区最早的西式大学和中国最早培养研究生的大学之一。1994年，原四川大学和原成都科技大学合并为四川联合大学，1998年更名为四川大学。2000年，四川大学与原华西医科大学合并，组建了新的四川大学，是一所综合性全国重点大学。

河南理工大学：前身是1909年由英国福公司兴办的焦作路矿学堂，是中国历史上第一所矿业高等学府和河南省建立最早的高等学校，历经河南福中矿务学校、福中矿务专门学校、福中矿务大学、私立焦作工学院、西北工学院、国立焦作工学院等重要历史时期，1958年改组焦作工学院并订立新校名为焦作矿业学院，1995年恢复焦作工学院校名，2004年更名为河南理工大学。

山东大学：创建于1901年，坐落于闻名中外的"泉城"济南市。历经山东大学堂、国立青岛大学、国立山东大学、山东大学等历史发展时期，迁徙分合、春华秋实，成为中国现代大学教育的重要发祥地之一。

浙江大学：其前身求是书院成立于1897年，1901年起曾几度易名并一度停办；1927年在原校址成立国立第三中山大学（由浙江公立工业专门学校和浙江公立农业专门学校改组为第三中山大学工学院和劳农学院）；1928年4月1日改名为浙江大学。

兰州大学：西北地区唯一一所教育部直属全国重点综合性大学，也是国家"985工程"和"211工程"重点建设高校之一。是经教育部批准建有研究生院的56所高校之一，国家"111计划"和"珠峰计划"重点建设的名牌大学。兰州大学创建于1909年，曾用名甘肃法政学堂、甘肃公立法政专门学校、兰州中山大学、甘肃大学、省立甘肃学院、国立甘肃学院、国立兰州大学。学校始于1909年甘肃法政学堂，1928年扩建为兰州中山大学，1946年成立国立兰州大学。1949年国立兰州大学更为兰州大学，沿用至今。

山西大学：1902年5月8日山西大学堂正式开办，与京师大学堂（北京大学）、北洋大学堂（天津大学）一道开创了中国近代高等教育的新纪元。

50. 世界名校

常青藤联盟院校：指由美国东北部的8所历史悠久、教学科研能力一流的大学组成的大学联盟。这些大学都是国际一流的大学，且都拥有几乎和美国同样长的历史。它们分别是哈佛大学、耶鲁大学、普林斯顿大学、宾夕法尼亚大学、哥伦比亚大学、达特茅斯学院、布朗大学、康奈尔大学。

泛常青藤学校：又称广义常青藤学校，指的是除了上述8所学校以外，美国其他的一些能与常青藤匹敌的院校。它们分别是：麻省理工学院、加州理工学院、斯坦福大学、芝加哥大学、西北大学、圣路易斯华盛顿大学、约翰霍普金斯大学、诺特丹大学、纽约大学、波士顿学院、乔治城大学、布兰戴斯大学、罗彻斯特大学等。

公立常青藤学校：指的是一些美国最顶尖的公立学校。它们既拥有能与常青藤学校媲美的科研实力,又可让学生享受相对低廉的学费。它们分别是:密歇根大学安娜堡分校、弗吉尼亚大学、北卡罗来纳大学教堂山分校、西雅图华盛顿大学、威廉玛丽学院、威斯康星大学麦迪逊分校、普渡大学、宾夕法尼亚州立大学、德克萨斯大学奥斯汀分校、伊利诺伊大学厄本那香槟分校、迈阿密大学等,以及加州大学系统的伯克利、洛杉矶、圣迭戈、圣巴巴拉和戴维斯5所分校。

美国南方名校:从前,由于美国南北方的地域差距,南方的大学不受重视,因此著名的大学如常青藤等都位于北部。然而,南方也有许多优秀的院校。许多院校都有"南方哈佛""南方耶鲁"或"南方麻省理工"之称。著名的有:杜克大学、埃默里大学、莱斯大学、范德比尔特大学、威廉玛丽学院、南卫理工会大学、佩珀代因大学、南加州大学、佐治亚理工学院等。

加州大学系统:是世界上最优秀的大学系统。这个系统只录取世界前10%的学生,而其领头学校加州大学伯克利分校则是世界上数一数二的名校。这个系统共有10个分校,分别是:伯克利分校、洛杉矶分校、圣迭戈分校、圣塔芭芭拉分校、戴维斯分校、欧文分校、圣克鲁斯分校、河滨分校、默塞德分校、旧金山(医学院)分校。

著名文理学院:欧美有很多只提供精英本科教育而没有研究生院的小型高等教育院校,或者男女分离的传统院校。其中著名的有:阿莫斯特学院、威廉姆斯学院、明德学院、斯沃斯莫学院、科尔盖特大学、华盛顿李大学、布林茅尔学院、威尔斯理学院、卫斯理安学院、哈伍福德学院、巴纳德学院、巴克奈尔大学等。

英国G5学校:G5学校是英国顶尖大学的标志,由英国最好的5所大学组成。它们分别是:剑桥大学、牛津大学、帝国理工学院、伦敦大学学院、伦敦政治经济学院。

其他著名大学:除了美国和英国之外,还有一些世界级名校分布在多个国家和地区。其中包括:澳大利亚的澳大利亚国立大学、悉尼大学、墨尔本大学;加拿大的多伦多大学、滑铁卢大学、不列颠哥伦比亚大学、麦吉尔大学;日本的东京大学、京都大学、早稻田大学;瑞士的洛桑理工学院、苏黎世大学;法国的巴黎第十一大学、巴黎第六大学;德国的慕尼黑工业大学;新加坡的南洋理工大学、新加坡国立大学;俄罗斯的莫斯科国立大学;荷兰的阿姆斯特丹大学、莱顿大学、乌德勒支大学;瑞典的斯德哥尔摩大学、兰德大学;芬兰的赫尔辛基大学;爱尔兰的都柏林三一学院等。

课后实践

1. 按照人数分组,分别调查本校的发展历史与演变、本校校训、校徽含义等,并请高年级同学谈谈对本校的看法。

2. 分组讨论"钱学森之问":"为什么我们的学校总是培养不出杰出人才?"

第一章　金融学类各专业介绍

"大学乃是一切知识和科学、事实和原理、探索和发现、实验和思索的高级保护力量；它描绘出理智的疆域，并表明……在那里对任何一边既不侵犯也不屈服。"

——纽曼《大学的理想》

第一节　透析经济学

一、经济释义

（1）指经世济民。《晋书·殷浩传》："足下沉识淹长，思综通练，起而明之，足以经济。"袁郊《甘泽谣·陶岘》："岘之文学，可以经济；自谓疏脱，不谋宦游。"梅尧臣《汴渠》诗："我实山野人，不识经济宜。"《红楼梦》第三二回："宝玉听了，大觉逆耳，便道：'姑娘请别的屋里坐坐吧，我这里仔细腌臜了你这样知经济的人！'"

（2）指治国的才干。《睢阳袁氏（袁可立）家谱序》："与参由明经高第为沁源令，吏治明敏，清节著闻，秩满擢新宁守，才品经济尤为世重。"孔尚任《桃花扇·修札》："写的激切婉转，有情有理，叫他不好不依，又不敢不依，足见世兄经济。"沈涛《交翠轩笔记》卷一："（施彦士）所著有《海运刍言》，论海运始末利害甚悉，儒生之有真实经济者。"《老残游记》第三回："听说补残先生学问经济都出众的很。"

（3）谓耗费少而收益多。鲁迅《书信集·致李霁野》："倘暂时在北京设一分发处（一个人，一间屋）……就可以经济得多了。"朱自清《历史在战斗中》："著者是个诗人，能够经济他的语言，所以差不多每句话都有分量。"郭沫若《洪波曲》第四章六："在那时我们认为电影的宣传效果是很大的，打算在香港设一个第二制片厂，以便在海外容易取材而且经济。"

（4）指财力、物力。鲁迅《书信集·致何白涛》："《中国木刻选》要开始付印了，共二十四幅，因经济关系，只能印百二十本。"丁玲《母亲二》："小菡是一个没有父亲的穷小孩，她只能在经济的可能范围里读一点儿书。"

（5）指一定历史时期的社会生产关系的总和，是政治、思想意识等上层建筑赖以建立起来的基础。

(6) 指一个国家的国民经济,也指国民经济的某一部门,如工业经济、农业经济、商业经济等。

二、"经济"一词的演变

公元 4 世纪初,东晋时代已正式使用"经济"一词。"经济"一词是"经邦""经国"和"济世""济民",以及"经世济民"等词的综合和简化,含有"治国平天下的意思"。其在中国古代文化和古代文学中是一个非常巨大的概念,充满了丰富的人文思想和社会内涵。古代名联中一句"文章西汉双司马,经济南阳一卧龙",这里面的经济就是经纶济世的意义。而我们可以看到"经济"这个词语在古代所代表的是知识分子的责任之一,而且是非常有深度、广度、高度的一个词语。能做到"经济"二字的人必须"文能安邦兴业,武能御侮却敌"。古代知识分子,特别是儒家学派的众人,会按照《大学》中"三纲八目"的要求去做学问、做人,而三纲八目最高的要求就是做到"治国平天下",这个就是古代"经济"一词的最外向的表示。

至于现代"经济"一词实为我国引进日本人翻译的结果。在清朝末期,日本人掀起工业革命浪潮,接受、吸收、宣传西方文化,大量翻译西方书籍,将"economics"一词译为"经济"。在新文化运动中,日本所学习过的西方文化向中国传播,故而"经济"一词亦被中国引用。

英文中 economy 源自古希腊语 οικονομα(家政术)。οικο 为家庭的意思,νομο 是方法或者习惯的意思。因此,其本来含义是指治理家庭财物的方法,到了近代扩大为治理国家的范围,为了区别于之前的用法也被称为"政治经济学"(Political Economy)。这个名称后来被马歇尔改回经济学(Economics)。到了现代,如果单称经济学的话,是在政治经济学或者更广的层面来考虑经济的,因此,一般在指经济学的时候经济学与政治经济学是同义的。

(一)工具书解释

(1) 经济就是生产或生活上的节约、节俭。前者包括节约资金、物质资料和劳动等,归根结底是劳动时间的节约,即用尽可能少的劳动消耗生产出尽可能多的社会所需要的成果。后者指个人或家庭在生活消费上精打细算,用消耗较少的消费品来满足最大的需要。总之,经济就是用较少的人力、物力、财力、时间、空间获取较大的成果或收益。

(2) 经济就是国家或企业、个人的收支状况,如国民生产总值、社会总产值、企业的产量与效益、个人的收入与支出等。

(3) 经济就是经邦济世、经国济世或经世济民等词的综合和简化(如"识局经济"(《晋书纪瞻》))"皆有经济之道而位不逢"(隋王通《文中子中说》卷六)。它的含义包括国家如何理财,如何管理各种经济活动,如何处理政治、法律、军事、教育等方面的问题,即治理国家、拯救庶民的意思。

(4) 经济就是家庭管理(见古希腊色诺芬著的《经济论》)。

(5) 经济就是一种谋生术,是取得生活所必要的并且对家庭和国家有用的具有使用价值的物品(见古希腊亚里士多德著的《政治学》)。

第一、二个解释反映了人们在日常生活中的习惯用法,第三个解释是我国古代对"经济"一词的用法,第四、五个解释是古希腊对"经济"一词的用法。

(二)传统政治经济学著作解释

(1) 经济是指社会生产关系的总和,指人们在物质资料生产过程中结成的,与一定的社会生产力相适应的生产关系的总和或社会经济制度,是政治、法律、哲学、宗教、文学、艺术等上层建筑赖以建立起来的基础。

(2) 经济是指社会物质资料的生产和再生产过程,包括物质资料的直接生产过程以及由它决定的交换、分配和消费过程。其内容包括生产力和生产关系两个方面,但主要是指生产力。

(3) 经济是指一个国家国民经济的总称,包括一国全部物质资料生产部门及其活动和部分非物质资料生产部门及其活动。我们通常讲不同国家的经济状况,就是从国民经济的角度上讲的。

(三)俄罗斯经济学家解释

(1) 经济就是遵循一定经济原则,在任何情况下力求以最小的耗费取得最大的效益的一切活动。

(2) 经济就是人类以外部自然界为对象,为了创造满足我们需要所必需的物质环境而不是追求享受所采取的行为的总和。[①]

(四)西方经济学解释

在西方经济学中,经济学家给经济学下了各种各样的定义,但对"经济"的定义却比较模糊。他们认为经济学的研究对象自然是经济,"经济"这个最基本的概念是一个清晰自明的实体,对经济无须下定义,故至今为止在西方经济学中"经济"一词还没有一个明确的定义。由此导致他们对经济学的定义也处于混乱状态。我们只能从其对经济学的定义中推测出"经济"的定义。

(1) 经济是指财富。

(2) 经济是人类和社会选择使用自然界和前辈所提供的稀缺资源。

(3) 经济是指利用稀缺的资源以生产有价值的商品并将它们分配给不同的个人。

(4) 经济是指人类生活事务。

(5) 经济是指把稀缺资源配置到各种不同的和相互竞争的需要上,并使它们得到最大满足。

(6) 经济是指将稀缺的资源有效的配置给相互竞争的用途。

(7) 经济是指个人、企业、政府以及其他组织在社会内进行选择,以及这些选择决定社会性稀缺性资源的使用。

(8) 经济指社会管理自己的稀缺资源。

(9) 经济是指我们社会中的个人、厂商、政府和其他组织进行选择,这些选择决定社会资源被利用。

---

① MN·杜冈-巴拉诺夫斯基. 政治经济学原理[M]. 北京:商务印书馆,1989.

（10）经济是指在经济活动中确定劳动、资本和土地的价格，以及运用这些价格配置资源。

（11）经济是指金融市场行为，金融市场将资本配置到其他经济部门。

（12）经济是指收入分配，以及不损害经济运行的前提下对人给予帮助。

（13）经济是指政府支出、税收、预算、赤字对经济增长的影响。

（14）经济是指经济周期中失业与生产的波动，并改善经济增长的政策。

（15）经济是指各国贸易模式贸易壁垒的影响。

（16）经济是指发展中国家的发展，资源有效利用的方式。

（17）经济是指一定社会生产、交换分配和消费等经济活动，经济关系和经济规律。

（18）经济是指有限资源在不同用途上的运用。

（19）经济是指资源配置的全过程及决定影响资源配置的全部因素。

（五）经济学

1. 经济学的定义及分类

经济学是一门研究人类行为及如何将有限或者稀缺资源进行合理配置的社会科学。

经济学的英语 economics 是由希腊文 οἶκος[oikos]而来，意思是家庭、家族、财产权(family,household,estate)以及νόμος[nomos]或法律(custom,law)组成，从逐字上来看是指家族管理(household management)或是政府的管理。

"经济学之父"亚当·斯密的《国富论》是近代经济学的奠基之作。在亚里士多德时代的观点认为"政治学、伦理学、政治经济学三位一体"。

诺贝尔奖获得者阿马蒂亚·森在《伦理学与经济学》说道：在很长一段时间内，经济学科曾经被认为是伦理学的一个分支。

（1）从研究的范围来看，可分为宏观经济学、中观经济学、微观经济学。

（2）从历史发展来看，可分为家庭经济学、政治经济学。

（3）从政府参与经济发展的方式看，可分为市场经济、计划经济。

（4）从经济的主体来看，可分为政府经济（又称公共经济或公共部门经济）、非政府经济（包括企业经济等）。

（5）从经济的研究对象来看，可分为金融经济学、产业经济学，等等。

2. 经济学说

由于经济思想和学说受社会、历史、阶级等因素的影响，因而经济学的研究对象也必然随着历史时代的更迭而发生变化。经济学说主要有如下9种：

（1）财富说。财富说是一种年代最早、历史最长、持有人数最多的经济学对象理论。从古希腊罗马学者的经济思想到新古典经济学以前的多数经济学家都有这种对象理论。色诺芬的著作《经济论》，通篇都是研究家庭财富及其增长问题。重商主义者对研究财富的热情，超过了他们的先辈。他们以财富为中心研究了财富的形式（金银）、产生（流通领域）和增长途径（开采金银和对外贸易）等问题。

古典经济学家们的研究对象也多为财富说。英国古典经济学家威廉·配第在著作中，把如何增加国家税收、如何增加国家财富作为研究对象，在他的《赋税论》中提出了"土地为财富之母,而劳动则为财富之父"的著名论断。古典经济学的集大成者亚当·斯密在《国富论》中研究国民财富的性质和原因以及财富增长之道。大卫·李嘉图遵循斯密的财富对象理论,但特别重视财富的分配问题,他把财富的分配作为政治经济学的研究对象。

法国经济学家萨伊在1803年出版的《政治经济学概论》一书中也指出,政治经济学是"阐明财富怎样生产、分配与消费"的科学。据此,他把政治经济学分成生产、分配和消费三大部分加以论述,创立了"三分法"。詹姆士·穆勒在他的《政治经济学纲要》中,继承和发挥了萨伊的"三分法",提出了"四分法对象论",即将经济学的研究对象归结为研究财富生产、分配、交换和消费的一般原理。

(2) 历史或制度说。19世纪德国历史学派作为古典经济学的主要反对者,在经济研究中始终将历史放到极端重要的地位,并且坚持以民族国家为中心来建立经济学。19世纪初,亚当·穆勒认为,政治经济学有两重目的:既求个人利益的极大满足,又使整个民族大家庭得以加强,并且后者是主要的。德国历史学派的先驱李斯特提出了国家经济学与世界主义经济学相对立,认为国家经济学是代表经济落后国家利益的经济学,其研究对象是落后国家的富强之道。世界主义经济学是代表经济上先进国家的利益的经济学,它的研究对象是世界经济。历史学派创始人罗雪尔指出,国民经济学或政治经济学是一门论述一个国家的经济发展诸规律的科学,经济学应与法律、国家、宗教等学科密切相关,并以它们为基础。希尔德布兰德声称,经济学应该产生一种文化史的经济史,并与历史的其他分支和统计学密切相关。新历史学派代表施穆勒进一步区分了国民经济学和国家经济学,认为国民经济学研究的对象是国民经济,国家经济学的研究对象是国家的组织结构及其经济职能。美国制度学派把制度当作社会经济发展变化的动力,并以注重制度研究为根本特征。美国制度学者凡勃仑认为,经济学应该研究制度的起源、演变对相应社会经济关系的作用。康芒斯则直接把自己的著作取名为《制度经济学》,认为制度经济学是一种关于集体行动(风俗、家庭、公司、国家等)在控制个人行动方面所起的作用的理论。

(3) 人的欲望及其满足说。西斯蒙第和罗雪尔都曾提到过经济学研究的是"人"。但他们所讲的人的概念比较含糊。主观经济学派的先驱者马斯夏在《经济和谐》中明确指出,"政治经济学的对象是人",并解释说"欲望、努力、满足,这就是经济观点中的人"。奥地利的门格尔则明确把政治经济学的研究对象规定为人的欲望及其满足,并把经济学分为应用经济学、历史统计经济学和理论经济学。他在《国民经济学原理》中指出,理论经济学研究的是人类为满足其欲望而展开其预筹活动的条件。庞巴维克和维塞尔依然都把人的欲望及其满足作为政治经济学的研究对象。杰文斯也指出,经济学为使人快乐与痛苦的微积分学。

(4) 人与财富综合说。英国著名经济学家马歇尔在经济学是财富科学的说法遭到异议和研究人的定义难以自圆其说的情况下,综合了各种关于经济学研究对象,提出了"人与财富综合说"。他在《经济学原理》一书中指出,经济学一方面是一种研究财富的科学,另一方面也是更重要的方面,是研究人的学科的一部分。

(5) 人类选择行为说。1932年,罗宾斯总结许多经济学家关于经济学概念的共同实质,在《论经济科学的性质与意义》中,提出了一个经典性的经济学定义:"经济学是门研究目的与具有可供选择的用途的稀少手段之间关系的人类行为科学。"这就说明了,经济学的产生就在于人类无尽的欲望与物品稀少性的矛盾。希克斯的《价值与资本》中,也更为明确地显示出政治经济学是研究人类行为选择的科学。美国当代著名经济学家保罗·萨缪尔森在其《经济学》中也写道,经济学是研究人和社会如何做出最终抉择的科学。

(6) 宏观经济行为说。宏观经济行为说以英国著名经济学家凯恩斯为代表。凯恩斯革命以前的经济学多是分析微观经济行为,如研究单个消费品、个别市场或个别企业、个别行业的经济行为,多属微观经济学的内容。而凯恩斯在经济学的研究对象上,从微观经济行为分析转向宏观经济行为分析,强调的是国民收入、总就业、总需求、总供给等总量研究,着重强调的是"整个经济体系,如何使该体系中之全部资源达到最适度就业"。1936年凯恩斯《就业、利息和货币通论》的出版标志着宏观经济学的产生。

(7) 微观经济行为与宏观研究合流说。为弥补凯恩斯经济学只着重宏观经济分析,忽视微观经济分析的缺陷,当代一些经济学家,把凯恩斯宏观经济理论与新古典微观经济理论结合起来。他们以稀缺法则为起点,把经济学分为微观经济学和宏观经济学两部。微观经济学以资源配置为研究对象,因为资源是稀缺的、要对稀缺的资源配置;宏观经济学以资源利用为研究对象,因为在资源配置中会有资源的不合理利用,出现资源闲置或浪费问题,对稀缺资源的合理利用,就需要国家干预。而资源配置和利用又可以有不同的解决模式和方式,这就涉及经济体制问题。当代不少经济学者主张建立混合经济体制。在这种体制中既有市场机制发挥作用的自由市场经济,又有国家对经济生活进行干预和宏观控制的经济。

综上所述,经济学的定义应该是研究在一定经济体制下,稀缺资源配置和利用的科学。该定义涉及4个问题:一是稀缺资源,是经济学产生的基础和研究的出发点;二是资源配置,属于微观经济学的研究对象;三是资源利用,属于宏观经济学的研究对象;四是经济体制,因为无论是微观经济学还是宏观经济学都涉及经济体制问题。

(8) 广义对象说。该学说有两种观点:① 横向分析法。该观点认为经济学是一门研究经济理论、经济问题、经济政策的科学。它把经济学的研究对象规定为经济理论、经济问题、经济政策3个方面。② 纵横分析法。该观点认为,经济学的研究对象包括6个方面,即渊源、流派、理论、方法、问题、政策。

(9) 价值流动说。该学说涵盖经济学、管理学、社会学、人类学、艺术学与哲学等诸多领域的学科,揭示了人类活动或人类运动除了人类个体生理活动之外的一切实践活动或运动,都是具有价值流动的最典型、最本质特征,即价值物质的"世界的本质"——"价值流动"。其中,该学说首次系统提出了又一门经济学科,即现象经济学。

(六) 经济学学科分支

1. JEL 分类系统

JEL分类系统是美国经济学会《经济文献杂志》(*Journal of Economic Literature*)所创立的对经济学文献的主题分类系统,并被现代西方经济学界广泛采用。该分类方法主要采用开头的一个英文字母与随后的两位阿拉伯数字一起对经济学各部类进行"辞书式"编码分类。

例如,C71指的是为"C:数理和数量方法"类中,"C7 博弈论与讨价还价理论"中的有关"C71:合作博弈"的内容。

A:经济学总论和教学(General Economics and Teaching)

B：经济学思想流派和方法论（Schools of Economic Thought and Methodology）

C：数理和数量方法（Mathematical and Quantitative Methods）

D：微观经济学（Microeconomics）

E：宏观经济学和货币经济学（Macroeconomics and Monetary Economics）

F：国际经济学（International Economics）

G：金融经济学（Financial Economics）

H：公共经济学（Public Economics）

I：卫生经济学、教育经济学和福利经济学（Health, Education and Welfare）

J：劳动经济学和人口经济学（Labour and Demographic Economics）

K：法律和经济学（Law and Economics）

L：产业组织（Industrial Organization）

M：企业管理和商务经济学；市场营销学；会计学（Business Administration and Business Economics; Marketing; Accounting）

N：经济史（Economic History）

O：经济发展、技术变迁和增长（Economic Development Technological Change, and Growth）

P：经济系统（Economic Systems）

Q：农业经济学和自然资源经济学（Agricultural and Natural Resource Economics）

R：城市经济学、农村经济学和区域经济学（Urban, Rural and Regional Economics）

Z：其他专题（Other Special Topics）

以上所列为对开头字母的一级部门分类，具体的细致分类请参照有关美国经济学会《经济文献杂志》分类系的资料。

2. 一般分类

西方经济学、微观经济学（个体经济学）、宏观经济学（总体经济学）、计量经济学、经济学方法、经济学史、马克思主义经济学、政治经济学。

3. 经济学学派列表

重农学派、李嘉图学派、马歇尔学派、新古典学派、新剑桥学派、凯恩斯学派、新凯恩斯学派。德国历史学派、奥地利学派、新奥地利学派、货币学派、供给学派、供给面学派、一般均衡学派、芝加哥学派、公共选择学派、美国制度学派、新制度学派。

4. 经济学家

诺贝尔经济学奖获得者、克拉克经济学奖获得者。

5. 经济学分支学科

部门经济学、比较经济学、保险学、不确定性经济学、保险经济学、产业经济学、城市经济学、财政学、产权经济学、畜牧业经济学、传媒经济学、供应链物流学、第三方物流学、灯塔经济学、发展经济学、福利经济学、服务经济学、非生产领域经济学、分销物流学、风险经济学、法律经济学、房地产经济学、非稀缺经济学、古典经济学、公共经济学、国际经济学、规模经济学、管理经济学、公司金融学、工程经济学、规制经济学、工业经济学、国土经济学、国防经济学、规范经济学、国际统计学、过剩经济学、国际金融学、公共管理学、宏观经济学、海洋经济学、环境经济学、后勤学、混沌经济学、护理经济学、宏观信息经济学、计量经济学、结构经济学、教育经济学、经营经济学、经济动力学、公共财政学、计划经济学、经济预测学、基本建设经济学、激进派经济学、金融学、金融工程学、实验金融学、金融市场学、经济控制论、价格经济学、技术经济学、交易成本经济学、建筑经济学、金融经济学、经济伦理学、近代统计学、经济地理学、经济社会学、家庭经济学、军事经济学、经济政策学、家政经济学、科学经济学、凯恩斯经济学、空间经济计量学、快乐经济学、空间经济学、开发经济学、会计公共关系学、理论经济学、旅游经济学、劳动经济学、劳务经济学、流通经济学、林业经济学、劳权经济学、马歇尔经济学、民生经济学、民族经济学、描述统计学、农村经济学、农业经济学、能源经济学、农业生产经济学、新经济地理学、品牌生态学、品牌经济学、品牌学、区域经济学、穷人经济学、企业物流学、企业经济学、契约经济学、歧视经济学、气象经济学、人口经济学、人事管理经济学、生产力经济学、数量经济学、世界经济学、实证经济学、生态经济学、数理经济学、实验经济学、神经元经济学、商品运输学、商业经济学、社会经济统计学、生物经济学、商品学、数理统计学、水利经济学、商业地理学、投入产出经济学、推断统计学、统计学、土地经济学、图书馆经济学、微观经济学、文化经济学、卫生经济学、物流管理学、物流学、物流技术学、物流会计学、物流经济学、维基经济学、物资经济学、污染经济学、微观信息经济学、消费经济学、心理经济学、信息经济学、新制度经济学、行为经济学、现代物流学、宪政经济学、行为金融学、现代金融学、心理统计学、新货币经济学、新政治经济学、新自由主义经济学、信息系统经济学、运输经济学、演化经济学、应用经济学、邮电通信经济学、渔业经济学、药物经济学、语言经济学、中观经济学、政治经济学、制度经济学、电子商务物流学、资源经济学、资产阶级庸俗政治经济学、战争经济学、知识产品经济学、转轨经济学、综观经济学、自然资源经济学、质量经济学、自然灾害经济学、知识经济学。

第二节 金融学类各专业的产生与发展情况

人类已经进入金融时代、金融社会,因此,金融无处不在并已形成一个庞大体系,金融学科涉及的范畴、分支和内容非常广,如货币、证券、银行、保险、资本市场、衍生证券、投资理财、各种基金(私募、公募)、国际收支、财政管理、贸易金融、地产金融、外汇管理、风险管理等。随着我国市场经济的飞速发展,金融与我们的生活早已息息相关,所以我们很有必要掌握一定的金融学知识。

一、金融学专业

金融学(Finance)是从经济学中分化出来的应用经济学科,是以融通货币和货币资金的经济活动为研究对象,具体研究个人、机构、政府如何获取、支出、管理资金以及其他金融资产的学科。传统的金融学研究领域大致有两个方向:宏观层面的金融市场运行理论和微观层面的公司投资理论。

（一）金融学的学科体系

金融学的学科体系是由从不同角度研究金融系统的各个方面的活动及其规律的各分支学科综合构成的有机体系,如图1.1所示。黄达教授认为,按通常理解的金融口径,金融学学科体系应大体分为宏观金融分析(Macro-Financial Analysis)和微观金融分析(Micro-Financial Analysis)。微观金融分析有两大分支:金融市场分析和金融中介分析。在金融市场与金融中介分析之下是技术层面和管理层面的学科。

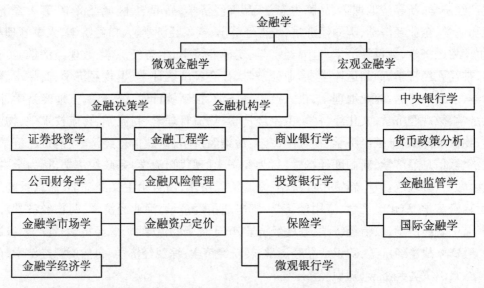

（资料来源:陈学彬.金融学[M].北京:高等教育出版社,2007.）

图1.1　金融学科体系图

微观金融分析和宏观金融分析分别从个体和整体角度研究金融运行规律。金融决策分析主要研究金融主体投融资决策行为及其规律,服务于决策的金融理论"由一系列概念和定量模型组成"。这样的金融决策理论是个人理财、公司理财乃至一切有理财要求的部门所共同需要的。该领域的分支学科包括金融市场学、证券投资学、公司财务学、金融工程学、金融风险管理、金融资产定价等。近几十年来该领域的研究得到十分迅速的发展,并取得了许多优异的成就,获得了多次诺贝尔经济学奖。例如,1990年获得诺贝尔经济学奖的马科维茨的资产组合理论、夏普的资本资产定价模型、莫迪里安尼-米勒定理(即MM定理);1997年获得诺贝尔经济学奖的布莱克-斯克尔斯-莫顿的期权定价公式等。这些理论在推动金融理论研究和金融市场发展方面做出了重要的贡献。

金融中介分析主要研究金融中介机构的组织、管理和经营,包括对金融机构的职能和作用及其存在形态的演进趋势的分析,对金融机构的组织形式、经济效率、混业与分业、金融机构的脆弱性、风险转移和控制等的研究。其主要的分支学科包括商业银行学、投资银行学、保险学、微观银行学等。该领域的研究虽然历史悠久,并且在19～20世纪初金融理论和实践的发展中占有重要的地位,但是,20世纪中叶以来,与迅速发展的金融决策学相比,金融机构学的发展则相对滞后,远远不能适应世界金融业飞速发展的需要。宏观金融分析从整体角度讨论金融系统的运行规律,重点讨论货币供求均衡、金融经济关系、通货膨胀与通货紧缩、金融危机、金融体系与金融制度、货币政策与金融宏观调控、国际金融体系等问题。其主要的分支学科有中央银行学、货币政策分析学、金融监管学、国际金融学等。

(二)金融学起源

金融、金融学均为现代经济产物。古代主要是农耕、农业经济,主要是易货和简单的货币流通,根本不存在金融和金融学。在中国,一些金融理论、观点散见在论述"财货"问题的各种典籍中。它作为一门独立的学科,最早形成于西方,叫"货币银行学"。近代中国的金融学,是从西方介绍来的,有从古典经济学直到现代经济学的各派货币银行学说。

20 世纪 50 年代末期以后,"货币信用学"的名称逐渐被广泛采用。这一时期,货币信用学开始注意对资本主义和社会主义两种社会制度下的金融问题进行综合分析,并结合中国实际提出了一些理论问题加以探讨,如人民币的性质问题,货币流通规律问题,社会主义银行的作用问题,财政收支、信贷收支和物资供求平衡问题,等等。不过,总的来说,在此期间,金融学没有受到教育机构的重视。

自 20 世纪 70 年代末以来,中国的金融学建设进入了新阶段,一方面结合实际重新研究和阐明马克思主义的金融学说,另一方面扭转了完全排斥西方当代金融学的倾向,并展开了对它们的研究和评价。同时,随着经济生活中的金融活动作用日益增强,金融学科受到了广泛的重视,这就为以中国实际情况为背景的金融学创造了迅速发展的有利条件。

金融学研究的内容极其丰富。它不仅限于金融理论方面的研究,还包括金融史、金融学说史、当代东西方各派金融学说,以及对各国金融体制、金融政策的分别研究和比较研究,信托、保险等理论也在金融学的研究范围内。

(三)金融学发展概况

对金融学进行定义不是一个简单的问题,因为用来定义学科的术语对该学科的发展方向会有极其重要的影响。Webster 字典将"To Finance"定义为"筹集或提供资本(To Raise or Provide Funds or Capital for)"。华尔街日报在其新开的公司金融(Corporate Finance)的固定版面中将(公司)金融定义为"为业务提供融资的业务(Business of Financing Businesses)",这一定义基本上代表了金融实业界的看法。代表学界对金融学较有权威的解释可参照《新帕尔格雷夫货币金融大辞典》(The New Palgrave Dictionary of Money and Finance)的"Finance"相关词条。由斯蒂芬·A·罗斯(Stephen A. Ross)撰写的"Finance"词条称"金融以其不同的中心点和方法论而成为经济学的一个分支,其中心点是资本市场的运营、资本资产的供给和定价。其方法论是使用相近的替代物给金融契约和工具定价"。罗斯概括了"Finance"的四大课题:"有效率的市场""收益和风险""期权定价理论"和"公司金融"。罗斯的观点集中体现了西方学者界定"Finance"倚重微观内涵及资本市场的特质。

在国内学界,对"Finance"一词的翻译及内涵界定存在较大争议。总览五十多年来国内出版的各类财经专业辞典,"Finance"一词的汉语翻译主要有"金融""财政""财务""融资"四种。相对而言,后三种译法用途相对特定,唯有"金融"颇值商榷。"金融"就其理论内涵来说,在国内具有转轨经济背景下的典型特征。基于货币、信用、银行、货币供求、货币政策、国际收支、汇率等专题的传统式金融研究,对于"金融"一词的代表性定义为"货币流通和信用活动以及与之相联系的经济活动的总称"(刘鸿儒,1995),并不突出反映资本市场的地位。一般而言,国内学界理解"金融学(Finance)",主要以"货币银行学(Money and Banking)"和"国际金融(International Finance)"两大代表性科目为主线。其原因大致有二:一是在视资本、证券为异类的历史环境下,由政府主导的银行业间接融资是金融实践的中心内容。与此相适应,针对银行体系的货币金融研究成为金融学绝对主导;二是发端于20世纪80年代初的改革开放国策导致将对外贸易加强,国内高校相应大面积开设以国际收支和贸易为核心的"国际金融"(International Finance)专业。

令人尴尬的事实是,基于以上两大学科界定的(国内)"金融学",今天看来却恰恰不是"Finance"的核心内容。西方学界对"Finance"的理解,集中反映在两门课程上:一是以公司财务、公司融资、公司治理为核心内容的"Corporate Finance",即公司金融;二是以资产定价(Asset Pricing)为核心内容的"Investments",即投资学。值得一提的是,国内很多学者将"Corporate Finance"译作"公司财务"或"公司理财",很容易使人误解其研究对象为会计事项,今后应予修正。总体观之,国内所理解的"金融学",大抵属于西方学界宏观经济学、货币经济学和国际经济学领域的研究内容。而西方学界所指的"Finance",就其核心研究对象而言更侧重微观金融领域。

鉴于以上分析,将金融学(Finance)分为三大学科支系:微观金融学,宏观金融学,以及由金融与数学、法学等学科互渗形成的交叉学科。这种界定对于澄清目前中国学术界的金融学定义之争应有所帮助。

1. 微观金融学(Finance)

即国际学术界通常理解的"Finance",主要包含公司金融、投资学和证券市场微观结构(Securities Market Microstructure)三个大的方向。微观金融学科通常设在商学院的金融系内。微观金融学是目前我国金融学界和国际学界差距最大的领域,亟须改进。

2. 宏观金融学(Macro Finance)

国际学术界通常把与微观金融学相关的宏观问题研究称为宏观金融学(Macro Finance)。Macro Finance又可以分为两类:第一类是微观金融学的自然延伸,包括以国际资产定价理论为基础的国际证券投资和公司金融(International Asset Pricing and Corporate Finance)、金融市场和金融中介机构(Financial Market and Intermediation),等等。这类研究通常设在商学院的金融系和经济系内。第二类是国内学界以前理解的"金融学",包括"货币银行学"和"国际金融"等专业,涵盖有关货币、银行、国际收支、金融体系稳定性、金融危机的研究。这类专业通常设在经济系内。

宏观金融学的研究在中国有特别的意义。这是因为微观金融学的理论基础是有效市场理论,而这样的市场在中国尚未成熟,所以公司和投资者都受到更大范围的宏观因素影响。金融学模型总会在开始说"让我们假设……",例如,以金融的范式——资本资产定价模型(CAPM)为例,詹森(1972)归纳出CAPM建立在下述7个假设上:① 所有投资者追求单周期的财富期望效用最大化;② 根据期望收益的均值和方差选择资产组合;③ 可以无限量地拆借资金;④ 对所有资产的收益回报有相同的估计;⑤ 他们是价格的接受者,资本市场是完全竞争的;⑥资产总量是固定的,没有新发行的证券,并且证券可以完全分离,交易无成本;⑦资本市场无税收。这些假设显然过于苛刻,尤其在中国这样的不成熟金融市场更难成立。

诸如此类的假设,侧面反映了宏观经济体制、金融中介和市场安排等问题。而这些问题,正是"宏观金融学"的研究内容。我们必须重视对这些假设本身的研究。

3. 金融学和其他学科的交叉学科

伴随社会分工的精细化,学科交叉成为突出现象,金融学概莫能外。实践中,与金融相关性最强的交叉学科有两个:一是由金融和数学、统计、工程学等交叉而形成的"金融工程学(Financial Engineering)";二是由金融和法学交叉而形成的"法和金融学(Law and Finance)"。金融工程学使金融学走向象牙塔,而法和金融学将金融学带回现实。

数学、物理和工程学方法在金融学中被广泛应用,阐述金融思想的工具从日常语言发展到数理语言,具有了理论的精神与抽象,是金融学科的一个进步。比如,将物理和应用数学应用于金融模型;使用差分、偏微分方程和随机积分等数学工具描述股票走势、收益率曲线等。

但高深的数学和物理方法在金融研究中的作用是有限的。金融是艺术(Art)而非科学(Science)。物理学理论模型使用确定性的参数,而金融学研究不确定性条件下的决策,所以不存在完美的金融模型来指导实践。科学利用理论模型引导人们的认识由未知走向已知,而金融利用理论模型从一种期望变成另一种期望——如股票定价、期权定价模型的参数分别是期望红利和期望收益变动率,永远是一个不确定性。

基于以上原因,加之我国金融衍生产品等金融工具的缺乏,金融工程学短期市场前景不大,但是从长期来看,其市场需求还是很大的。金融学人应该学会"走过数学"(Go Beyond Mathematics)。另一方面,我国金融改革实践的发展却亟须法和金融学的理论指导,可以预见法和金融学在我国将会有一定程度的发展。

我国目前金融改革的结构性难题大多都同时涉及法律和金融两方面的问题,如在转型期的法律体系下,什么样的金融体系最能有效配置资源?怎样为解决银行坏账的资产证券化业务等金融创新提供法律支持?怎样修改《公司法》《证券法》《破产法》和《商业银行法》等法律中不合时宜的条款,激励金融创新?等等。类似的研究在国际学术界近年来已成风潮,而且逐渐形成了一门新兴学科,谓之"法和金融学(Law And Finance)"。

"法和金融学"是自20世纪70年代兴起的"法和经济学(Law And Economics)"的延伸,Rowley(1989)把"法和经济学"定义为"应用经济理论和计量经济学方法考察法律和法律制度的形成、结构、程序和影响","法和经济学"强调法学的"效益",即要求任何法律的制定和执行都要有利于资源配置的效益并促使其最大化。"法和金融学"有两大研究方向:一是结合法律制度来研究金融学问题,也就是以金融学为中心,同时研究涉及的法律问题,强调法律这一制度性因素对金融主体行为的影响;二是利用金融学的研究方法来研究法学问题,例如,金融立法和监管的经济学分析。

"法和金融学"对中国的金融创新和司法改革意义尤为深远。目前,这门学科在我国才刚起步,吴敬琏教授和江平教授已开始倡导经济和法的融合研究,不过目前学术界的研究还停留在概念引进阶段,其对实际工作和教学科研的意义尚未显露。换言之,要实现法和金融学由概念诠释到实务操作、教学普及直至学科发展的跃升,学界仍需付出巨大努力,从头做起。

(四)金融学的发展趋势

1. 金融学体系向微观化转变

20世纪初期,金融学研究内容主要包括货币、银行、信用三个方面,从宏观经济学视角研究货币、信用、银行、金融市场在经济运行中的地位、功能以及金融在现代市场经济中的核心作用。后来,随着凯恩斯主义的兴起又加入了货币政策、金融调控的内容。总体来讲,当时的金融学侧重于宏观层面的研究,也就是现在国际学术界所定义的"宏观金融"。直到20世纪中期,随着以直接融资模式为主的资本市场的兴起,市场对关于公司理财、资产价值评估、风险管理等方面的研究和人才需求也变得非常强烈,这就直接促进了"微观金融"的产生和发展。"微观金融"是从微观的角度,以资本市场为研究对象,主要研究金融与金融体系、时间和资源分配、价值评估模型、风险管理与投资组合、资产定价、公司理财等内容。涉及公司金融、投资学和证券市场微观结构等三个大的方向。如今,金融学的内容大体包括两部分,即"宏观金融"和"微观金融"。但是,西方国家的大多数学者认为"宏观金融"的内容实际上就是经济学内容的一部分,并未将"宏观金融"作为一个单独的学科或专业来开设。因而,国外的高校大都把这一领域的研究和教学工作挂靠在经济系或经济学院。这事实上等于是把金融学中关于宏观的部分剥离出去,而赋予"微观金融"以金融学的定义。

2. 数量化在金融学中占据了日益重要的地位

当代微观金融理论的核心理论基础是公司金融理论和资本市场理论,而资本成本理论和资本资产定价理论又分别是公司金融和资本市场理论的核心。资本成本理论研究的主要内容包括:如何投资(项目价值决策);如何融通资金(资本结构决策);为投资人提供多少回报(股利政策决策)等。资本资产定价理论在马科维茨的均值-方差方法的基础上主要分析在不确定性条件下,资产收益的决定,资产收益与风险的测量以及任何一种资产的预期收益与风险之间的函数关系等一系列基本的微观问题,因而成为金融经济学中的一个主要模型,被广泛应用于测定投资组合绩效、证券估价、决定资本预算以及公共事业股票管理中。

以上所介绍的这些金融理论都需要借助于现代信息技术,运用大量的数学知识、统计模型分析方法、定量分析技术。因此,要学好"微观金融"的理论知识必须要具备一定的微积分、线性代数、数理统计等基础。西方国家的高校为适应这一变化,纷纷在金融专业的本科教学内容中增加或强化了这些方面的培养。

3. 金融学已逐渐变为一门交叉性学科

目前,金融学与数学、统计学、工程学、心理学、法学等相关学科的紧密联系,产生了一些金融学新的分支学科,如金融工程学、法和金融学、行为金融学等。目前,金融工程学已经得到了非常广泛的应用,并在西方各国迅猛发展。"法和金融学"对于金融实践具有很强的指导意义,尤其是在当今金融创新不断涌现的时代,如何为金融创新提供有效的法律支持,或在现有的法律环境下如何进行有效的金融创新等问题正是法和金融学研究的领域。行为金融学是把心理学纳入投资行为分析,自产生以来,成功地解释了金融市场中许多不能被传统金融理论解释的异常现象,并逐渐被用来做实践指导。因此,行为金融学成为了一个引人注目的新兴学派。可以预见的是,随着社会经济、金融的进一步发展,金融学与其他学科交叉的现象必将得到深化和广化。

4. 金融学与金融工程的关系

金融工程是金融学中的新贵,是一门前沿的交叉性学科。自从1975年浮动汇率制正式实行以来,以自由竞争和金融自由化为基调的金融创新浪潮席卷了整个西方世界,金融工程学作为一门新兴学科在20世纪80年代和90年代初也随之应运而生。它的主要内容是研究金融衍生工具的定价规律、作用以及应用策略,它将工程设计的思维引入金融领域,运用工程技术的方法(数学建模、数值计算、网络图解、仿真模拟等)设计、开发和实施新型金融产品,创造性地解决金融问题。金融工程学融现代金融学、信息技术与工程方法于一体,结合了数学、统计、工程学方法,使之在金融学中得以广泛的应用,有力地推动了金融学的发展。

二、保险学专业

最初的保险学,始于16世纪兴起于意大利的海上保险学研究。在17世纪,由于概率论、统计学的产生和应用,在英美国家出现了适应发达的人寿保险业而产生的以保险数学为研究对象的保险学。在18世纪末到19世纪中叶,英、法等国的经济学以保险经营技术为主要研究对象。19世纪末,在德国出现了以与保险有关的法律、经济、医学、技术、政策等为对象的综合研究。20世纪初,美国、日本相继开始重视研究保险经济学。20世纪60年代,美国和西欧的一些学者开始探讨保险的社会经济环境,研究保险与总体经济的关系,形成"总体保险学"。总体来看,西方保险学侧重于应用技术和实务的研究,形成较为完整的保险应用学体系,而中国的保险学研究起步较晚。鸦片战争以后,列强的入侵在一些进步知识分子中产生了影响,如魏源、洪仁玕、郑观应、王韬、陈炽等人,他们在吸取中国古代原始保险思想养料和外国保险思想理论的过程中,通过著作或出国考察纪实,阐述了各自保险观点,为创建中国的保险业,做了理论上的准备。1925年,王效文所著《保险学》出版,这是我国第一部保险学专著。此后他又著有《火灾保险》《海商法论》《保险学释义》等,但当时的保险学术研究仍然非常薄弱。新中国成立初期,在学术研究上他曾受苏联保险理论的影响,后随着国内保险的停办,保险学的理论研究也出现停滞。20世纪80年代初,随着改革开放和保险业的恢复,国内保险学的研究也立足于中国的国情和保险业的实际情况,通过学习、借鉴国外保险理论和总结自己的实践经验,逐步形成了具有中国特色的保险理论体系。近年来,多名专家和学者编写了一些保险学科方面的教材,特别是由张洪涛教授主持编写的"21世纪保险系列教材",以《保险学》为核心,包括《财产保险》《人身保险》《社会保险》《农业保险》等18本教材,形成了较为完整的保险学科体系。

(一)国外保险学专业发展现状

保险在国外已有六七百年的发展历史,对保险学有许多全面的、系统的、深入的研究,很多大学也纷纷开办了保险学专业。国外保险学科有两种模式:一是与金融学结合的金融保险模式;二是与数学结合的保险精算模式。前者注重宏观金融、保险学科基础理论的研究和创新,其教学和科研的重点从整体角度关注金融保险系统的运行机制和规律;后者注重对保险风险管理及概率的厘定、风险管理及其规律。

尽管西方各国不同高校的保险学本科教程在培养目标上各有侧重,但它们之间亦有共同点,例如都十分强调培养学生宽广而扎实的理论基础(既包括通识教育的知识,也包括专业理论基础),同时十分注重培养学生各个方面的能力,特别是面向实际工作的能力,强调本人学识和能力的增加与对经济和社会做贡献两者的结合。西方高校的金融保险学专业特别强调本科层次的人才培养与社会的需要相结合,不少西方国家的高校就直接以"所培养的学生能满足社会上各种组织不同层次的需要"或"能够在争取良好的职位时有足够的竞争力"作为培养目标。

多数西方国家的大学都认同本科阶段的教学应该是一种专业基础教育,因此,它们的教学计划都十分注重通识教育,即培养学生广泛的文化意识,这当然也会反映在金融学与社会经济密切相关的学科中。美国大学的通识教育会要求金融系学生在前两年里学完人文、艺术和社会科学类的基础课程,甚至还需要学习文学、写作、数学、生物和物理。然后才是公共核心课程部分和金融学、保险学专业课程的学习,主要由经济学类、金融类、保险类、会计类、管理类及市场营销类等课程组成。这样的教育模式强调基础和能力的培养,再辅以良好的教学,就能把学生培养成真正对社会有用的人才。

国外高等学校保险学专业的课程设置及教学内容大体上都有以下几个特点:

(1) 在进入专业课学习之前,一般均有十分严密的前导课程安排,以保证学生在修学高级课程之前已经掌握充分的理论基础和前导知识。比如,在学习金融、保险学课程前,一般都要求学生修完微观经济学和宏观经济学;学习公司理财课程之前,学生一般都要将会计学原理、财务会计等课程修学完毕;学习金融工程之前,必须学完投资学等,这既能保证每门课的授课质量和教学要求的严格贯彻,又能指导学生在种类繁多的课程中进行选择。

(2) 专业课程设置十分丰富多彩。国外高校在金融、保险学课程的设置上一般分为两个层次:专业必修课一般只有3~4门,尽管课程的命名有所差异,但基本上都是集中在货币经济学、保险学、概率论与数理统计这几个方面;而专业选修课可以根据客观实际的需要和本校在金融、保险学教学和科研等方面的特长设置。这些课程有的紧密联系实际,有的紧紧扣住金融学前沿理论的进展,有的课程国际化色彩浓厚,都可以满足学生不同的需求,为学生发展自己的兴趣爱好及专长提供了广阔的空间,对提高大学生的综合素质非常有益。

(3) 国外高校金融、保险学专业所开设的专业课的内容,一般都会涉及该课程应该涵盖的金融、保险学理论和知识点。这一点对于保证保险学本科生完整的知识结构至关重要。但是与每一门专业课程所具备的广度相比,其所涉及的有关理论的深度则是参差不齐的,有的课程紧紧围绕现代金融、保险学前沿理论。

(4) 国外高校所有的保险学专业课程中,都十分强调实践环节。最为简单的就是强调通过课程作业,包括作文、小课题、案例分析等,强化对所学知识的掌握。根据不同课程的特点,还会安排金融和统计软件的学习和练习、案例研究、学生讲述乃至社会调查等。较之课堂讲授,这些方式的优点都是强化对知识的理解和培养能力。

（二）国内保险学专业发展态势

中国保险业从1865年产生发展到现在,经历了坎坷曲折的道路。保险最初在中国产生是伴随着外国侵略势力,以"舶来品"的形式出现的,并由此激发了民族保险业的产生发展。一直到新中国成立之前,民族保险业的发展是在外国资本保险和官僚资本保险的夹缝中求生存的。新中国成立之后,尤其是国民经济恢复和第一个五年计划期间,保险业得到长足的发展。1958年到改革开放前,国内保险业务全部停办,造成保险业极大的损失。

1980年,中国正式恢复办理国内保险业务。在1980~1986年间,只有中国人民保险公司一家国有保险公司。保费收入虽然从4.6亿元增长到45.8亿元,提高了近十倍,但这一时期,保险业的发展完全取决于政府的意志,其经营不能被看作是一种企业行为,而只能算是一种政府行为。这时既无从谈论保险产业问题,甚至很少有人理解或接触保险,从1986年起,中国保险业进入快速发展时期。

伴随着保险业的起步和发展,我国的保险业的高等教育也经历了一个不断发展壮大的过程。我国从1959年商业保险停办到1980年恢复,其间一直没有保险学专业教育。1983年被认为是新时期保险教育的开端。当时,西南财经大学、武汉大学、南开大学、辽宁大学等高校分别受中国人民保险公司320万元资助而成立保险学专业,与此同时,中央财经大学、上海财经大学等也有了保险教育。但相对于其他学科而言,开办保险学专业的学校数量较少。三十多年来保险学专业从无到有、从少到多,取得了较为明显的进步,为保险业发展输送了大批人才。根据发布的2015年保险学专业大学排名,全国共有86所高校开设保险学专业,如表1.1所示。

表1.1　2015年全国开设保险学专业的学校

院 校 名 称	所在地	类型
中国人民大学	北京	综合
中央财经大学	北京	财经
南开大学	天津	综合
湖南大学	湖南	综合
上海财经大学	上海	财经
西南财经大学	四川	财经
山东财经大学	山东	财经
对外财经贸易大学	北京	财经
中南财经政法大学	湖北	财经
东北财经大学	辽宁	财经
天津财经大学	天津	财经
南京审计学院	江苏	财经
天津理工大学	天津	工科

续表

院 校 名 称	所在地	类型
南京财经大学	江苏	财经
重庆工商大学	重庆	综合
辽宁大学	辽宁	综合
江西财经大学	江西	财经
河南大学	河南	综合
广东财经大学	广东	财经
西南民族大学	四川	民族
西安财经学院	陕西	财经
首都经济贸易大学	北京	财经
广东外语外贸大学	广东	语言
云南大学	云南	综合
安徽财经大学	安徽	财经
山西财经大学	山西	综合
西华大学	四川	综合
上海金融学院	上海	财经
浙江财经大学	浙江	财经
中南民族大学	湖北	民族
广东金融学院	广东	财经
中南林业科技大学	湖南	林业
云南财经大学	云南	财经
吉林财经大学	吉林	财经
上海对外经贸大学	上海	财经
山东工商学院	山东	财经
沈阳航空航天大学	辽宁	工科
湖北工业大学	湖北	工科
湖北经济学院	湖北	财经
贵州财经大学	贵州	财经
郑州航空工业管理学院	河南	财经
湖南商学院	湖南	财经
西北民族大学	甘肃	民族
广西财经学院	广西	财经
兰州财经大学	甘肃	财经

续表

院 校 名 称	所在地	类型
广州中医药大学	广东	医药
闽江学院	福建	综合
河北金融学院	河北	财经
南昌工程学院	江西	工科
东北农业大学	黑龙江	农业
内蒙古财经大学	内蒙古	财经
南开大学滨海学院	天津	综合
广东药学院	广东	医药
四川大学锦城学院	四川	综合
吉林农业大学	吉林	农业
江西中医药大学	江西	医药
中南财经政法大学武汉学院	湖北	财经
吉林工商学院	吉林	财经
唐山师范学院	湖北	师范
江西财经大学现代经济管理学院	江西	财经
天津财经大学珠江学院	天津	综合
皖南医学院	安徽	医药
安徽财经大学商学院	安徽	财经
新疆财经大学	新疆	财经
安徽中医药大学	安徽	医药
铜陵学院	安徽	财经
平顶山学院	河南	师范
河南大学平生学院	河南	财经
贵州财经大学商务学院	贵州	财经
江西中医药大学科技学院	江西	医药
南京审计大学金审学院	江苏	综合
浙江财经大学东方学院	浙江	财经
安徽大学江淮学院	安徽	综合
山西财经大学华商学院	山西	综合
南京财经大学红山学院	江苏	综合
东莞理工学院城市学院	广东	工科
长春光华学院	吉林	综合

续表

院 校 名 称	所在地	类型
绥化学院	黑龙江	综合
兰州财经大学长春学院	甘肃	财经
重庆工商大学融智学院	重庆	财经
天津天狮学院	天津	综合
哈尔滨金融学院	黑龙江	财经
沈阳工程学院	辽宁	工科
上海财经大学浙江学院	浙江	综合
长春财经学院	吉林	综合
黑龙江财经学院	黑龙江	综合

在已开办保险学专业的高校中,其人才培养、课程建设概况如下:

1. 人才培养模式

在目前已经开办了保险学专业的高校中,其人才培养模式分成了以西南财经大学、南开大学和武汉大学为代表的几种保险教育模式(分别简称为"西财模式""南开模式"和"武大模式",见表1.2)。由于办学历史、资源禀赋等条件各不相同,这几种模式呈现出不同的特点。

表1.2 典型保险教育模式比较

类 型	西财模式	南开模式	武大模式
学校类型	财经类	综合类	综合类
学校定位	教学研究型	研究型	研究型
保险教育平台	保险学院	风险管理与保险学系	金融系+保险与精算学系
本科专业	保险学、劳动与社会保障	保险学	保险学、金融学金融工程学、数理金融学
特点	背景为财经类院校,保险教育主要依托学院建制,办学规模较大,学科区隔比较明显	背景为综合性高校,在经济学院架构下设置与金融系平行的保险系,本科阶段的保险教育保持相对独立	2005年,保险与精算学系和金融学系"合署办公",成为新金融系,保险与金融朝融合方向发展

2. 课程设置

目前全国保险学专业高校所开设的课程可划分为5类:一类是基础知识和基本技能,如数学、外语、计算机及其应用、应用统计、会计等。二是基本理论,如宏观和微观经济学、政治经济学、哲学、法学等。三是专业基础理论,如保险学、货币银行学、财政学、风险管理学、国际金融学等。四是保险专业课,如财产保险、人身保险、海上保险、再保险、利息理论等。五是保险经营管理与监管,如保险经营、保险管理、保险营销和保险监管等。

三、投资学专业

数千年发展史,呈现的往往是一个社会文明进步的进程,当人们更多地关注财富传奇故事时,经常在浮躁的喧嚷中忽略了故事背后的思想发展脉络。美国普特南投资管理公司首席投资官诺顿·雷默和哈佛大学经济学和数学专业青年学者杰西·唐宁合著的《投资:一部历史》,追溯了人类四千多年的投资历史。投资,即投入资本从而获得收益,关系到个人、家庭、公司,甚至整个国家的繁荣,投资在人类的历史长河中生生不息。

直至16世纪,投资都是"权力精英"阶层的特权。虽然那时的投资还处于最初阶段,但人们仍能瞥见美索不达米亚、埃及、希腊、罗马和亚洲古代文明的金融成熟度。在早期的美索不达米亚,寺院是经济活动中心,一切活动均围绕寺院维护与教化民众。古代的中国的融资方式竟也起源于佛教和寺院。另外,古代社会对高利率极度敏感,留下很多记录高利贷不道德的资料和禁止高利贷的法律法规。

现代文明之前,人们已创造出复杂的组织结构以提高效率,如美第奇银行的分散管理模式。日本人则在堂岛大米交易所创建了商品和期货市场,用票据交易替代了笨重的实物交易。

尽管投资和商业确实成为推动历史进步的引擎,但一开始,大部分个人并不能直接从这些活动中受益。

股份制公司的建立、工业革命和公共市场的出现,才催生出一批能取得盈余的中产阶级,并为他们提供了投资积累财富的途径。由此,投资从一种完全造福于"权力精英"阶层的行为演变为符合商人、企业主、实业家和生意人等中产阶级利益的活动。至此,投资和财富积累在历史上第一次走到"非权力精英"阶层的个体身边,并慢慢步入"投资民主化"时代。

投资发展到一定阶段,投资学就应运而生了。

(一)投资学的理论渊源

投资学的产生与发展是伴随着经济学的发展而发展的。投资是流量,它的对应物存量就是资本,最早谈到资本积累问题的是重商主义经济学家。他们主张积极发展对外贸易,通过贸易出超,赚取更多的货币,从而加速资本的积累。重商主义关于资本积累的见解和政策主张,对于促进资本原始积累的进程,起到了一定的作用,但是他们没有提出资本积累的概念,也没有对它进行理论上的分析。

重农学派将理论考察的视角由流通领域转移到生产领域,涉及资本在再生产中的作用。杜尔哥在他的《关于财富的形成和分配的考察》书中专门研究了资本积累问题。他首先考察了资本的原始积累,用所谓勤俭来解释资本原始积累的观点。杜尔哥也考察了现实的资本积累,认为它是资本家把利润的剩余部分全部储蓄起来,重新投资到他们的事业中去,从而增加了他们的剩余,这里实际上已经接触到了资本积累的本质。杜尔哥虽然专门考察了资本积累,但他的论述是不系统、不完整的。

真正开始系统的研究资本积累问题的是亚当·斯密。斯密首先说明了资本积累的必要性,认为它是由社会分工引起的,这显然是不正确的。但是,它比较正确地指出了资本积累可以促进劳动生产力的提高。在分析了资本积累的必要性后,斯密接着分析了资本积累的来源。他继承了前人的观点,认为资本增加直接来源于节俭,这歪曲了资本积累的本质。但是增加资本积累、反对奢侈浪费、宣传节约,则反映了处于上升时期新兴资产阶级的要求。

在资本积累理论上,斯密认为积累起来的剩余价值应全部用在可变资本上,这里他虽然正确地指出了积累过程的特点是剩余产品由生产工人消费,但是却忽略了不变资本也要进行积累这一事实。

在李嘉图的资本积累理论中,既继承了斯密的某些观点,又和他有所不同。李嘉图极力鼓吹资本积累,反对奢侈,但也反对守财奴式的积蓄,认为这同样不能增加资产阶级的财富。李嘉图认为资本积累有两个主要途径:增加收入或减少支出。如果支出不变,积累就要靠提高利润率增加收入;如果收入不变,积累就要靠减少支出,主要不是通过节约,而是通过机器的使用,提高劳动生产率,从而降低消费商品的价格。另外,他也主张改进税制,减少赋税,以促进资本的积累。对于追加资本的用途,他认为是由生产性劳动者,而不是非生产型劳动者消费的。李嘉图在他的《政治经济学及赋税原理》书中比较正确地指出了资本积累的后果,即"资本每有增加,其中大部分将用在机器方面。资本增加时,劳动的需求量将继续增加,但却不会成比例地增加,其增加率一定是递减的"。

值得指出的是,古典经济学所说的资本积累实际包含储蓄和投资两个方面,"这便意味着,每一个储蓄决定和相应的投资决定相重合,以致储蓄实际上可以没有任何障碍地、理所当然地转变为(实物)资本"。正因为如此,古典经济学没有发展出独立的投资理论。

(二)马克思资本积累理论

由于资本积累与无产阶级的命运密切相关,马克思和恩格斯作为无产阶级利益的代言人,在他们研究政治经济学之初就对资本积累问题给予了更多的关注。恩格斯在他的第一部经济学著作《政治经济学批判大纲》中,就对资本积累做了初步的考察。19世纪40年代后期,马克思更为深入具体地考察了资本积累及其对工人阶级命运的影响,他揭示了资本积累所体现的资本主义生产关系,指出产生财富的那些关系中也产生着贫困。19世纪50年代,马克思开始系统研究资本积累理论,他首先明确了资本原始积累和现实的资本积累,并专门考察了资本原始积累的过程,为他以后建立资本原始积累的理论奠定了基础。19世纪60年代,马克思以论战的形式全面批判了资产阶级经济学家关于资本积累的理论,特别是李嘉图的资本积累理论,并在此基础上阐述了他关于这个理论的一些重要观点,使他的资本积累理论得到了进一步充实。

马克思资本积累理论主要包括三个方面:

其一,资本主义扩大再生产和资本积累。再生产就是指生产过程的不断更新和重复,任何社会的再生产都包括物质资料的再生产和生产关系的再生产,是两者的统一。再生产按照规模的大小,可以分为简单再生产和扩大再生产。资本主义简单再生产就是指资本家把剩余价值全部用于个人消费,从而使再生产在原有的规模上重复进行。当然,资本主义再生产的特征不是简单再生产,而是扩大再生产。但是通过资本主义简单再生产的分析,可以消除从一个孤立的生产过程看所产生的一些假象,从而进一步揭示资本主义剥削的本质,即不仅资本家的可变资本,而且全部资本都是雇佣工人劳动所创造的,而且工人的个人消费是劳动力再生产的一种手段,是资本主义再生产的一个重要要素。资本主义扩大再生产就是资本家把剩余价值的一部分重新转化为资本,从而使生产在扩大的规模上重复进行。剩余价值重新转化为资本就是资本积累。资本积累是资本主义扩大再生产的前提条件。剩余价值是资本积累的唯一源泉。资本积累既是剥削工人的结果,又是扩大对工人剥削的手段,资本积累的本质就是"对过去无酬劳动的所有权,成为现今日益扩大的规模占有活的无酬劳动的唯一条件,资本家已经积累得越多,就越能更多的积累"。资本积累的实质表明,建立在简单商品经济基础上的商品生产所有权规律现在已经转变为资本主义占有规律,即拥有生产资料的资本家无偿占有雇佣工人创造的剩余价值的规律。资本家要进行资本积累不是以个人的主观意志为转移的,而是由资本主义的客观经济规律所决定的,它不仅是由剩余价值规律所决定的,而且也是由资本主义竞争规律所决定的。用于积累的资本是剩余价值的一部分,资本家要进行资本积累,必须把剩余价值分为两部分,一部分用于个人消费,一部分用于积累,所以,在剩余价值总量不变的情况下,资本积累的规模取决于剩余价值分割为消费基金和积累基金的比例。在剩余价值的分割比例不变的情况下,资本积累规模就取决于剩余价值总量。而剩余价值总量主要取决于以下三个因素:对工人的剥削程度,主要指资本家通过延长工作日、劳动强度,以及压低工人的工资等手段;劳动生产率的高低;预付资本的大小。

其二,资本有机构成的提高和资本主义相对过剩人口。马克思研究资本积累的一个主要任务就是说明资本的增长对工人阶级命运的影响,而这首先涉及资本的构成和它在资本积累过程中所发生的变化。从物质形态来看,资本的构成表现为一定数量的生产资料和一定数量的劳动力之间的比例,它取决于生产技术水平的高低,称之为资本的技术构成;从价值形态上看,资本由不变资本和可变资本两部分构成,它们之间也存在一定的比例,称之为资本的价值构成。资本的价值构成是由资本的技术构成决定的。资本技术构成决定并反映技术构成变化的资本价值构成,称之为资本的有机构成,通常用 $c:v$ 来表示。伴随着资本积累的进行,资本家为了在竞争中保持优势,必须不断采用新的技术设备,提高劳动生产率,这样就会增大不变资本在资本总额中的比重,减少可变资本的比重,导致资本有机构成不断提高。所以说,资本有机构成的提高,是资本主义发展的必然趋势。资本积累有两个途径:资本集聚和资本集中。资本集聚就是指个别资本通过剩余价值的资本化来增大自己的总额。但是,单纯依靠资本集聚来增大个别资本的数量,速度是比较缓慢的,难以满足规模越来越大的资本主义生产发展的需要。资本集中就是把若干分散的小资本合并成为一个较大的资本。在资本集中的过程中,竞争和信用作为两个强有力的杠杆发挥着重要的作用。资本主义相对过剩人口,是指劳动力供给超过了资本对它的需求而形成的相对过剩的劳动人口,它的形成是劳动力的供给和需求两个方面作用的结果。资本对劳动力的需求是由总资本中可变资本的大小决定的,随着资本有机构成的提高,在资本总量中可变资本所占的比重相对减少,甚至是绝对减少,从而资本对劳动力的需求也就会减少。同时,劳动力的供给不断增加,由于机器的使用,资本家可能大量使用女工合童工,小生产者的分化,破产的农民和手工业者,都不断地加入到雇佣劳动者的队伍中来。一方面资本对劳动力的需求减少,另一方面劳动力的供给却在增加,这样就不可避免地会形成相对过剩人口。相对过剩人口一旦形成,就成为资本主义生产方式存在和发展的必要条件。相对过剩人口的存在,适应了资本主义生产周期性发展的需要,同时,也成为资本家加强对在业工人剥削的手段。既然相对过剩人口的存在是资本主义存在和发展的条件,所以在资本主义制度下,要消灭这种相对过剩人口是不可能的。资本主义相对过剩人口有三种基本形态:流动的、潜在的和停滞的过剩其三,资本主义积累的一般规律。马克思在分析了资本积累对工人阶级状况的影响的基础上,提出了资本主义积累的一般规律,即随着资本积累的增长,必然造成社会的两极分化,一极是资产阶级占有的资本和财富的积累,另一极是无产阶级事业和贫困的积累。这一规律深刻揭示了无产阶级和资产阶级之间的矛盾和对立,以及资本主义生产关系的对抗性质。

(三)新古典学派的边际投资理论

在古典经济学派之后,新古典学派将边际分析方法引入经济学中,为投资理论的正式形成打下了坚实的基础。以马歇尔为代表的新古典主义厂商理论和以费雪为代表的新古典主义资本理论,对投资理论的发展产生了重要影响。

1. 投资的边际分析方法

新古典学派将数学中的增量(即边际量)分析方法用来分析和评估投资的效益,推荐投资选择。一是通过数学运算关系,将投入和产出分析建立在可靠的定量分析基础上,对投入要素的收益精确地加以计算,并对机会成本进行分析;二是运用数学方法,使选择与人的行为方式建立了某种稳定的联系;三是边际分析将均衡运用于一国总量投资,评价投资的社会效益和指导稀缺资源的运用。边际主义经济学家们不仅提出了一套关于投资行为的描述方法,而且创造了分析的"工具箱",从而为投资决策和预期提供了可行准则。一方面,边际分析证明了完全竞争的自由市场机制具有自动调节并达到均衡的功能,在完全竞争的自由市场中,每一个投资者通过各自的经济活动得到最大的效益。而在个人得到最大效益的基础上,全社会的福利也在这一自由市场的交换中达到"最大化"。另一方面,效用递减法则和边际效用相等法则被边际学派的经济学家广泛地用来分析人类的消费行为和投资行为,为新古典投资理论的实证分析奠定了一块基石,同时也为提高投资效率提供了重要的方法。这两大法则引申出两个关系重大的原则:第一,投资总量配置最佳原则,既然一种消费连续不断地增加,效用会递减,那么消费引致的投资供给也是边际递减的,效用边际的提出为成本-收益和机会成本分析提供了精细化的边界;第二,要素替代法则,认为投资要素的可替代,为研究两种投入品的有效搭配论证了思路。边际学派的边际效用分析对投资者的心理进行研究,对投资需求进行预测,对稀缺资源进行分配,从而做出各种投资选择,不仅是必须采用的方法,而且具有可操作性的特点。对生产力进行边际分析,应该说是投资方法论意义上的一个进步。作为边际生产力分析基础的生产要素边际生产力递减法则,反映了生产过程中生产要素之间的技术比例关系,在一定程度上是符合实际的。追求利润最大化的投资主体可以根据这一递减法则,进行成本-收益分析,安排要素的投入比例,从而达到有限资源的最优配置。

2. 投资效率的评判标准

新古典投资理论认为只要企业使用的资本边际生产力(即利润率)大于利息率,继续追加投资可以使利润总量增加,如果某一投资量的资本边际生产力小于利息率,那么最后追加的这项投资会带来损失。因此,资本边际生产力等于利息率是企业利润最大化的条件。新古典学派将边际分析方法和稀缺性这个重要概念引入投资理论,准确地评估投资的效益。

通过分析资本边际生产率和劳动边际生产率,得出如下结论:生产要素最佳配置的确定条件是边际收益和边际成本相等。新古典学派用单位投资所带来的国民收入增量作为反映投资效益高低的指标。投资的最终成果表现为国民收入的增加,这是因为投资具有双重效应。一方面,投资形成新增生产能力,必然会带来产品的增加,最终导致国民收入的增长,从而具有生产能力效应,即供给效应。另一方面,投资具有需求效应,投资既会引起对生产资料的需求,又会引起对消费资料的需求,那么这些需求必然使现有生产能力得到充分利用,带动国民收入的增长。新古典学派运用边际分析方法,用国民收入的增量来衡量投资效益和资本运用的效率,为投资设定了效率边界。投资对经济增长和财富增加起着巨大的推动作用。那么投资有效的关键在于资源的有效配置,即通过资源在运用过程中的最优配置使国民收入总量达到最大限度。而边际成本等于边际收益,就是确定社会资源最优配置和国民收入达到最大量的条件。然而,这提供的仅是一个静态的均衡模型,只考虑本期投资对当代人的福利改善状况,而忽略了该投资对未来一代人的福利可能造成的影响,并且在资源配置过程中,使得一些人在生存状况恶化的情况下,它不能形成一种机制向受害人做出潜在的补偿支付。

马歇尔则在论述资金的投放与分配问题时,提出了与生产成本有关的"投资的外限"或投资的"有利边际"的概念。他指出,生产者在把他的资本投向企业的各个生产要素时,会以达到"有效边际"为止。这里的"有效边际"指的是"直到在他看来没有充分理由认为在该特定方面进一步投资所带来的利益会补偿他的支出为止"。他进而指出,"有利边际,甚至就同一工业部门或分部门来说,也不能被看作是任何可能投资的固定线上仅有的一点,而是被看作和各种可能线相切的一切不规则形的界线"。马歇尔的这些思想,为后来的投资理论所普遍采用,并发展成为"成本-收益分析"等理论。庇古同样也认为,社会资源的最优配置是增加国民收入总量、增进社会经济福利的关键。为了探讨资源最优配置的问题,庇古提出了社会边际净产值和私人边际净产值等基本概念作为分析工具,讨论社会边际净产值与资源最优配置的关系,提出国家干预投资活动的必要性。他认为,假定使用于不同部门和地区的资源,所得到的边际收益将等于它的社会边际净产值。那么,在不存在移动成本,移动单位无限可分,并且资源所有者具有完全的信息,能掌握各种市场情况的条件下,每种资源的所有者在利己心的驱使下都将寻找收益最大的资源使用方式。只要在任何部门中追加一单位资源的投资比投资于其他部门带来更大的收益,每个人都会把自己的资源投入这一部门。这一投资活动持续一段时间后,该部门对资源的需要将达到饱和状态,这时再追加一单位资源,投资的收益将逐渐下降。在各个部门资源的边际收益相等时,资源的移动将终止。这时,各个部门的社会边际净产值相等,所达到的资源配置就是实现国民收入最大量的最优配置。然而,移动成本不存在,投资者具有完全信息和转移单位无限可分的假定,事实上并不成立。因此,社会边际净产值均等的最优状态不可能完全实现。

在由利己心驱使的投资主体自由发挥作用的条件下,较高的移动成本、信息不完全、移动单位不完全可分性等障碍会减少和消除,将有利于不同部门或不同地区的社会边际净产值趋于均等,从而增加国民收入总量。然而,私人投资的兴趣在于其投资带来的私人净产值,而不在于其投资带来的社会净产值。显而易见,在社会边际净产值与私人边际净产值不一致的情况下,投资者必然追求自己的利益。因此,即使具备移动成本为零、投资者具有完全信息和转移单位无限可分的条件,即使经济活动使各个部门和各种用途上资源的边际收益相等,也不会促使社会边际净产值相等。那么,在两种边际净产值存在差异时,利己的自发作用将不能使国民收入实现最大量。庇古由此提出国家应出面干预各种私人投资活动的主张。政府进行适当的干预,可以使边际私人净产值与边际社会净产值相等,从而实现国民收入总量和社会经济福利最大化的目标。在古典投资规范的基础上,边际主义方法论上的革命,开始将投资转化为实证的研究对象,使投资理论研究重心发生了转移,即从动态的累积转向静态的资源配置,从供给和费用转向需求和效用;边际分析方法的运用为投资从规范和定性走向实证和定量提供了基本的分析逻辑,效用和边际概念为投资分析设置了统一的出发点,数理分析为投资科学提供了精致的工具,机会成本和边际成本收益分析奠定了投资分析的整体框架;威克赛尔的利息理论、庞巴维克的时差利息论与克拉克的边际生产力理论发展了古典投资的诱致和选择理论,帕累托最优提供了投资效率的评判标准。

(四)凯恩斯的投资理论

凯恩斯主义投资理论产生于20世纪30年代,是以凯恩斯《就业、利息和货币通论》中的投资思想为基础,并经过凯恩斯的追随者们进一步发展而成的。

1. 凯恩斯主义宏观投资理论

凯恩斯开宏观经济学的先河,并将投资置于其理论分析的核心地位。凯恩斯理论的创立,极大地促进了投资理论的发展,并使之成为经济学的焦点问题。自从凯恩斯革命以后,投资理论开始作为一个相对完整的体系,出现在宏观经济学中。

在凯恩斯宏观经济学中,投资指资本形成,是指在一定时期内社会实际资本的增加,这里所说的实际资本包括厂房、设备、存货和住宅,不包括有价证券。根据投资包括范围的不同,可以划分为重置投资(折旧的补偿)、净投资(实际资本的净增加)和总投资。根据投资内容的不同,可以划分为非住宅固定投资、住宅投资和存货投资。

投资是国民收入的增函数,国民收入是决定投资的主要因素。一方面,国民收入的总体水平决定着投资的总量规模;另一方面,国民收入的预期变动要求投资的相应变动。投资是利率的减函数,利率是决定投资成本的主要因素。在现实经济中,产品市场与货币市场是同时存在的,国民收入和利率都是决定投资的主要因素。

凯恩斯在《就业、利息和货币通论》中提出了资本边际效率(MEC)的概念:"我之所谓资本边际效率,乃等于一贴现率,用此贴现率将该资本资产之未来收益折成现值,则该现值恰等于该资本资产之供给价格。"资本边际效率同利率相比孰大孰小是企业进行投资决策的标准。对任一项目而言,如果 $MEC>r$,企业将会进行投资。利率 r 越高,企业可投资的项目就越少。从宏观上看,资本边际效率曲线是一条向下倾斜的平滑曲线,表示最优资本存量水平和利率存在负相关关系,利率越高,最优资本存量就越低。资本边际效率递减的原因是:一方面,随着投资的增加,对资本品的需求增加,在短期资本品供给不变的情况下,资本品的价格会上升;另一方面,投资的增加必然带来产品供给的增加,在短期产品需求不变的情况下,产品价格呈下降趋势,预期收益也呈下降趋势。根据上面的公式可知,则两方面因素共同作用,使资本边际效率递减。

凯恩斯主义者认为如果所有的企业都扩张资本存量,资本品的价格就会上涨,使得企业的资本预期收益率下降,资本存量也就达不到计划的最优水平。因此,他们提出了投资边际效率(MEI)的概念。所谓投资边际效率,是在考虑到资本品生产成本变动的情况下增加一个单位的资本品所获得的收益率。MEI 曲线也是一条关于利率向下倾斜的曲线,和 MEC 相比,MEI 向下弯曲。这是因为,MEC 曲线是假设资本品价格不变时的资本边际收益曲线,而 MEI 曲线则考虑了资本品价格的上涨情况。当所有企业都扩大投资时,资本品价格会迅速上升,从而加剧了资本边际收益的下降。

MEC 曲线和 MEI 曲线分别是凯恩斯主义投资理论中的最优资本函数曲线和最优投资函数曲线。无可否认,凯恩斯主义投资理论为投资行为的研究做出了开拓性的贡献,但其利率决定投资水平的观点并没有被实证所证实。由于现实中投资关于利率的低弹性,使得越来越多的经济学家认识到,投资的变化似乎更多地缘于利率以外的因素。

2. 凯恩斯股票投资理论

凯恩斯在《就业、利息和货币通论》中,对人们的心理与投资的关系做了大量论述,归纳起来有两个短期投机理论、一个长期投资理论。

(1) 选美理论

凯恩斯认为,在股票市场上从事职业投资,就如同参加一场选美竞赛,即"选美博弈"。从 100 张照片中选出 6 张你认为最漂亮的脸蛋,选中有奖。正确的投票方法不是选自己真的认为漂亮的那张脸蛋,而是猜多数人会选谁就投她一票,换句话说,投机行为应该建立在对大众心理的猜测上。"选美理论"实际上是一种投机理论,而不是投资理论。

所谓"选美",就是选"大众情人"。说到"大众情人",自然免不了要考虑大众的文化背景、审美情趣、流行偏好等因素。除了极少数以肥硕为美的民族之外,好在全世界的审美观点大致相同。对于股市而言,盘小、绩优、高成长,加上偏低的估值水平,是普遍认可的"大众情人"的标准。如果再罩上行业龙头、科技创新、和谐发展、节能环保、能源资源等花环,那简直就是万众追捧的"情圣"了。

(2) 空中楼阁理论

凯恩斯认为股票价值虽然在理论上取决于其未来收益,但由于进行长期预期相当困难和不准确,故投资大众应把长期预期划分为一连串的短期预期。而一般大众在预测未来时都遵守一条成规:除非有特殊理由预测未来会有改变,否则即假定现状将无定期继续下去。于是投资者不必为不知道 10 年以后其投资将值多少而失眠,他只要相信这条成规不被打破,使他常有机会在时间过得不多、现状改变还不太大时就可以修改其判断,变换其投资,则他觉得他的投资在短期间内相当安全,因此在一连串的短期内(不论有多少),其投资也相当安全。一般投资者如此,专业投资者也只好如此,这些专业人士最关心的,不是比常人高出一筹预测某一投资品在其整个寿命中产生的收益如何,而在于比一般大众稍早一些预测在此成规下市场对新的变化有什么反应。

基于上述分析,凯恩斯认为,"股票价格乃代表股票市场的平均预期,循此成规所得的股票价格,只是一群无知无识群众心理之产物,当群意骤变时,股价自然就会剧烈波动"。

目前,空中楼阁理论在各投资领域都很有市场,其要点可归纳为:① 股票价格并不是由其内在价值决定的,而是由投资者心理决定的,故此理论被称为空中楼阁理论,以示其虚幻的一面。② 人类受知识和经验所限,对长期预期的准确性缺乏信心,加上人生短暂造成的短期行为,使一般投资大众用一连串的短期预期取代长期预期。③ 占少数的专业人士面对占绝大多数的一般投资大众的行为模式只好采取顺应的策略,这就是通常所说的顺势而为,股票价格取决于股民的平均预期。④ 心理预期会受乐观和悲观情绪的影响而骤变,从而引起股票价格的剧烈波动。⑤ 投资者想要在股市中取胜,必须先发制人,智夺群众,而斗智的对象,不是预期股票能带来多少长期收益,其投资价值有几何,而在于预测短期之后,股价会因股民的心理预期变化而有何变化。⑥ 只要投资者认为未来价格上涨,他就可不必追究该股票的投资价值而一味追高买进,而当投资者认为未来价格会下跌时,他也不顾市场价格远低于内在价值而杀低抛出。所以股票投资往往成为博傻游戏,成为投机者的天堂。

(3) 长期友好理论

如果说"选美理论""空中楼阁理论"是短期投机的理论基础的话,那么,凯恩斯的"长期友好理论"则是长期投资的理论基础。这一理论,用我国股市的一句话来说就是"死多头理论"。

凯恩斯认为,世界经济只会越来越繁荣,一路向前而不会倒退,人们生活水平总体趋势向上,物价指数亦会越来越高,各种商品价格随着时间推移总体是越涨越高。从实践来看,凯恩斯的理论确实已经被世界各国经济实践所证实。

按照凯恩斯的经济不断繁荣理论,各种商品价格将会一年比一年高,经济形势总体向好的方向发展,结果将使股市的趋势保持向上,股价指数的总体趋势不断走高。虽然中间会出现市价反复,但就长远而言,长线投资应该以压倒性姿态取胜,低位时吸纳,长期持股则盈利将会是很大的。从长远时间而言,看多者的赢面大于看空者也是应该可以预期的。

在所有的股票理论中,最基本的理论就是长期好友理论,该理论的关键是时间。时间就犹如和面的酵母,常常会把一个非常简单的投资行为酿成一个非凡奇迹。有人计算过美国股市从1925~1995年这70年中的增值情况,其结果是:70年间通货膨胀率是8倍,国债增值率是34倍,而股票价格却涨幅巨大,大盘股达1113倍,小盘股达到3822倍!

投资股票是需要时间和耐心的,许多股票所以不涨,一个很重要的原因是时间未到,有些是缺少主力庄家,而被人遗忘忽视;有些是不符合当前的市场热点;有些是价格还没有真正调整到位;有些是盘整的时间还不够长。一旦各方面条件具备,通常只要有少量的催化剂就会涨起来,一些过去的冷门股会突然成为耀眼的明星,在短期内上涨几倍甚至10倍以上。

(五) 凯恩斯后的现代投资理论

凯恩斯理论创立后,投资研究获得迅速发展。在宏观领域,凯恩斯主义后提出了一系列有代表性的理论。在宏观领域,哈罗德等人建立了几种以投资为关键性变量的经济增长理论模型,艾思纳等人提出了灵活加速器理论或者分布滞后的加速器理论。该理论区分了实际的资本存量和合意的资本存量,着重强调的是产量需求对投资的决定作用。在微观领域,乔根森在产品市场、资本品市场完全竞争,在不存在资本品购置、安装、出售成本及生产函数报酬递减等假设条件下,利用跨时期模型,比较标准地给出了新古典主义的厂商投资理论。

1. 加速理论与利润理论

加速理论和利润利润是继凯恩斯之后形成的代表性理论之一,也称为后凯恩斯主义投资理论,该理论一改"利率决定投资水平"的传统观点,认为产出(或利润)才是决定投资水平的关键因素。

加速理论的代表人物是英国经济学 R·F·哈罗德。他于1939年提出了著名的简单加速理论模型——哈罗德模型,其基本形式是

$$K_t^* = vY_t$$

K_t^* 表示最优资本存量,Y_t 表示当期预期产出水平,v 是资本产出系数,即加速数。该模型认为,v 是一个常量,最优资本存量唯一地取决于本期的预期产出水平。

哈罗德假设资本存量随时都可以调整到最优,即 $k_t=K_t^*$,其投资函数为

$$I_t = K_t - K_{t-1} = K_t^* - K_{t-1}^* = v(Y_t - Y_{t-1})$$

哈罗德模型至今仍有着十分深远的影响,但它在构造投资函数时忽略了投资时滞问题。1954年库约克对这一缺陷进行改进,提出了伸缩型加速投资理论。

库约克认为,企业的最优资本函数仍为 $K_t^* = vY_t$,但企业并不一定会将资本存量立刻调整到最优,他需要看清产出的变化是否持久。只有当需求增加并保持一段时间之后,企业才会下决心进行投资。这样,当期的资本存量不仅取决于本期的产出水平,还取决于以往各期的产出水平。库约克假设,以往各期的产出水平对当期资本存量的影响呈现几何级数递减,其投资函数为

$$I_t = K_t - K_{t-1} = (1-\lambda)vY_t - (1-\lambda)K_{t-1} = (1-\lambda)(K_t^* - K_{t-1})$$

该式表明,企业第 t 期的投资量取决于本期的产出水平、上期的资本存量以及 v、λ 值的大小,其中 λ 被称为资本调整系数,它的大小对资本存量的调整速度起着至关重要的作用。当 v 一定时,如果 $\lambda=0$,就变成了简单加速模型。

与加速理论同时期,还存在一种利润理论。该理论认为,企业的投资行为是由以往的利润水平决定的,如果以往的利润水平持续较高,企业将会扩大投资规模。因此,企业的最优资本水平应是以往累计利润(π_{t-1})的函数,用公式表示为

$$K_t^* = f(\pi_{t-1})$$

利润理论和加速理论存在着相似之处,在做出企业追求成本最小化的假设之后,累计利润可以看作是以往各期产出的函数,即 $\pi_{t-1} = g(Y_{t-1}, Y_{t-2}, \cdots, Y_{t-n})$。相比之下,加速理论更看重本期预期产出的大小,而利润理论则偏重以往各期实现了的利润水平的高低。

加速理论与利润理论的主要贡献在于提出了产出(或利润)是决定投资水平的关键因素,并对投资时滞进行了比较深入的研究,得出公式化的宏观投资函数,较凯恩斯学派的 MEI 曲线是一个很大的飞跃。其不足之处在于过于注重产出(或利润)的作用,而忽视其他经济因素对投资的影响。

2. 新凯恩斯投资理论

新凯恩斯投资理论形成于20世纪60年代初期,主要侧重于对投资时滞的研究,代表人物是美国经济学家 R·艾思纳。该理论认为,企业在进行资本调整时必须要支付一笔费用,如重组生产线、训练工人等,这笔费用被称为调整成本。艾思纳假设调整成本具有边际递增的特性,即随着投资率增加,调整成本将以更快的速度上升,这导致了企业不能将资本存量

立刻调整到最优。因为如果调整得过快，企业的边际调整成本就会大于因调整而获得的边际收入，使企业蒙受损失。根据利润最大化原则，理性企业应选择一个最优调整速度，在该速度下，企业的边际调整收入正好等于企业的边际调整成本，这样，企业的资本调整需要经历一段时间才能达到最优水平。

新凯恩斯投资理论得出的投资函数为 $I_t = v(K_t^* - K_{t-1})$，v 是调整参数，它介于 0 和 1 之间，具体数值是由各种经济因素共同决定的，其中利率是一个重要的影响因素，一般认为，高利率将会使调整过程变得缓慢。

新凯恩斯投资函数同伸缩加速理论投资函数颇为相似，但在滞后的解释上有所不同。新凯恩斯投资理论对投资时滞的研究可谓独辟蹊径，通过引入调整成本概念和边际分析方法，根据企业边际调整成本和边际调整收入的交点来确定各期投资水平，从而为宏观投资函数的导出提供了必要的微观基础。

3. 新古典投资理论

新古典投资理论是由美国著名经济学家 D·W·乔根森在 20 世纪 60 年代初发展起来的。该理论冲出几十年来凯恩斯主义者对投资理论的研究框架，具有很多新古典特征：边际分析方法、市场完全竞争、生产要素相互替代可能等，其中生产要素的相互替代可以说是乔根森投资理论的一大特色。乔根森力图克服以往投资理论单纯从宏观上分析问题的缺陷，认为对投资行为的研究应从微观经济主体——企业出发，通过生产函数的现值最大化来确定投资水平。乔根森运用新古典的边际分析方法，结合柯布-道格拉斯生产函数，根据生产者的利润最大化原则，充分考虑了经济中影响投资水平的各种因素，得出了新古典投资理论的最优资本函数。

在对投资时滞的分析中，乔根森认为这种滞后主要是由资本品的交货时滞造成的。由于存在资本品的供给约束，使得资本的瞬时调整十分困难。

乔根森的新古典投资理论的成就主要集中在对最优资本函数的缔造上，该函数中包含了价格、产出、利率等多种经济因素，是一个相对全面、相对完善的动态资本函数。相比之下，他对投资时滞的研究则比较粗糙。在乔根森之后，又有一些经济学家，如卢卡斯、古尔德、托宾等人，对乔根森理论的时滞分析做了改进，力图完善他的投资理论，但这些观点影响较小，缺陷也很多，难以形成权威性结构。尽管如此，新古典投资理论仍然是目前影响最大的宏观投资理论之一。

4. q 理论

由于托宾(Tobin, 1969)首先提出这个想法，所以又称为托宾的 q 理论。q 理论的严谨模型是在 20 世纪 70 年代后期和 80 年代初建立起来的，并随之成为投资理论的主流。在这方面做出主要理论贡献的有 Abel(1979)、Yoshikawa(1980) 和 Hayashi(1982)。q 理论显然比新古典投资理论更具有一般性。事实上，新古典投资理论只是 q 理论的一个特例。更重要的是，q 理论中的投资决定不是依赖于过去的变量，而是依赖于对未来的预期，这一点对经济学家们具有明显的吸引力。q 理论把对未来预期收益的评价与金融股市的估价联系起来，这为理论检验提供了很大的方便，因为经济学家们不需再去想办法估算由投资产生的未来预期收益的折现值。

假设企业的生产函数或收益函数只取决于两个因素——资本和劳动，表示为 $y=$

$f(k,L)$。这里 f 是连续可微的凹函数。再假定投资品的实际价格为 P，工资的实际水平为 w，而用 $C(I,k)$ 来表示固定资产的调节成本。边际调节成本是随着投资量而上升的。如果在短时期内进行大量的投资，那么投资的调节成本将会随着投资量急剧上升，因此逐步调节可能是最优选择。企业对劳动雇佣量的最优选择是使劳动边际效率与实际工资率相等。企业投资的最优选择是使得投资品价格加上边际投资调节成本与资本的影子价格 q 相等。q 是一个单位的边际资本所产生的所有未来边际收益的折现值。

q 理论的核心方程，即投资量是 q 的严格递增函数。它表明固定资产的净投资量（即扣除折旧以外）是资本的影子价格 q 的严格递增函数。q 值越高，投资量越大。更具有吸引力的是，金融市场（股票和债务市场）为评估企业的资本价值及其潜在的未来收益提供了直接的依据。否则的话，很难想象有什么其他的办法来对不同产业的不同企业的价值，特别是对于它们未来的潜在收益能力，做出较为客观的估价。然而，这里必须指出，托宾所定义的 q 被称为"平均 q"，因为他定义 q 是企业在 t 时期的价值除以企业的固定资产价值。这就是人们在经验性研究中常用的托宾的 q。显然，托宾的 q 是可以从实际数据中（包括金融市场的数据）观测到并加以检验的。

q 理论中的 q 是"边际 q"，即是现时期一个单位的边际投资所能够产生的所有未来边际收益的折现价值，而这一变量，即使通过金融市场也是无法观测和估算的。因此在对 q 理论的检验和其他相关的经验性研究中，经济学家们往往（或不得不）用平均 q 来代替边际 q。一个很有意义的问题是探讨平均 q 与边际 q 在什么条件下相等。Hayashi(1982)给出了比较一般性的条件。

在经验统计研究中用平均 q 来代替或近似边际 q 的做法非常普遍，但是检验结果却远远不能令人满意。实际上，平均 q 对投资的解释能力是很有限的（比如 Furstenberg,1977; Summerz,1981; Blanchard 和 Wyplosy,1981)。对于造成这种情况的原因存在着许多争议。第一种较普遍的说法是强调平均 q 与边际 q 的差异。换句话说，Hayashi 所假设的条件在现实中可能不满足。因此平均 q 不能代替边际 q。第二种较有影响力的观点认为企业存在着金融能力和财政能力的约束。比如，运用企业内部资金进行投资要比到企业外部筹集资金容易得多，其成本也小得多。另一方面，不同的企业在资本市场上筹集资金的能力是大不相同的。因此，即使平均 q 与边际 q 没有差异，而某企业通过金融市场估价的平均 q 很高，这一企业却未必有能力得到相应的资金进行投资(Fazzari, Hubbard and Peterson,1988)。第三种观点，也是对这一问题的最新观点，是建立在不可逆性投资理论的基础之上。

q 理论试图从更广义的角度来考察投资问题。同时，基于新古典理论中对投资调整过程的简单假设而造成的理论缺陷，q 理论引进了投资的调节成本函数，使得逐步调节固定资本水平这一想法在理论模型中得以实现。q 理论能够刻画投资决定的动态过程，而新古典理论只是其稳定状态下的一个特殊情况。

5. 不可逆投资理论

不可逆投资理论的最新发展起始于 McDonald 和 Siegel(1985)在 *International Economic Review* 杂志上发表的一篇文章。随后出现了大批研究文献，几乎使这一研究扩展和深入到投资理论的各个方面。

什么是不可逆性投资呢？经济学中的投资，是指用于购置生产中长期使用的设备和设施所进行的投资,特别是与工厂的规划设置和设备安装有关的成本,这些投资含有所谓沉淀性成本(sunk cost),而不是指金融投资或教育投资等。如果日后决策者改变计划或决定,这部分成本将无法挽回,这就是投资的不可逆性。投资的这一性质主要来源于生产性投资的具体产业特征。用于某种特定生产的投资一旦形成或部分形成,将很难转换成其他产业或产品的生产。即使这一转换最终得以实现,用于原来目的的投资部分将会损失掉。同时,不可逆性投资理论强调固定资产投资决策中所存在的不确定性。换句话说,投资的未来收益是一个随机变量。这种不确定性与不可逆性相结合,可以建立起比传统理论深刻得多且更具现实意义的投资理论。

投资行为的另一个被以往理论所忽略的特点是,如果不马上进行投资,投资机会一般不会消失。因此投资决策不仅包括是否进行投资,还包括时间因素,即什么时候进行投资。正因为如此,等待和观察就成为有价值的选择。在经济环境逐步演变的过程中,时间将换来关于投资项目前景的更多信息。因此较晚的决策可能是较好的决策,特别是当考虑到投资的不可逆性时,匆忙决定一项投资而日后再试图改变或挽回将往往是得不偿失的。但另一方面,投资决策者也不能无休止地等待和观察下去,因为这样会最终失去投资机会。所以,何时进行投资,遵循什么样的原则来做出投资决定,成为经济学必须首先回答的问题。

在对这些问题及相关的其他问题的探讨和研究过程中,经济学家们已经建立起一套以寻求最优调节方式为目标的新的微观经济学基础,并由此上升到宏观经济中研究更为深入的投资总量过程和动态分布,取得了很多积极性成果。新的微观理论模型的核心是经济个体的调节行为及调节过程中的摩擦。经典的微观经济理论所解决的个体优化行为实质上是静态经济环境中的一种理想状态。当经济处于动态的演化过程中时,经济个体将根据新的信息和变化了的环境不断地重新优化以得出新的理想状态。然而,由于存在着调节成本和未来风险,经济个体不可能随时随地进行调节以使自己时刻保持在理想状态,事实上,在这种情况下的优化行为容忍现实状态与潜在的理想状态之间存在差异或偏离。当然,这种偏离将使决策人的利益受到损害。决策人将对这种损害的程度同进行调节所承担的成本和风险加以比较。只有当前者大于后者时,经济决策人才会进行这一调整。因此,这种缓慢的或滞后的调节行为实际上是一种个体优化行为,关于这种行为的理论又称为惰性行为理论(Theory of Inertial Behavior)。

不可逆性投资理论是惰性行为理论的一个典型例子。固定资产投资往往包含大量的一次性投资成本,这些成本具有不可逆性。决策者之所以考虑投资,其主要原因是看到市场对自己产品的需求在不断增加,而目前的生产能力已不能满足这些需求,然而这一考虑中存在着很多不确定因素。首先,整个经济环境的变化会严重影响市场对该决策者的产品需求,这种潜在的可能性无法准确地估计。其次,如果目前经济正处于上升时期,那么经济中对几乎所有产品的需求都会增加。因此,很难区分现在市场对决策者产品需求的增加是由于总体经济环境所造成的,还是由于其产品的特点和质量所引起的。即使这种区分可以做到,把握其程度也是相当困难的。再次,产品的销路好会引发竞争者生产或增加生产同样或类似的产品,而竞争会引起价格下跌,降低未来的收益,因而使投资得不到预期的回报甚至遭受损失。所有这些都说明固定资产投资中存在着大量的不确定性,加之不可逆的调节成本,这些因素会对投资决策者产生重要影响,不可逆投资理论把这些因素考虑进去以求解出最优投资决策行为,以及这些个体行为对宏观经济所产生的作用和影响。

另一个典型的例子是价格调节理论。传统的凯恩斯经济学中有一个重要的假设,即价格黏性(Sticky Price)。这一假设之所以重要,是因为凯恩斯学派赖以实现宏观经济调控的最重要的手段——货币政策是否有效,取决于价格体系的灵活程度。从一个极端上说,如果价格是完全灵活的,那么所有货币供应量的变化(增加或减少)将完全反映在价格变化上(上升或下降),而对实际经济的运行毫无影响。因此,货币政策的有效性的首要前提即是价格黏性的假设。正因为如此,芝加哥学派的经济学家们曾在20世纪70年代对这一假设提出过挑战,指出这一假设缺乏任何微观经济学基础。在此之前,凯恩斯经济理论与政策的另一支柱"菲利浦斯曲线"也受到了致命的攻击。凯恩斯经济学摇摇欲坠,陷入严重危机。然而,从20世纪80年代中期开始,惰性行为的理论和方法帮助凯恩斯经济学恢复了生机。由于价格调节存在着调节成本,而这一行为又包含着许多风险因素,因此,凯恩斯学派经济学家们可以建立起一套严格的理论模型,并推导出缓慢的价格调节行为——即价格黏性是决策者的最优选择。因此,价格黏性已不再是一种假设,而是一种理论了。这一理论常被称为"菜单成本"(Menu Cost)理论。与此同时,凯恩斯学派的经济学家们在其他领域也取得了重要进展,现在形成了一个相当庞大的理论体系,并冠之以"新凯恩斯经济学新发展"的标牌,又恢复了以往主流经济学的地位。从理论方法上讲,惰性行为理论的发展还为研究经济模型中个体之间的差异及其总体行为开辟了新的途径。标准的宏观经济理论模型中往往以假定的"经济代表人"为出发点,由此简化掉个体之间的差异和个体行为加总到总体行为这一困难。惰性行为理论把不同的个体放在某一调节行为的状态空间中,以其处于状态空间中的不同位置来表示其各自的差异,并研究群体在状态空间的统计分布和动态过程,这使得经济学有可能更深一步地讨论宏观经济学中的总量加总及其动态行为。

(六)现代投资组合理论

前述投资理论大多数着重于产业投资或者是宏观投资,而现代投资组合理论则是着眼于金融投资,它的理论基石是马柯维茨的证券组合理论、法玛的有效市场假说、莫迪格利安尼和米勒的MM理论。

在马柯维茨投资组合理论提出以前,分散投资的理念已经存在。Hicks(1935)提出了"分离定理",并解释了由于投资者有获得高收益低风险的期望,因而有对货币的需要;同时他认为和现存的价值理论一样,应构建起"货币理论",并将风险引入分析中,因为风险将影响投资的绩效,将影响期望净收入。Kenes(1936)和Hicks(1939)提出了风险补偿的概念,认为由于不确定性的存在,应该对不同金融产品在利率之外附加一定的风险补偿,Hicks还提出资产选择问题,认为风险可以分散。Marschak(1938)提出了不确定条件下的序数选择理论,同时也注意到了人们往往倾向于高收益低风险等现象。Williams(1938)提出了"分散折价模型"(Dividend Dis-count Model),认为通过投资于足够多的证券,就可以消除风险,并假设总存在一个满足收益最大化和风险最小化的组合,同时能通过法律保证使得组合的事实收益和期望收益一致。Leavens(1945)论证了分散化的好处。随后Von Neumann(1947)应用预期效用的概念提出不确定性条件下的决策选择方法。

1. MM理论

美国经济学家米勒和莫迪利安尼1958年联合发表于《美国经济评论》的论文《资本成

本、公司财务以及投资理论》反映了 MM 定理的核心内容。他们认为,在市场机制特别是套利机制的作用下,任何公司的市场价值与其资本结构无关。他们的贡献主要是使金融理论家和实际工作者注意公司的分红和金融政策如何影响公司的整体价值,使得 MM 定理成为现代公司金融理论的基石。更为重要的是,他们提出的无套利均衡分析方法,成为现代投资理论的基本方法论,后来的投资理论的发展都是建立在这个方法论之上的,并使得现代投资学能够从经济学中独立出来。

2. 法玛(Eugene Fama)的有效市场假说(EMH)

美国经济学家法玛(1965)提出了一个绝妙的假设:如果市场分析家都能快速有效地消化信息,则任何形式的证券分析都不能产生异常的收益,同时由于信息事件的发生是随机的,证券价格的运动也是不规则的,这样,技术分析就是毫无意义的。其假设的一个重要结论是在一个高效市场中,任何资产的价格都是其均衡价值的真实反映。因此,他认为市场是有效率的。这是因为,如果资本市场效率较低,各种资产价格反映的相关信息就少,且反应速度较慢,那么投资者就可以通过技术分析和基础分析发现没有被资本市场反映的信息,并根据这些信息采取积极的投资策略,从而获得高于经风险调整后正常收益的超额收益,达到击败市场的目的。反之,如果资本市场的效率水平很高,各种资产价格反映的相关信息就多,且反应速度很快,那么这时技术分析和基础分析就会失效,投资者只能采取消极的投资策略,持多元化的市场组合,达到这个资本市场的平均收益水平。

3. 马柯维茨投资组合理论及其扩展

美国经济学家 Markowitz(1952)发表论文《资产组合的选择》,标志着现代投资组合理论的开端。他利用均值-方差模型分析得出通过投资组合可以有效降低风险的结论。马柯维茨的现代资产组合理论从理性投资者的期望效用最大化和风险厌恶的假设出发,以资产组合的收益率偏离其均值的方差来衡量风险程度,因此可以得到包含不同收益率和方差的资产组合,马柯维茨给出了寻找有效资产组合边界(即在给定风险水平下所有收益最高的资产组合的集合或在给定收益率水平下风险最小的资产组合的集合)的方法。

同时,Roy(1952)提出了"安全首要模型"(Safety-First Portfolio Theory),将投资组合的均值和方差作为一个整体来选择,尤其是他提出以极小化投资组合收益小于给定的"灾险水平"的概率作为模型的决策准则,为后来的 VaR(Value at Risk)等方法提供了思路。

Tobin(1958)提出了著名的"二基金分离定理":在允许卖空的证券组合选择问题中,每一种有效证券组合都是一种无风险资产与一种特殊的风险资产的组合。

在 Markowitz 等人的基础上,Hicks(1962)的"组合投资的纯理论"指出,在包含现金的资产组合中,组合期望值和标准差之间有线性关系,并且风险资产的比例仍然沿着这条线性的有效边界变动,这就解释了 Tobin 的分离定理的内容。Wiliam F. Sharpe(1963)提出"单一指数模型",该模型假定资产收益只与市场总体收益有关,从而大大简化了马柯维茨理论中所用到的复杂计算。

马柯维茨的模型中以方差刻画风险,并且收益分布对称,许多学者对此提出了各自不同的见解。

Mao(1970),Markowitz(1959),orter(1974),Hogan 和 Warren(1974),Harlow(1991)等认为下半方差更能准确刻画风险,因此讨论了均值-下半方差模型。Konno 和 Suzuki

(1995)研究了收益不对称情况下的均值-方差-偏度模型。该模型在收益率分布不对称的情况下具有价值,因为具有相同均值和方差的资产组合很可能具有不同的偏度,偏度大的资产组合获得较大收益率的可能性也相应增加。Athayde、Flores(2002)考虑了非对称分布条件下的资产配置情况:在前两阶奇数矩限定的情况下,分别最小化方差与峰度并将其推广到最小化任一奇数矩;Jondeau、Rockinger(2002)在投资者效用函数为常数、相对风险厌恶(CRRA)效用函数的假定下,将期末期望收益 Taylor 展开取前 4 阶高阶矩,运用一阶条件来最优化资产配置;Jondeau、Rockinger(2005)考虑收益率的联合非正态分布和时变特征,包括了波动聚集性、非对称和肥尾特征。将期末期望收益 Taylor 展开并取前 4 阶高阶矩,运用一阶条件来最优化资产配置;Sahu 等(2001,2003)提出偏正态分布来衡量高阶矩的影响,能充分考虑偏度与协偏度,同时处理"肥尾"的影响;Campbell R 等(2004)提出偏正态分布估计高阶矩的影响,用贝叶斯方法处理收益分布的参数不确定性情况,在上述基础之上处理最优化问题。

4. 资本资产定价模型及其扩展

马柯维茨投资组合理论之后,Sharpe(1964),Lintner(1965),Mossin(1966)分别提出了各自的资本资产定价模型(CAPM)。这些模型是在不确定条件下探讨资产定价的理论,对投资实践具有重要的指导意义。

资本资产定价模型提出之后,研究者进一步扩展了该研究。

Jensen Michael(1969)提出以 CAPM 中的证券市场线为基准来分析投资组合绩效的非常规收益率资本资产定价模型,但由于在非系统风险不能完全剔除的情况下,该模型对投资组合绩效的评价结果不如 CAPM 的评价结果,因此该模型在实际中应用不多。

Brennan(1970)提出了考虑税率对证券投资报酬影响的资本资产定价模型;Vasicek,(1971),Black(1972)分别研究了不存在无风险借贷时的资本资产定价模型;Maycrs(1972)提出了考虑存在退休金、社会保险等非市场化资产情况下的资产定价模型的建立;Merton(1973)提出了多因素的 ICAPM(Intertemporal CAPM)模型,为后来的长期投资理论奠定了基础。E. Linderberg(1976,1979)研究了存在价格影响者时的资本市场均衡和投资者的组合选择问题,结果发现所有投资者(包括价格影响者)都持有市场组合和无风险资产的某个组合,故仍可得到形式简单的 CAPM,只不过此时的单位风险价格低于所有投资者都是价格接收者时的单位风险价格。他还证明了通过兼并或合伙,个体或机构投资者可以增加他们的效用,这就是大型金融机构存在的原因之一。

Sharpe(1970),E. Fama(1976),J. Lintler(1970),N. J. Gonedes(1976)等分别研究了投资者对资产将来的期望收益、收益的方差、协方差期望不一致时资本市场的均衡,他们得到了形式于标准 CAPM 类似的 CAPM。

由于资本资产定价模型的假设条件过于严格,使其在应用中受到一定局限。因此,对于 CAPM 的突破成为必然。

Stephen A. Ross(1976)提出了套利定价理论(APT)。APT 不需要像 CAPM 那样做出严格的假定,从而突破性地发展了 CAPM。

Black,Scholes(1973)推导出期权定价公式,即 B-S 模型;Merton(1973)发展和深化了该定价公式。针对 B-S 模型假定股票价格满足几何-布朗运动在大多数情况下不符合实际价格变化的问题,Scholes,Ross(1976)在假定股票价格为对数泊松发布情况下推导出了纯跳空期权定价模型(Pure Jump Model);Merton(1976)提出了扩散-跳空方程(Diffusion-Jump Model);格利斯特和李(1984)研究了基础证券交易成本对期权价值的影响:当存在交易成本时,连续时间无套利定价会因为高昂的交易成本而无法实现;Merton(1990)运用了离散时间模型提出了交易成本与基础证券价格成比例的单阶段期权定价公式;波耶勒和沃尔斯特(1992)将 Merton 的方法推广到了多阶段情形。

拉马斯瓦米,桑达瑞森(1985);Brenner;科塔顿,萨布拉曼·彦(1985)以及贝尔和托罗斯(1986)的研究指出,美式期货期权在利率为正的条件下比美式现货期权更易于执行;Lieu(1990)应用连续时间定价方法推出了期货纯期权的定价公式;Chaudhurg,Wei(1994)研究了常规期货期权与纯期权的价值关系,指出期货纯期权的价值高于美式期货期权的价值。

四、金融工程专业

(一)金融工程专业的产生

金融工程(Financial Engineering)是在 20 世纪 80 年代中后期,随着西方的公司财务、商业银行、投资银行与证券投资业务的迅速发展而诞生的一门计算机技术、金融学与数学等复合性的新兴交叉学科,它通常也被称为金融数学、数理金融学、数学金融学等。金融工程利用工程化手段来解决金融问题,包括金融产品定价、交易策略设计、金融风险管理以及金融产品和金融软件的设计、开发、应用与实施等。

金融工程的起源,可以追溯到亚里士多德的《政治学》。该书记载了古希腊哲学家泰勒斯利用天文知识预测到第二年将迎来橄榄的丰收年,届时用于橄榄油制作的压榨机将供不应求。于是泰勒斯找到榨油机的拥有者,支付了一小笔费用用于锁定第二年榨油机使用费。当春天橄榄获得大丰收时,突然很多人需要使用这些压榨机,这时,泰利斯以高价出租榨油机,结果赚了一大笔钱。这就是早期期权交易的雏形。

17 世纪,荷兰郁金香热衷期权的广泛运用。当时,郁金香的交易商与种植者之间进行合同交易的做法十分流行。这种合同实际上是在未来某一时刻以特定的价格买入或卖出某一种郁金香的买权或卖权的合同,交易的目的是避免郁金香价格变化可能会给交易双方带来的损失。具体而言,郁金香交易商买入买权,以避免价格上涨的风险;而郁金香的种植者则买入卖权,以避免到时郁金香价格下跌带来的风险。同时,郁金香交易合同的二级市场也应运而生,越来越多的投机者开始根据合同的价格波动来进行郁金香合同的交易,而不再是出于防范风险的目的。

由于投机者的大量介入,同时监管体系近乎没有,所以,早期的期权交易非常混乱。期权的声誉也很差,仅被人们看作一种纯粹的投机工具。

金融工程学的诞生与发展,离不开从 20 世纪 50 年代就开始出现的现代金融理论的发展。而现代金融理论的发端是马柯维茨在 1952 年所提出的证券组合理论。马柯维茨理论的基本结论:在一系列理论假设的基础上,证券市场上存在着有效的投资组合。在证券允许卖空的条件下,证券组合前沿是一条双曲线的一支;在证券不允许卖空的条件下,证券组合前沿是若干段双曲线的拼接。证券组合前沿的上半部分称为有效前沿。

马尔科维奇从证券投资的非确定性出发,首先提出利用证券收益率的方差来度量证券投资的风险,并借助了冯·诺伊曼(John Von Neumann)的期望效用理论,来为证券组合提供收益率与风险的度量。他还利用运筹学中的最优化方法,来研究使投资者期望效用最大化的证券组合。

事实上,这些方法的研究使他在后来解决企业决策方面的研究工作中得心应手。也正是由于他在这些方面研究工作中所取得的卓越成就,1989年美国运筹学会和管理科学学会授予了他冯·诺伊曼运筹学理论奖。1990年的诺贝尔经济学奖是一项真正的金融学奖,马尔科维奇和他的后继者夏普以及米勒共同获得了瑞典皇家科学院授予的这项荣誉。20世纪60年代早期,得兰德·约翰逊和杰罗斯·斯特因把证券组合理论扩展到套期保值的研究,形成现代套期保值理论。

在马尔科维奇之后,还有一位延续他的证券组合理论研究并将其进行完善从而推向新的理论高峰的人物——美国著名经济学家威廉·F·夏普(William F. Sharpe)。1956年夏普的第一份工作是在兰德公司工作,正是在这里他碰到了马尔科维奇。夏普非常喜欢兰德公司里类似于高校的研究气氛,大家都在研究计算机科学、博弈论、线性规划以及应用经济学中的开拓性问题,计划灵活,题目任选,并鼓励合作。夏普在这里学习了编制计算机程序,同时也完成了洛杉矶加州大学哲学博士的全部课程。要想取得另一个博士学位,当时只需用一篇论文。夏普开始向马尔科维奇求教,试着根据马尔科维奇所提出的证券组合模型来研究一下有没有可以进一步改善的地方。当时,马尔科维奇的证券组合模型需要大量的计算。如果证券组合包括 n 种证券的话,就需要计算这 n 种证券收益率之间的 $n(n-1)/2$ 个斜方差,来确定证券组合的风险。

夏普试着采用单一指标的方法来代替这种计算,以期可以大大降低计算量。正是这一简单的想法催生了他后来发表的包括单一指标方法和多指标方法的市场因素模型以及关于资本资产定价的一个应用——CAPM定价模型。1980年,夏普被推选为美国金融学会会长,同年获得美国商学院协会的优异贡献奖。他在这一阶段的研究目标是资产配置的工具、优化软件以及数据库的准备。夏普在20世纪70年代和80年代分别出版了著作《证券组合理论与资本市场》《资产配置工具》,取得重大影响。

1965年,芝加哥大学的法玛(Fama)提出有效市场假说。如果在一个证券市场中,价格完全反映了所有可以获得的信息,那么就称这样的市场为有效市场。衡量证券市场是否具有外在效率有两个标志:一是价格是否能自由地根据有关信息而变动;二是证券的有关信息能否充分地披露和均匀地分布,使每个投资者在同一时间内得到等量、等质的信息。根据这一假设,投资者在买卖股票时会迅速有效地利用可能的信息,所有已知的影响一种股票价格的因素都已经反映在股票的价格中,因此根据这一理论,股票的技术分析是无效的。

事实上,法国的数学家路易斯·巴歇里(Louis Bachelier)早在1900年就已经提出了股票价格可能遵从随机游动的假定,他认为这可能是市场有效性的一种体现。

1953年英国的一位统计学家肯德尔(Kendall)借助刚刚发明出来的计算机,验证了对股票价格变动的这一假设。但是,这些成果没有能引起经济学家们的注意,直到1965年,美国著名的经济学家萨缪尔森(Samuelson)向人们介绍了巴歇里的研究,并开始涉足其中,才开始引起了经济学理论界的关注。大家突然发现,如果股票市场的价格运动是服从布朗运动的话，这就意味着股票价格的涨落类似于分子运动所引发的热量扩散过程，因此，金融市场上的价格变动极有可能会满足工程师们经常使用的扩散方程、热传导方程这样一些偏微分方程了。

1997年10月10日，第29届诺贝尔经济学奖授予了两位美国学者——哈佛商学院教授罗伯特·默顿(RoBert Merton)和斯坦福大学教授迈伦·斯克尔斯(Myron Scholes)。他们创立和发展的布莱克-斯克尔斯期权定价模型(Black Scholes Option Pricing Model)为包括股票、债券、货币、商品在内的新兴衍生金融市场的各种以市价价格变动定价的衍生金融工具的合理定价奠定了基础。

斯克尔斯与已故的经济学家布莱克曾于1973年发表《期权定价和公司债务》一文，该文给出了期权定价公式，即著名的布莱克-斯克尔斯公式。与以往期权定价公式的重要差别在于只依赖于可观察到的或可估计出的变量，这使得布莱克-斯克尔斯公式避免了对未来股票价格概率分布和投资者风险偏好的依赖，这主要得益于他们认识到可以用标的股票和无风险资产构造的投资组合的收益来复制期权的收益，在无套利情况下，复制的期权价格应等于购买投资组合的成本，期权价格仅依赖于股票价格的波动量、无风险利率、期权到期时间、执行价格、股票时价。市场许多大投资机构在股票市场和期权市场中连续交易进行套利，他们的行为类似于期权的复制者，使得期权价格越来越接近于布莱克-斯克尔斯的复制成本，即布莱克-斯克尔斯公式所确定的价格。他们通过探讨股票价格运动的内在规律，大胆地做出一系列的假设，从而把期权的定价问题大大地简化了。在这种简化之下，他们终于发现了期权价格所应服从的一种抛物线形的偏微分方程，而这种方程在数学理论上又早已被证明恰好是可解的了。于是，通过把期末股票价格对期权价格的确定性影响向前反推，将期权与股票的当期价格之间的联系通过查阅一个正态分布表或者对数正态分布表的方法来解决，从而布莱克和斯克尔斯开拓了倒向随机偏微分方程在现代金融理论中的成功应用。

最早提出金融工程概念的是美国金融学教授J·芬拿蒂。他在1988年发表的《公司理财中的金融工程综观》一文中将金融工程的概念界定为："金融工程包括新型金融工具与金融手段的设计、看法与实施，以及对金融问题的创造性解决。"具体来讲，金融工程就是资本市场参与者运用现代金融经济理论和现代数学分析原理、工具和方法，在现有的金融产品、金融工具和金融方法的基础上，不断地创造和发展新的金融产品、金融工具和金融方法，为金融市场参与者发现金融资本价格和规避风险，发掘新的金融机会，以实现投资者预期经济目的，增进金融市场效率和保持金融秩序稳定的一项应用性技术工程。

1991年，国际金融工程师学会(International Academy of Financial Engineering)的成立是金融工程学这一学科体系确立的重要标志。国际金融工程师学会对金融工程给出了一个权威的定义，即金融工程就是指借助先进而庞大的金融信息系统，用系统工程的方法把现代金融理论和计算机信息技术综合结合在一起，通过运用科学的数学模型、网络图解、仿真技术等方法来设计各种各样的新型金融产品，创造性地解决各种各样的金融问题的学科。金融学科的发展阶段及该时期对应的代表性理论如表1.3所示。

表 1.3 金融学科的发展阶段

发展阶段	时　间	内　　容
描述性阶段	20世纪50年代初期前	金融学的研究大多是依赖于经验分析而非理论上的、合乎规范的探讨,没有精致的数量分析
分析性阶段	20世纪50年代初至70年代末期	(1) 哈里·马柯维茨提出投资组合理论; (2) 兰德、约翰逊和杰罗斯、斯特因提出现代套期保值理论; (3) 威廉·夏普(William Sharpe,1961)、约翰·特纳(John Lintner,1965)和简·莫辛(Jan Mossin,1966)提出资本资产定价理论; (4) 费歇·布莱克和梅隆·斯克尔斯(Fisher Black and Myron Scholes,1971)、罗斯(Ross,1976)提出期权定价模型
工程化阶段	20世纪80年代初以来	(1) 工作主要集中于扩展早期理论、检验新的金融工具和新金融市场的运作,对风险管理工具和技术进行非常细致而必要的观察分析等方面; (2) 恩格尔(Engle,1982)提出P阶条件异方差自回归(ARCH(p))模型; (3) 新一代金融经济学家突破传统的方法论和思维方式,如摒弃风险与收益呈线性关系的假定,采用非线性的动态定价模型,如EGARCH(Exponential GARCH)、A GARCH(Asymmetric GARCH)等,甚至尝试放弃风险与收益存在正相关关系的基本假设条件,提出了具有黑盒子性质的定价核(Price Kernel)概念; (4) 1988年约翰·芬尼迪给出金融工程的正式定义

(二)金融工程专业在国内外的发展状况

首先,金融工程是金融科学的工程化,是一门从实际情况出发针对实际问题的应用型学科。其次,金融工程集合了金融学的基础理论和工程学的基本分析方法并且又具备自身的特征——强调学科间的相互渗透和交叉。除了运用数学和统计学知识为主要分析手段外,金融工程还引入了最新的计算机技术、仿真技术、人工神经网等前沿技术,也运用到了决策科学和系统科学的有关理论。

目前,几乎所有北美和欧洲著名大学都开设了金融工程的教学和研究项目,如美国芝加哥大学、麻省理工学院、斯坦福大学、纽约工业大学已设立金融工程的学位或专业证书教育。以案例教学著称于世的哈佛商学院的金融与财务学教授们也编著了金融工程案例集出版。同时国外大型金融机构也广泛采用金融工程技术开发新产品进行创造利润和风险管理。

由于历史、体制、学科建设等方面的因素影响制约,金融工程学早期在我国的研究和应用几乎呈空白状态,直到20世纪90年代中期才被我国引进。1996年国家自然科学基金会将《金融数学、金融工程与金融管理若干重大问题研究》批准为"九五"重大科研课题,中国科学院率先成立了国家级"金融避险对策研究小组",北京大学、中国科学技术大学、南开大学、山东大学也相继成立了金融数学与金融工程研究中心、金融数学系和统计金融系。随着我国证券业和保险业的迅速发展,金融业逐步实现与国际接轨并参与国际竞争。特别是我国进入WTO后,金融创新节奏和金融工程发展呈现出加速趋势,各种国有独资的金融机构、股份制及民营性质的金融机构、外资及中外合资的金融机构纷纷涌现,我国金融业面临新的机遇和挑战,尤其是金融风险方面,导致金融市场对各种创新金融工具及金融工程学科建设的需求也越来越迫切。

我国金融学科水平尚处于由描述性阶段向定量分析型转变的时期,明显滞后于国际金融科学的发展水平。国内金融工程研究的瓶颈在于与实际市场的结合,它要求我国金融工程的研究朝着基本面、技术面、资金面以及金融数学原理相互结合的方向发展,通过金融工程的建模和金融市场的反馈,最终找到适合于中国市场特性的金融模型。因此,金融工程的从业人员不仅要具有较强的理论知识,还需要具有实践性,否则理论与实际的隔阂将导致金融模型的市场反馈缺失。

我国金融工程人才的培养从20世纪90年代开展至今,虽然部分高校开设了金融工程专业或金融工程相关课程,但是所培养出来的学生仍不能满足社会的需求。体现在实践当中不懂具体应用金融工程技术,操作及实验研发能力不足,反映出我国高校培养的人才与金融市场需求有着较大的差距和滞后性。究其原因在于我国金融理论研究长期以来停留在传统理论教学和简单的政策研究上,忽视了金融工程理论到实际成果的转化,理论严重脱离实践。因此,如何在高校中培养既掌握良好理论基础又具有较强实践研发能力的金融工程人才成为目前我国金融工程学科建设人才培养的关键。

从实践的角度来看,早在20世纪90年代,美国的长期资本管理公司(LTCM),就以其梦之队管理的宏观数量化基金傲视华尔街,它与量子基金、老虎基金、欧米伽基金一起被称为国际四大对冲基金。1994~1997年,长期资本管理公司的投资回报率分别为28.5%、42.8%、40.8%、17.1%。长期资本管理公司的投资策略是运用高杠杆投资利率互换市场做风险中性套利策略,即买入低估的有价证券,卖空高估的有价证券。

根据长期资本管理公司精英团队的构想,他们构建电脑数学自动投资模型,利用计算机处理大量历史数据,通过连续而精密的计算得到两种不同金融工具间的正常历史价格差,然后结合市场信息分析它们之间的最新价格差。如果两者出现偏差,并且该偏差正在放大,电脑立即建立起庞大的债券和衍生工具组合,大举套利入市投资;经过市场一段时间的调节,放大的偏差会自动恢复到正常轨迹上,此时电脑指令平仓离场,获取偏差的差值。这样的套利策略再加上高杠杆的使用,LTCM能够源源不断地为投资人带来高额的回报。

目前,国内金融工程应用主要分为两大块,一块是风险控制,另一块是量化投资。前者多见于保险和商业银行业,后者主要应用证券业和投资银行业。在量化投资的方法上,以券商为例又可以分为从基本面出发和从金融数学理论出发两个角度。比较欧美成熟市场,国内金融工程领域的研究才刚刚起步,未来的前景十分广阔。未来的研究方向将是基本面、技术面、资金面以及金融数学原理的结合,通过金融工程的建模、金融市场的反馈,最终找到适合于中国市场特性的金融模型。

(三)金融工程的重要理论

金融工程的基础理论分别为证券组合理论、资本资产定价理论、套利定价理论、期权定价理论。

1. 证券组合理论

1952年,美国经济学家、金融学家、诺贝尔奖获得者Markowitz第一次从风险资产的收益率与风险之间的关系出发,讨论了确定经济系统中最优资产组合的选择问题,证明了最小方差组合是一条开口向右的抛物线,分别确定了具有无风险资产和不具有无风险资产情况下的有效边缘,获得了著名的两基金分离定理。在此之后,出现了大量的关于投资组合的文献。用 Markowitz 的方法设计未来的投资组合时,由于用过去的资料计算出的方差和协方差并不稳定,常常导致协方差阵病态,无法得到最优的投资组合。同时,由于 Markowitz 的这项证券组合理论(称 Markowitz 模型)是用协方差阵计算组合证券方差,计算量非常之大,其优点是如果能获得较准确的协方差阵,则其计算精度是较高的。为此,Sharpe(1963)提出了一种简化计算方法——单指数模型(Single Index Model),使得 Markowitz 模型的组合方差与协方差计算大为简化。

Markowitz 模型是组合证券投资风险分析的一种重要方法,但是 Markowitz 模型在实际应用中也存在着不足之处:

(1) 证券收益率的正态分布问题:大量观测数据表明收益率并不一定服从正态分布,当证券收益率不服从正态分布时,根据 Markowitz 模型计算的最优投资组合则存在着误差。

(2) Markowitz 的"风险厌恶假设":在一个证券组合中,投资者所愿意接受的是最低收益率,Markowitz 模型对风险最小化的同时,也使得证券组合的收益相对较小。

针对 Markowitz 模型的不足之处,Ouderri B. N 等提出以证券收益率 R 的半方差作为证券投资风险的度量(简记为 E-Sh 风险度量),并以 E-Sh 风险度量为基础,提出了一种兼顾风险和收益的最优化风险目标函数,并建立了组合投资决策模型,给出了该模型的解法及有效边界的确定方法。

2. 资本资产定价模型

Markowitz 的组合理论解决了理性投资者的最优投资决策问题——如何确定投资比例。那么,在资本市场达到均衡(供给等于需求),或所有投资者的投资行为均与现代资产组合理论描述的一致时,资产的收益如何决定?资产收益的风险如何度量?以及任意一种资产的期望收益与风险之间的函数关系是什么?针对这些问题,Sharpe(1964)、Lintner(1965)和 Mossin(1966)独立提出了资本资产定价模型(CAPM)。该模型在市场有效的条件下,假设:

(1) 投资者是风险回避者。

(2) 投资者可以在无风险利率下无限制借入或贷出,在资本市场上无风险证券确实存在。

(3) 所有投资者对各证券的未来期望收益率与标准差的预测将会一致,因此,市场上有效边界只有一条。

(4) 投资者的投资期限相同。

(5) 证券的交易单位可以无限制地分割。

(6) 市场上不存在交易成本和税金。

(7) 资本市场是一个竞争的市场,有关证券的信息对所有投资者均衡地传播。

(8) 资本市场处于均衡状态(需求=供给)。

CAPM 表明:某种证券的期望收益与该种证券的贝塔系数线性正相关,它建立了单个证券的收益与市场资产组合收益之间的数量关系,揭示了证券风险报酬的内部结构;CAPM 不但对单个证券的期望收益成立,而且对于投资组合的期望收益也可以成立;CAPM 将证券的风险分成了由市场带来的系统风险和与市场无关的非系统风险,Sharp 在较强的假设下,从理论上证明了通过资产组合可使非系统风险降为 0。

3. 套利定价理论

Roll(1977)对 CAPM 的检验持批评态度。他认为市场组合是否有效是无法检验的,因为它需要知道所有个体的资产状况,其中甚至包括未进入市场交易的资产,而检验近似的市场组合的有效性并不能说明市场组合是否有效。正因为这样的论点,Ross 于 1976 年提出了套利定价理论(APT)。这个理论在有效市场的条件下,假设:

(1) 投资组合包含大量的资产,但不一定是市场组合。
(2) 允许卖空,且投资者可以取得卖空收益。
(3) 投资者不一定是风险厌恶者。
(4) 证券或组合的收益是多种因素共同影响的结果。

APT 认为证券的收益率是由某个因素模型确定的。然而,APT 没有规定这个因素模型的具体形态,也没有指出这个模型包含多少因素、包含什么样的因素。APT 的这个假设是非常弱的条件,因而为投资者留下了较宽的空间。

APT 表明,在均衡市场下,证券或投资组合的预期收益率与其对各因素的敏感度呈线性关系,且以无风险资产的收益率为截距。APT 的吸引力在于它考虑到对资产的期望收益有影响的非市场因素(如行业影响)。这样,必要收益率不仅基于公司对市场状况的敏感性,而且基于对行业状况的敏感性而确定。APT 一个不利的方面是它不像 CAMP 那样可用于定量分析。不过这个特点也可被视为优势,因其在确定某一公司的必要收益率时,允许投资者考虑与其相关的任何因素。

Ross 与 Roll 等人对 APT 模型进行了验证,但影响证券收益和风险的关键因素究竟有哪些,各起多大的作用和影响,至今没有一个统一的说法。APT 的核心是假设不存在套利机会,套利机会是指在无风险又无资本的情况下就可以从投资中获利的机会。APT 在更加广泛的意义上建立了证券收益与宏观经济中其他因素的联系,APT 比 CAPM 为证券走势分析提供更好的拟合。

4. 期权定价理论

布来克和斯克尔斯于 1973 年发表了一篇关于期权定价的开创性论文,运用随机微分方程理论推出了期权定价模型。该模型的推导建立在 6 个假设基础上:

(1) 没有交易成本、税收或卖空限制。
(2) 无风险收益率是常量。
(3) 股票不付股息。
(4) 标的资产的随机价格服从几何布朗运动。
(5) 对于贸易市场是连续开放的。
(6) 期权是欧式的。

期权定价方程可以用来制定各种金融衍生产品的价格,是各种金融衍生产品估价的有效工具。

五、互联网金融专业

（一）产生

互联网金融专业是新兴的"互联网＋"前沿专业，该专业将传统金融行业、金融学与信息技术、互联网思维、企业管理等深度融合，旨在培养跨学科、复合型、高端互联网金融人才。毕业生能够在第三方支付、P2P、众筹、互联网理财、互联网银行、互联网保险、互联网证券等领域就业，就业岗位主要有产品经理、互联网金融产品策划师、互联网金融产品运营师、投资/理财顾问、网络媒介工程师等。

互联网金融专业重在培养学生的理论知识和动手实践能力，整体课程采用逐层递进的方式，学生在完成每个学期的理论授课后，均有两个企业项目实战跟进，学生所学内容能够及时地得到运用，在项目中延展技术深度与宽度，做到理论与实践的充分结合。目前对外经济贸易大学、河北软件职业技术学院、武汉大学国际软件学院、山东女子学院等高校在国内率先开设了互联网金融专业，并且已经为互联网金融行业提供和输送了一批优秀人才。

在互联网技术的巨大推动下，以第三方支付、P2P 网络贷款平台和众筹为代表的互联网金融新模式快速发展，因而对复合型人才的需求急增，要求不仅要懂互联网，更要懂金融。与传统金融行业人才供需两旺的情况不同，新兴互联网金融行业的人才供给根本无法满足企业需求。据统计，截至 2015 年 10 月，互联网金融人才需求同比增幅超过 41％。未来 3 年内，P2P 网贷平台的人才缺口将达 142 万，再加上互联网金融其他 6 种业态的人才缺乏，人才缺口将达 300 万左右，很多互联网金融企业急需的高端职业经理人、电商运营经理等人才更是"一将难求"。

由于互联网金融人才极度紧缺，所以互联网金融行业各岗位的平均薪酬要比其他互联网行业高出不少。虽然初始薪酬优势不太明显，但进阶薪酬却遥遥领先于行业平均值。因此，从事互联网金融行业的相关工作大有"钱"途。

（二）专业发展

目前，市场上的专业互联网金融人才严重不足，因此填补互联网金融专业人才巨大缺口的最有效办法无疑还需要依托众多的高等院校来培养输送，但互联网发展一日千里，互联网及互联网金融的发展变化日新月异，企业所需要的非常接地气的人才培养对于传统以培养学术型、科研型人才为主要使命的高校来说还真有些难度。幸好这个问题已经被全社会关注，政府更是一再提倡产教融合、校企合作来创办新型前沿专业以及"互联网＋"专业方向，也已经有一些企业大胆开始了这方面的创新步伐。

据了解，慧科集团就是国内最早尝试高校校企合作的企业，其率先联合各大高校最早开设了互联网营销专业，这也是它们的优势专业。此后，慧科集团又先后和各大高校开设了移动云计算专业和互联网金融等多个专业。目前，对外经济贸易大学、河北软件职业技术学院、武汉大学国际软件学院、山东女子学院都和慧科集团联合开设了互联网金融专业。互联网金融专业作为校企合作共建专业具有传统专业不具备的优势，它在课程体系研发、教学授课及实训实习环节均有来自百度、阿里巴巴、腾讯以及各大行业企业一线的技术专家参与，所培养人才能够很好地满足企业用人需求。

六、数理金融专业（金融数学专业）

（一）产生

任何一门学科的现代化和精确化进程，都必然导致以数学作为自身的语言。从经济学中独立出来的现代金融学的现代化标志，体现在金融学的数量化上。金融科学数量化是指金融学理论研究模式趋向于数学化（指推理演绎数学化）、应用研究定量化（指建立相应的数学模型）和运用计算机技术求解模型数值问题的广泛化，从而促成了金融数学的诞生和发展。金融数学是一门新兴的金融学与数学（特别是最优化理论、高等概率论、随机微积分、偏微分方程等）的交叉学科，又称数理金融学。

（二）发展

数理金融学在当前是一门新兴学科。随着诺贝尔经济学奖越来越多地颁给计量经济学研究学者，学者也越来越重视数学在金融研究领域中的运用。这门学科的最大特点，就在于利用数学模型来解释和研究金融问题。

1. 行为金融学与数理金融学论争

行为金融学作为一个正在崛起的领域，其视角越来越为广泛。尽管还未成为金融学理论的主流，但越来越多的金融学家正在投身于这一研究领域。De Bondt 和 Thaler(1985)，Statman(1995)，Bernstein(1996)以及 Shiller(2000)等行为金融学家在不遗余力地为之呐喊。他们认为，行为金融学将当前金融学主流数理金融学取而代之的时代已经来临。真的是这样吗？我们还是先对行为金融学与数理金融学分歧的焦点做出归纳与评价，再做定论。在没有定论以前，我们不妨仍把数理金融学称为主流金融学。

（1）争论的起点：红利之谜

红利之谜——主流金融学的"死穴"？行为金融学家们很早就声称从与分红相关的一些现象的研究中找到了当前主流金融学的"死穴"(Shefrin and Statman,1984)。

1973~1974年能源危机期间，纽约城市电力公司(Consolidated Edison Company,CEC)准备取消红利支付。在1974年该公司的股东大会上，许多中小股东为此闹事，甚至有人扬言要对公司董事会成员采取暴力举动。显然，这一事件是主流金融学所无法解释的。

Shefrin 和 Statman(1984)尖锐地提出：按照主流金融学的分析框架，CEC 的股东只会对能源危机对公司股价的影响敏感，而绝不会为公司暂停支付红利的决定如此激动。因为在主流金融学的框架下，投资者遵循米勒(Miller)和莫迪利安尼(Modigliani)套利定价理论。他们知道，在不考虑税收与交易费用的情况下，一美元的红利和一美元的资本利得并没有什么差异，他们随时可以通过卖出股票自制"红利"；而在收入税率高于资本利得税率的现实世界，减少股利支付会使股东的境况更好。那么为什么这么多股份公司还要发放红利呢？CEC 的股东为什么会对公司停止支付红利做出如此激进的反应呢？

然而，米勒(Miller,1986)却将这些攻击蔑视为"天大的玩笑"。的确，在20世纪80年代行为金融学形成的初期，其理论体系远未完善，各种"软肋"和"硬伤"成为主流金融学攻击的靶子。很少有人意识到其日后会对金融学理论产生深远的影响。

行为金融学独特的分析框架很好地解释了红利之谜。Shefrin 和 Statman 基于 Kahneman 和 Tversky(1979)的期望理论建立了一个崭新的分析框架。期望理论认为，投资者习惯于在潜意识中将其资产组合放入不同的意识账户(Mental Accounts)。一些账户的资产是用来养老的，一些账户的资产可以偶尔赌一把，一些账户的资产是用来接受高等教育的，还有一些账户的资产是为度假准备的，如此等等。马柯维兹试图说服投资者考虑将不同意识账户之间的协方差而将其看成一个投资组合，但投资者似乎并不买账。他们仍然习惯于将资产划分为应对资产价格下跌的意识账户(持有现金和债券)和应对资产价格上涨的意识账户(持有股票、期权以及其他未定权益)。而投资者对这两类账户的风险偏好特性是马柯维兹协方差所不能解释的(前者表现为极度的风险厌恶，而后者表现为极度的风险偏好)。CEC 股票价格的下降属于资本意识账户的损失，而停止支付红利则是红利意识账户的损失。两个账户中同等数额的美元对投资者而言并不相同。

马柯维兹指出，将资产划入不同的意识账户忽略了不同资产之间的协方差，会使投资组合位于资产组合理论导出的有效前沿的下方。但 Thaler 和 Shefrin(1981)针锋相对地指出，现实生活中受情绪等行为意识影响的投资者并非主流金融学框架下的完全理性人。他们不具有完美的自控能力，容易趋于各种诱惑。将资产划入不同的意识账户的做法实际上更有利于投资者提高自控能力。至于马柯维兹的有效前沿只是一种现实生活中永远无法达到的理想状态罢了。

制定行动规则是一种很好的自控方式。正如对于沉迷于酒精的人来说"最多喝到第一次摔倒"是一种很好的自控标准一样，"消费红利、绝不动用资本利得"是消费欲望强烈的投资者的自控标准。那些认为停止红利支付会使其丧失收入来源的 CEC 的小股东们实际上是在忠实地执行绝不动用资本利得的自控规则。这些人将持有 CEC 的股票放到了获得稳定收入来源的收入意识账户。他们担心，一旦开始自制红利(卖股票)，就会像酒鬼碰到酒一样一发不可收拾，最终失去一切。

对于遵循行为金融的投资者而言，自制红利还有另一个不足之处——它开启了遗憾之门(Door to Regret)。Kahneman 和 Tversky(1982)将遗憾(Regret)定义为投资者发现不同的选择本能得到更好的结果时的痛苦感觉。设想一个投资者用分红所得的 1000 美元购买了一台电视机，另一个投资者用卖掉股票所得的 1000 美元购买了一台同样型号的电视机。Kahneman 和 Tversky 问道：当股票价格上升时，这两个投资者会感到同样遗憾吗？遗憾总是和责任相连的，而责任来源于选择。买卖股票是一种重大的抉择，自然可能导致重大的遗憾。而等待分红是一种不必选择的选择，自然遗憾较少。

(2) 争论的核心：市场有效性

过度反应(Overreaction)与滞后反应(Underreaction)是主流金融学与行为金融学争论双方所使用的一个重要武器。但对过度反应与滞后反应的研究涉及金融学领域至今还未形成统一认识的市场有效性问题。对市场有效性通常有两种理解：一种理解认为，有效市场意味着投资者不可能找到系统有效地打败市场的方法；另一种理解认为，有效市场下证券价格是理性的(Rational)。理性价格仅仅反映市场对风险收益进行权衡的理性趋利特性(数理金融中的无套利均衡)，而并不反映投资者情绪等价值感受(Value-Expres-Sive)特性。

资产分配策略(Tactical Asset Allocation,TAA)反映了市场不可战胜意义上的有效性和理性价格意义上的有效性的差别。秉承资产分配策略的投资者试图在股市出现泡沫时抛出股票,在股市出现恐慌时买进股票。在对泡沫与恐慌的判断中实际上包含着投资者情绪这种价值感受特性。但这并不意味着市场是容易被打败的。Philips,Rogers 和 Capaldi(1996)发现,资产分配策略在 1977~1988 年非常成功,1988 年以后就失效了。其中,这一策略在 1987 年的股市大恐慌时最为成功。大多数秉承这一策略的投资者在股市崩盘之前已经抛空头寸。不过,遗憾的是,这些投资者大多在股市达到最低点时仍然驻足不前,从而丧失了在随后的股市复苏中大赚一笔的机会。看来,打败市场绝非易事。

在金融学家们对市场有效性问题争得不可开交的时候,似乎忘记了 Fama(1991)的论述:市场有效性是不可检验的。对市场有效性的检验必须借助于有关预期收益的模型,如 CAPM、APT 等。如果实际收益与模型得出的预期收益不符,则认为市场是无效的。我们经常见到的验证某一金融市场低价股和具有较高 B/M(Book-to-Market Ratios)的股票存在超额收益率的实证研究,其实都是在试图否定市场有效性。但问题在于,如何得出超额收益的预期收益模型本身就是错误的呢?因此,市场有效性必须和相关的预期收益模型同时得到证明。这就陷入了一个悖论:预期收益模型的建立以市场有效性为假定前提,而检验市场有效性时,又先验假设预期收益模型是正确的。用市场有效性前提下的预期收益模型是无法检验市场有效性的。以最为常用的 CAPM 和 APT 为例,市场有效性不成立,CAPM 和 APT 就不成立。但反过来并不能因 CAPM 和 APT 导出的结论与市场有效性不符而否定市场有效性——因为 CAPM 和 APT 本身有可能是错误的。

由于以上原因,尽管关于市场有效性的实证研究如火如荼,却很难得出一致的结论。研究者们都极力试图使市场为自己的观点提供佐证。他们往往对不同时期、不同市场的数据采用不同的资产定价模型处理,研究结果不免有失客观性。Hawawini 和 Keim(1998)曾试图对这一问题进行客观全面的研究。他们采集了不同国家、不同时期的金融数据,与不同的资产定价模型进行比较,得出的结论却是自相矛盾、一塌糊涂的。最终,Hawawini 和 Keim 不得不回到 Fama(1991)的论述:现有金融手段无法验证是资产定价理论有错误还是市场是无效的。他们无奈地写道:我们希望这一问题能够在下一个百年得到解决。

尽管如此,价值感受对投资者的投资决策和资产价格具有重要影响是一个不争的事实。纯理性的价格并不存在。因此,对市场有效性的第一种理解(市场不可战胜意义上的有效市场)似乎更为科学。

行为金融学正是基于对市场有效性的第一种理解致力于探索同时反映理性趋利特性和价值感受特性的资产定价模型。

(3) 争论的新发展

新发展之一:行为资产定价模型与资本资产定价模型。

主流金融学认为行为金融学对投资者价值感受的过分关注已经走入歧途。比如,Miller 指出,股票价格不仅仅是一个回报率,在它的背后隐藏着许多故事,家庭的支出变化、家庭矛盾、遗产划分、离婚协议,如此等等,不一而足。我们研究资产组合理论、资产定价理论就是要从扑朔迷离的市场中寻求决定市场发展方向的主要因素。过分关注一些无关紧要的现象只会使我们迷失研究方向。

然而,行为金融学家则坚持认为对投资者行为进行研究是至关重要的。Meir Statman(1999)指出,其实 CAPM 也是从投资者行为人手的。在 CAPM 中,所有投资者均被假设为只关心投资回报和投资组合的协方差(风险),二者的均衡便导出结论。现在,行为金融研究的目的就是要改变 CAPM 的假设,使其更接近现实,怎么能认为它不重要呢?Shefrin 和 Statman(1994)构筑了 BAPM(Be-Havioralasset-Pricing Model)作为主流金融学中 CAPM 的对应物。BAPM 将投资者分为信息交易者(Information Traders)和噪声交易者(Noise Traders)两种类型。信息交易者即 CAPM 下的投资者,他们从不犯认知错误,而且不同个体之间表现有良好的统计均方差性;噪声交易者则是那些处于 CAPM 框架之外的投资者,他们时常犯认知错误,不同个体之间具有显著的异方差性。将信息交易者和噪声交易者以及两者在市场上的交互作用同时纳入资产定价框架是 BAPM 的一大创举。

BAPM 中证券的预期收益决定于其行为贝塔(Behavioral Betas),即正切均方差效应(Tangent Mean-Variance-Efficient)资产组合的贝塔。因为噪声交易者对证券价格的影响,正切均方差效应资产组合并非市场组合(Market Portfolio)。比如,噪声交易者倾向于高估成长型股票的价格,相应地,市场组合中成长型股票的比例也就偏高。为了纠正这种偏差,正切均方差效应资产组合较之市场组合要人为调高成熟型股票的比例。

标准贝塔和行为贝塔的估计是一个难点。在 CAPM 中,我们都知道市场组合的构成原理但却找不到精确构造市场组合的方法,因此在计算标准贝塔时只好用股票指数代替市场组合。行为贝塔的计算就更加困难了。因为正切均方差效应资产组合随时都在变化,这个月还在起重要作用的行为因素下个月可能变得微乎其微,我们很难找到它的有效的替代物。

当然,这些问题绝不能阻止金融学家们对资产定价模型的追求。CAPM 也好,BAPM 也好,究其根本,所有资产定价模型都是经济学中供求均衡基本思想的一个翻版。供求曲线既决定于理性趋利特性(如对产品成本、替代物价格的分析),也决定于消费者的价值感受(如口味等)。在 CAPM 中,供求仅仅决定于理性趋利特性下的标准贝塔,在三因子 APT 中,供求决定于公司规模(Size)、B/M 以及市场组合本身,但对公司规模和 BM 的判断是具有理性趋利特性的客观标准呢,还是反映了投资者的价值感受特性呢?Fama 和 French(1992)持前一种观点,Brennan、Chordia 和 Subrahmanyam(1992)则持后一种观点。

BAPM 涵盖了包括理性趋利特性和价值感受特性的诸多因素。比如钦佩(Admirafion)这种价值感受特性。《财富》杂志每年都对职业经理人和投资分析家最钦佩的公司做一次调查。Shefrin 和 Statman(1995)发现,回答者明显偏爱其钦佩的公司的股票,而且这种偏爱已经明显地超越了预期回报(理性)的解释能力。在股票市场上,人们对成长股的追捧同样超越了理性。事实证明,价值感受特性和理性趋利特性一样,应当成为决定预期收益的参数。

新发展之二:行为金融组合理论(Behavioral Portfolio Theory)与马柯维兹资产组合理论。

金融机构在实践中所使用的资产组合和主流金融学中马柯维兹均方差组合是有很大差别的。比如,Fisher 和 Statman(1997)发现共同基金为一些投资者采取了较高比例股票的投资组合,对另一些投资者却采取了较高比例债券的投资组合,这显然有悖于主流金融学中的两基金分离定理(Two-Fund Separation)。因为两基金分离定理证明所有有效组合都能够表示为一个股票与债券具有固定比例的风险组合和不同数量的无风险证券的组合。

Shefrin 和 Statman(1999)提出了行为金融组合理论来替代马柯维兹的均方差组合理论。均方差组合投资者将资产组合看成一个整体,他们在构建资产组合时只考虑不同证券之间的协方差,并且他们都是对风险的态度不变的风险厌恶者。行为金融组合者则具有金字塔形层状结构的资产组合。资产组合金字塔的每一层都对应着投资者特定的投资目的和风险特性(方差)。一些资金投资于最底层防止它们变得不名一文,一些资金则被投资于更高层次用来争取使他们变得更富有。

行为金融组合理论较之均方差组合理论较好地和目前十分流行的在险价值(Value-At-Risk,VAR)构筑资产组合的方法达到理论与实践上的一致性,但仍有许多具体问题有待进一步突破。比如,如何将各种理性趋利特性和价值感受特性进行定性、定量的区分与描述,如何具体构筑层状组合结构每一层的资产组合,等等。

新发展之三:如何看待泡沫与风险补偿?

CAPM 等主流金融学模型都在关注不同股票的预期收益差异,但同一股票不同时期的预期收益如何变化,风险补偿会不会变化,抑或说如何衡量泡沫呢? 在这方面,行为金融学再一次表现出良好的解释能力。

风险补偿是金融工具(这里指股票)预期收益率与无风险证券收益率之间的差值。风险补偿的名称是针对金融工具的接受方而言的,对于金融工具的转让方而言,它又被称作风险贴水。它名义上是对风险的补偿,但它实际上涵盖了包括理性趋利特性和价值感受特性在内的决定股票收益的所有因素。Shefrin(1999)从理论和实证两方面得出基本因素和市场情绪(Sentiment)共同决定风险补偿。Porter 和 Smith(1995)则在实验室环境下成功模拟了泡沫的形成过程。

(4) 前景展望:行为金融学——新的主流金融学

众所周知,主流金融学是建立在米勒和莫迪利安尼套利定价理论、马柯维兹资产组合理论、夏普-林特纳-布莱克资本资产定价模型(CAPM)以及布莱克-斯克尔斯-默顿期权定价理论(OPT)的理论基石之上的。主流金融学之所以至今具有强大的生命力是因为它以最少的工具建立了一个似乎能够解决所有金融问题的理论体系。

几乎没有理论体系会与所有的实证研究相吻合,主流经济学也不例外。米勒承认红利问题对于主流金融学而言是一个谜,但是他仍然坚持认为,通常情况下的金融市场理性预期均衡模型和有关红利的特殊模型联合起来,将是很完善的,至少不会比其他任何模型差。对现有金融学的理论框架进行基于行为金融或是其他理论的重建既非必要,也绝不会在不远的将来发生。Schwert(1983)十分不情愿地接受了需要新的资产定价理论以解释反常现象的观点。但他同时强调,新的资产定价理论也必须是在所有投资者都理性地追求最大化的框架之内。而 De Bondt 和 Thaler(1985)强调,股票价格超涨超跌的过度反应实际上是一种超越理性的认知缺陷。Shiller(1981,1990)则明确指出,股票价格的涨落总是被非理性的狂热所左右,理性并不可靠。由此可以预见,行为金融学与主流金融学目前的争论是水火不容的。

和主流金融学一样,行为金融学也由许多有用的工具构成。这些工具有些为主流金融学与行为金融学共有,有些则是行为金融学独有,如人类行为的易感性(Susceptibility)、认知缺陷(Cognitive Errors)、风险偏好的变动(Varying Attitudes Toward Risk)、遗憾厌恶

(Aversion to Regret)、自控缺陷(Imperfect Self-Control)以及同时将理性趋利特性和投资者情绪等价值感受作为自变量纳入分析框架,等等。

一些人认为,行为金融学不过是将心理学引入了金融学,但是心理学从来没有离开过金融学。尽管行为模型不一样,但所有的行为都没有超越心理学。主流金融学又何尝不对投资者的行为(指导行为的是心理)做出假设呢?只不过主流金融投资者的行为被理性(Rational)所模型化,行为金融投资者的行为则被置于正常(Normal)的模型之中。理性与正常并非完全相悖。理性行为通常被定义为追求效用最大化的行为,而追求效用最大化被认为是很正常的。面对10美元与20美元的选择,理性人和正常人都会选择20美元。

综上所述,在很短的时间内,行为金融学迅速崛起。无论认同还是反对,任何一名金融学者都在对行为金融学提出的问题与得到的结论进行仔细推敲。这一事实本身足以展示行为金融学在当今金融学领域的地位及发展前景。从对主流金融学的假设与结论提出质疑,到对市场有效性、风险、资产定价模型等问题提出自己独特的观点,一直到提出自己的资产组合理论,行为金融学正在逐步向一个完善的金融体系发展。可以预见,行为金融学和主流金融学围绕本文上述问题的争论也将随之深入。虽然行为金融学完全替代主流金融学还只是行为金融学家的一厢情愿,但行为金融学必将对金融理论与实践产生越来越大的影响。也许正如Thaler(1994)所说,终将有一天"行为金融学"作为一个名词将不再被人提起——这是多余的。人们在对资产定价时将很自然地考虑各种"行为金融"意义上的因素。从这一意义上讲,笔者更相信行为金融学与主流金融学在争论中不断融合,形成新的更具实践性的主流金融学的观点。

课后实践

1. 请查阅相关资料,画出经济学科的思维导图,要求分组,按照不同的分类标准画出不同类型的思维导图。比如按照经济学科发展时间轴来画,按照经济学派别来画,按照国别来画等。

2. 画出金融学类各专业思维导图,不同专业分别画出不同的思维导图,要求同上。

第二章 金融学类专业培养体系

> 青年人离开学校时,应是作为一个和谐发展的人,而不只是作为一位专家。否则,他连同他的专业知识就像一只受过专业训练的狗,而不像一个和谐发展的人。
>
> ——爱因斯坦

第一节 金融学类专业的理论范式

一、金融学类理论研究方法

(一)实证分析法与规范分析法相结合

实证分析(Positive Analysis)是指超越一切价值判断,从某个可以证实的前提出发,来分析人的经济活动。其特点为:回答"是什么"的问题;分析问题具有客观性;得出的结论可以通过经验事实进行验证。

简言之,实证分析就是分析经济问题"是什么"的研究方法,侧重研究经济体系如何运行,分析经济活动的过程、后果及向什么方向发展,而不考虑运行的结果是否可取。实证分析法在一定的假定及考虑有关经济变量之间因果关系的前提下,描述、解释或说明已观察到的事实,对有关现象将会出现的情况做出预测。客观事实是检验由实证分析法得出结论的标准。樊纲指出,实证研究作为一种经济研究方法的基本特征是:"从经济现象的分析、归纳中,概括出一些基本的理论前提假设作为逻辑分析的起点,然后在这些基于现实得出的假设基础上进行逻辑演绎,推导出一系列结论,并逐步放松一些假设,使理论结论更加接近具体事实。"规范分析法是研究经济运行"应该是什么"的研究方法。这种方法主要依据一定的价值判断和社会目标,来探讨达到这种价值判断和社会目标的步骤。

现代西方经济学认为实证分析和规范分析是相对的而非绝对的。具体的经济分析都不可能离开人的行为。在实证分析法中,关于人的行为的社会认识是其分析的基础,完全的客观主义是不存在的。从经济理论发展的历史来看,"除少数经济学家主张经济学像自然科学一样的纯实证分析以外,基本一致认为经济学既是实证的科学,又是规范的科学,因为提出什么问题来进行研究,采用什么方法来研究,突出强调哪些因素,实际上涉及个人的价值判断问题"。

马克思所处的时代还没有实证分析这个方法论术语,在一些学者看来,马克思经济学在方法论上强调的只是规范分析。其实,马克思主张的历史与逻辑统一的分析方法,就是规范与实证有机结合的方法。马克思的历史分析方法可以说就是一种实证分析方法,是"动态实证"。马克思十分重视对事实的分析。在《资本论》第一卷的序言中他说:"物理学家是在自然过程表现得最确实,最少受干扰的地方考察自然过程的,或者,如有可能,是在保证过程以其纯粹形态进行的条件下从事实验的。我要在本书中研究的,是资本主义生产方式以及和它相应的生产关系和交换关系。到现在为止,这种生产方式的典型地点在英国,因此,我在理论阐述上主要用英国作为例证。"马克思很重视实证分析,如马克思对分工、生产、交换、市场、利润、利息等范畴的考察和研究都是实证分析,他的经济研究实践也可以证明这一点。

规范分析是指根据一定的价值判断为基础,提出某些分析处理经济问题的标准,树立经济理论的前提,作为制定经济政策的依据,并研究如何才能符合这些标准。它要回答的是"应该是什么"的问题。

从法学角度或者说从法学方法论角度而言,规范分析法是以规范法学为基础的,而规范法学又是实证分析主义法学派的主要观点,因此站在法学方法论的角度而言,尽管规范分析和实证分析为对立的两种方法,但也有共同之处,即都以规范法学作为基本立足点。他们的不同之处,就在于第一段所说的,规范分析以一定价值判断为基础对"规范"(法学中通俗来说就是法律条文)进行完善、解释等;而实证分析则以数据为主对"规范"(法条)进行分析。

规范分析法(Normative Analysis)是在 20 世纪 60 年代后期美国管理心理学家皮尔尼克(S. Pilnick)提出的一种方法,作为优化群体行为、形成良好组织风气的工具,是团队建设中经常用到的一种工具。规范分析涉及已有的事物现象,对事物运行状态做出是非曲直的主观价值判断,力求回答"事物的本质应该是什么"。

可以用以下两句话简单对比实证分析和规范分析:

"20世纪70年代世界油价暴涨主要是由垄断力量达成的。"这句话就是比较客观的,是一个人通过经济模型得出来的结果,你无可辩驳,这就是实证分析。

"效率比平等更重要。"世界上没有一个经济定理这样说,有的人会认为效率重要,而平均主义者会认为平等更重要。这就带有主观评价,这就是规范分析。

(二)边际分析法

边际分析法是经济学的基本研究方法之一,是把追加的支出和追加的收入相比较,二者相等时为临界点,也就是投入的资金所得到的利益与输出损失相等时的点。不仅在理论上,而且在实际工作中也起着相当大的作用,是打开经济决策王国的钥匙。可以认为边际分析法与管理决策优化密切相关。

边际分析法体现向前看的决策思想,是寻求最优解的核心工具。主要应用如下:

(1)无约束条件下最优投入量(业务量)(Unconstrained Optimization)的确定。利润最大化是企业决策考虑的根本目标。由微积分基本原理知道:利润最大化的点在边际利润等于 0 的点获得。利润(或称净收益)为收入与成本之差,边际利润亦即边际收入与边际成本之差,即 $MB=MR-MC$。由此可以获得结论:只要边际收入大于边际成本,这种经济活动就是可取的;在无约束条件下,边际利润值为0(即边际收入等于边际成本)时,资源的投入量最优(利润最大)。

(2) 有约束条件下最优业务量(Constrained Optimization)分配的确定。对于有约束情形可以获得如下最优化法则:在有约束条件下,各方向上每增加单位资源所带来的边际效益都相等,且同时满足约束条件,资源分配的总效益最优。这一法则也称为等边际法则。当所考虑的资源是资金时,有约束的最优化法则即为:在满足约束条件的同时,各方向上每增加一元钱所带来的边际效益都相等;如果资金用来购买资源,而各方向的资源价格分别都是常数,有约束的最优化法则即为:在满足约束条件的同时,各方向上的边际效益与价格的比值都等于一个常数。

(3) 最优化原则的离散结果:当边际收益大于边际成本时,应该增加行动;当边际收益小于边际成本时,应该减少行动;最优化水平在当边际成本大于边际收益的前一单位水平时达到。

(4) 提倡使用增量分析。增量分析是边际分析的变形。增量分析是分析某种决策对收入、成本或利润的影响。这里"某种决策"可以是变量的大量变化,包括离散的、跳跃性的变化,也可以是非数量的变化,如不同技术条件、不同环境下的比较。比较不同决策引起的变量变化值进行分析。

(三) 均衡分析法与非均衡分析相结合

均衡分析偏重于数量分析,非均衡分析则认为经济现象及其变化的原因是多方面的、复杂的,不能单纯用有关变量之间的均衡与不均衡来加以解释,而主张以历史的、制度的、社会的因素作为分析的基本方法,即使是数量的分析,非均衡分析也不是强调各种力量相等时的均衡状态,而是强调各种力量不相等时的非均衡状态。

(四) 静态分析法、比较静态分析法、动态分析法相结合

静态分析与动态分析的区别在于:前者不考虑时间因素,而后者考虑时间因素。

把均衡分析与静态分析和动态分析结合在一起就产生了三种分析工具:静态均衡分析、比较静态均衡分析与动态分析。静态均衡分析是要说明各种经济变量达到均衡的条件;比较静态均衡分析是要说明从一种均衡状态变动到另一种均衡状态的过程,即原有的条件变动时均衡状态发生了什么相应的变化,并把新旧均衡状态进行比较;动态均衡分析则是要在引进时间因素的基础上说明均衡的实际变化过程,说明在某一时点上经济变量的变动如何影响下一时点上该经济变量的变动,以及这种变动对整个均衡状态变动的影响。

(五) 定性分析与定量分析

定性分析是说明经济现象的性质及其内在规定性与规律性;定量分析则是分析经济现象之间量的关系。

二、金融学类专业理论范式——以投资学为例

什么是投资?这是投资学理论的核心问题。通常的理解认为投资就是将钱投向最需要

钱的地方。那么在现实社会中是不是真的这样？

事实上在现实社会中，作为投资行为往往会受到很多因素影响，从而使得资金并没有投到最希望得到资金的地方。那么作为投资学的核心是研究什么？首先，作为投资而言，既然是投资就要讲究回报。在现实的世界中，谁能够承诺给予更高的回报，这些资金当然会流向那些高回报的行业和领域。这也体现了投资先天的逐利性本质。其次，作为投资这一行为更多的是看好社会发展趋势所带来的巨大商机。所以，所谓朝阳行业将得到更多的投资者青睐。最后，所有的投资都会为社会带来一定的示范效应，使得人们对被投资的行业或领域进行关注，从而使得更多的投资者进入这些行业。这样一来，投资这一行为将会变得更具大众性。如果真的发生这样的局面，投资能够得到约定的回报吗？显然，投资也是有风险的。那么，投资学的核心是研究什么？这当然是要研究投资者的心理状态，同时也要研究各种被低估的、更具成长性质的行业和企业以及领域。并且，还要研究作为投资这一行为在发生投资时是如何对被投资的项目进行解析和评估，从而为投资决策行为做出有利和无利的依据的。而且，自然也要研究作为投资这一行为的各种具体实践方案和方法，预测投资在未来的时刻是否能够得到意料之中的经济回报。

以马柯维茨的投资组合理论为起点，以 MM 理论提出的无套利定价分析为标志，以法玛总结前任成果提出的有效市场假说为基础，以林特纳、夏普提出的资本资产定价模型（CAPM）、罗斯的套利定价模型（APT）和布莱克-斯克尔斯的期权定价理论为核心，形成了现代金融投资学的基本框架。该框架就是投资学的标准分析范式。它以个人最优化和一般均衡分析为方法，研究投资行为和资产定价，指导投资实践活动。另一方面，行为金融学迅速发展，行为范式在投资学中也占有重要地位。以下简要介绍投资学的两种范式。

（一）标准范式

1. 马柯维茨的证券组合分析及资本资产定价模型（CAPM）

马柯维茨于 1952 年提出的资产组合理论（MPT）被视为现代金融学的开端。该理论的出发点是：假定交易者是风险厌恶的，且都根据证券收益率的期望和方差进行投资决策。"风险厌恶"的交易者是证券市场中的"理性人"，因此 MPT 并未完全脱离均衡理论的框架。它的特别之处是对风险的描述：用收益率的方差或标准差描述风险。尽管"风险"是否等同于"波动性"值得商榷，MPT 还是以其简洁的表述、广泛的适用性而得到肯定。MPT 对交易者的假定本质上是将各种风险态度、对市场存在各种预期（乐观的或悲观的）的投资者做了一定程度的"平均"：他们都是"风险厌恶的"，对市场的预期是"一致的"；这些假定从表面上看是荒谬的，但当讨论的问题是证券的定价问题时，这种"平均"的合理性是显而易见的，因为价格是买卖双方"合力"作用的结果，"平均"与否不影响证券的价格。MPT 的重要意义也是提供了一个讨论资产定价问题的框架，而且它的启发意义甚至超过了理论本身：当我们深入研究风险度量方法时，我们可以大大扩展 MPT，得出更多的不同角度的资产定价方法；事实上，资产定价理论与金融风险管理，尤其是风险度量的界限本身就是模糊不清的，二者既相互影响又相互促进；许多资产定价的新理论正是基于对风险描述方法的改变而建立的。马柯维茨投资组合理论之后，Sharpe(1964)，Lintner(1965)，Mossin(1966) 分别提出了各自的资本资产定价模型（CAPM）。这些模型是在不确定条件下探讨资产定价理论的，对投资实践具有重要的指导意义。

2. 无套利定价分析

无套利定价分析是资产定价的基础和基本方法。

早在20世纪20年代,凯恩斯(1923)在其利率平价理论中,首次将无套利原则引入金融变量的分析中。其后,米勒和莫迪格利亚(1958)创造性地使用无套利分析方法来证明其公司价值与资本结构无关定理,即著名的MM定理,被视为现代金融学的开端。罗斯的套利定价(APT)理论的产生使人们进一步认识到无套利思想的重要性。经济学家们甚至将无套利思想看作是金融学、投资学区别于经济学的重要特征。罗斯曾指出:"大多数现代金融不是基于无套利直觉理论,就是基于无套利的实际理论。事实上,可以把无套利看作是统一所有金融的一个概念。"因此,无套利定价思想构成了金融学和资产定价的基本定理。

套利(Arbitrage)是指在某项资产的交易过程中,交易者可在不需要期初投资支出的条件下便可获得无风险报酬。但在实际市场中,套利一般指的是一个预期能产生无风险盈利的策略,可能会承担一定的低风险。套利有5种基本形式:空间套利、时间套利、工具套利、风险套利和税收套利。由于金融产品通常是无形的,不需要占据空间,所以没有空间成本,而且金融市场上存在的卖空机制(即投资者可以在不拥有某种产品的前提下便拥有以高价卖光该种产品的权利,然后低价买回该种产品,通过价格差获得利润)大大增加了套利机会,并且金融产品在时间和空间上的多样性(如远期合约、期权合约)也使得套利更加便利。

无套利定价原理是指金融产品在市场的合理价格是这个价格使得市场不存在套利机会,即在该种价格下金融产品的组合不会使投资者获得无风险利润。无套利定价的基本方法:将金融资产的"头寸"与市场中其他金融资产的头寸组合起来,构筑起一个在市场均衡时不能产生不承受风险的超额利润的组合头寸,由此测算出该项头寸在市场均衡时的价值即均衡价格。该种价格会使得套利者处于这样一种境地:他通过套利形成的财富的现金价值,与他没有进行套利活动时形成的财富的现金价值完全相等,即套利不能影响他的期初和期末的现金流量状况。

无套利定价的关键技术是"复制"技术。所谓复制是指用一组证券来复制另外一组证券,其要点是使复制组合的现金流特征与被组合的现金流特征完全一致,复制组合的多头(空头)与被复制组合的空头(多头)互相之间完全实现头寸对冲。

3. 有效市场假说

"有效市场假说"实际上意味着"天下没有免费的午餐",世上没有唾手可得之物。在一个正常的有效率的市场上,每个人都别指望发意外之财。有效市场假说至少可以追溯到法国数学家路易斯、巴舍利耶开创性的理论贡献和考尔斯的实证研究。现代对有效市场的研究则始于萨缪尔森,后经尤金法玛等进一步发展和深化,逐步形成了一个系统性、层次性的概念,并建立了一系列用于验证市场有效性的模型和方法。法玛还因此获得了2013年诺贝尔经济学奖。

1965年法玛在商业学刊上发表题为《股票市场价格行为》一文,提出了著名的有效市场假说(Efficient Market Hypothesis,EMH)。1970年法玛关于EMH的一篇经典论文《有效资本市场:理论和实证研究回顾》不仅对过去有关EMH的研究做了系统的总结,还提出了研究EMH的一个完整的理论框架。该假说认为,在一个充满信息交流和信息竞争的社会里,一个特定的信息能够在证券市场上迅速被投资者知晓,随后,股票市场的竞争将会驱使证券价格充分且及时反映该组信息,从而使得投资者根据该组信息所进行的交易不存在非正常报酬,而只能赚取风险调整的平均市场报酬率。只要市场充分反映了现有的全部信息,市场价格代表着证券的真实价值,这样的市场就称为有效市场。有效市场假说(EMH)是数量化资本市场理论的核心,同时也是现代金融学的理论基石之一。

根据法玛的定义,有效市场中证券的价格充分反映了全部可以提供的信息。而且他把"可提供的信息"分为三类:一是历史信息,通常指股票过去的价格、成交量、公司特性等;二是公开信息,如红利宣告等;三是内部信息,指的是非公开的信息。因此有效市场分成三个层次:弱式有效市场(Weak-form EMH)、半强式有效市场(Semi-Strong-form EMH)和强式有效市场(Strong-form EMH)。

(二) 行为范式

行为范式是在对现代投资理论(尤其是在对 EMH 和 CAPM)的挑战和质疑的背景下形成的。现代金融投资理论的标准范式通过理性原则对金融市场的行为做了理想化的假设,加上严密的数学推理与表达,为投资决策提供了逻辑简明、高度提炼的公式指导。然而,进入 20 世纪 80 年代后,证券市场中出现了越来越多的不能用标准范式解释的异常现象,例如所谓的"一月效应"、"星期一效应"、股权溢价之谜、封闭式基金折价/溢价之谜、小盘股效应等,模型缺乏实证支持。面对这些证券市场的异常现象,诸多研究学者吸收心理学的研究成果,研究证券市场投资行为、价格形成机制与价格表现特征,取得了一系列有影响的研究成果。

早期,美国奥兰多大学的普莱尔(Purrell)是将心理学引入金融投资研究的重要代表,在其《一种可用于投资研究的实验方法》(1951)论文中,开拓了应用实验将投资模型与人的心理行为特征相结合的金融新领域。后来的保罗(Paul)、思诺维奇(Slovic)等人继续进行了一些人类决策过程的心理学研究。

现代行为金融公认以阿莫斯·特沃斯基(Amos Tversky)和丹尼尔·卡纳曼(Daniel Kahneman)为代表。Tversky 研究了人类行为与投资决策模型基本假设相冲突的三个方面:风险态度、心理会计和过度自信,并将观察到的现象称为"认知偏差"。Kahneman 和 Tversky(1979)共同提出了"期望理论",使之成为行为金融研究中的代表学说。20 世纪 80 年代中期至今,市场不断发现的异常现象引起证券市场研究者的持续关注。Thaler(1987,1999)研究了股票回报率的时间序列、投资者心理会计等问题。Shiller(1981,1990)主要研究了股票价格的异常波动、股市中的"羊群效应"(Herd Behavior)、投机价格和流行心态的关系等。此外,奥登 Orden(1998)对于趋向性效应(Disposition Effect)的研究,伊·R·里特(Jay R. Ritter)(1999)对于 IPO 的异常现象的研究,Kahneman 等(1998)对反应过度和反应不足切换机制的研究都受到了广泛的关注。

行为范式认为,证券的市场价格在很大程度上受到投资者主体行为的影响,即投资者心理与行为对证券市场的价格决定及其变动具有重大影响。其理论基石主要是期望理论和行为组合理论及行为资产定价模型。

1. 期望理论

期望理论是行为范式的重要理论基础。Kahneman 和 Tversky(1979)通过实验对比发现,大多数投资者并非是标准金融投资者而是行为投资者,他们的行为不总是理性的,也并不总是风险回避的。期望理论认为投资者对收益的效用函数是凹函数,而对损失的效用函数是凸函数,表现为投资者在投资账面值损失时更加厌恶风险,而在投资账面值盈利时,随着收益的增加,其满足程度迅速减缓。期望理论成为行为金融研究中的代表学说,利用期望理论解释了不少金融市场中的异常现象,如阿莱悖论、股价溢价之谜(Equity Premium Puzzle)以及期权微笑(Option Smile)等,然而由于 Kahneman 和 Tversky 在期望理论中并没有给出如何确定价值函数的关键——参考点以及价值函数的具体形式,在理论上存在很大缺陷,从而极大阻碍了期望理论的进一步发展。

2. 行为组合理论及行为资产定价模型

行为组合理论(Behavioral Portfolio Theory,BPT)是在现代资产组合理论(MPT)的基础上发展起来的。MPT 认为投资者应该把注意力集中在整个组合,最优的组合配置处在均值方差有效前沿上。BPT 认为现实中的投资者无法做到这一点,他们实际构建的资产组合是基于对不同资产的风险程度的认识以及投资目的所形成的一种金字塔式的行为资产组合,位于金字塔各层的资产都与特定的目标和风险态度相联系,而各层之间的相关性被忽略了。

行为资产定价模型(Behavioral Asset Pricing Model,BAPM)是对资本资产定价模型(CAPM)的扩展。与 CAPM 不同,BAPM 中的投资者被分为两类:信息交易者和噪声交易者。在具体的投资活动当中,信息投资者是一种严格意义上的理性投资者,在交易当中会按照资本资产定价模型(CAPM)进行开展,他们能够在投资决策当中始终保持理性,并不会受到各种各样认知信息的影响,他们的出发点是如何将资本通过配置获得最大利润。与信息交易者不同的是,噪声交易者并不会在具体的交易活动当中严格遵守资本资产定价模式,他们通常会受到各种各样因素的影响,甚至会发生各种各样的认知错误。在这种情况下,他们很容易会做出各种各样的非理性决策。当然,在证券市场的现实运转当中,这两种不同类别的交易者会在交易活动中相互影响、相互制约,最终决定证券市场的资本价格。如果证券市场里面的交易者多为信息认知型的交易者,那么证券市场将会表现出很大的效率。当然,当噪声交易者成为了证券市场的交易主体时,整个证券市场将会表现出比较低下的工作效率。除此之外,在市场行为模型当中,行为金融投资还出现了两种比较具有影响力的理论模型,他们分别是 DHS 理论模型和 BSV 模型。

(1) DHS 理论模型。DHS 模型(Daniel,Hirsheifer and Subramanyam,1998)将投资者分为有信息和无信息两类。无信息的投资者不存在判断偏差,有信息的投资者存在着过度自信和有偏差的自我归因(Serf-Contribution)。过度自信导致投资者夸大自己对股票价值判断的准确性;有偏差的自我归因则使他们低估关于股票价值的公开信号。随着公共信息最终战胜行为偏差,对个人信息的过度反应和对公共信息的反应不足,就会导致股票回报的短期连续性和长期反转。所以 Fama(1998)认为 DHS 模型和 BSV 模型虽然建立在不同的行为前提基础上,但二者的结论是相似的。

(2) BSV 模型。BSV(Barberis,Shleffer and Vishny,1998)模型认为,人们进行投资决策时存在两种错误范式:其一是选择性偏差(Representative Bias),即投资者过分重视近期数据的变化模式,而对产生这些数据的总体特征重视不够,这种偏差导致股价对收益变化的反映不足(Under-Reaction)。另一种是保守性偏差(Conservation),投资者不能及时根据变化了的情况修正自己的预测模型,导致股价过度反应(Over-Reaction)。BSV模型是从这两种偏差出发,解释投资者决策模型如何导致证券的市场价格变化偏离效率市场假说的。

2002年诺贝尔经济学奖授予了行为金融投资领域的丹尼尔·卡纳曼(Daniel Kahneman)和实验经济学家弗农·史密斯(Vernon Smith),说明注重应用心理学改善投资决策的行为范式的兴起,投资学研究的行为范式越来越受关注。当然,目前行为范式的相关成果大多是以投资者心理因素和决策行为为特征的,还未建立起完整的理论体系。

第二节 金融学类各专业人才培养目标

一、金融学专业

金融学专业是以融通货币和货币资金的经济活动为研究对象,具体研究个人、机构、政府如何获取、支出以及管理资金以及其他金融资产的学科专业,是从经济学中分化出来的。该专业主要研究现代金融机构、金融市场以及整个金融经济的运动规律,具体研究内容包括:关于银行与证券、保险等非银行金融机构的理论与实务,关于货币市场、资本市场与国际金融市场的理论与实务,关于金融宏观调控及整个金融经济的理论与实务,以及关于金融管理特别是金融风险管理的理论与实务。金融学专业的主要研究方向有货币银行学、金融经济(含国际金融、金融理论)、投资学、保险学、公司理财(公司金融)。

中国所说的金融学是指两部分内容。第一部分指的是货币银行学(Money and Banking)。它在计划经济时期就有,是当时的金融学的主要内容。比如中国人民银行说他们是搞金融的,意思是搞货币银行。第二部分指的是国际金融(International Finance),研究的是国际收支、汇率等问题。这两部分合起来是国内所指的金融。中国金融专业本科课程设置似乎更偏向于经济而不是正统的金融学,它的核心学科是宏观经济学、货币银行学和国际金融,主要学习货币银行学、国际金融等方面的基本理论和基本知识,而它们都是属于经济学大类。货币银行学属于货币经济学,而国际金融属于国际经济学。因此中国金融本科教育是一种经济与金融的交叉学科。

然而上述的两部分在国外都不叫作Finance(金融),国外称的Finance包括以下两部分内容。第一部分是Corporate Finance,即公司金融,在计划经济下它被称为公司财务。公司财务的实际内容远远超出财务,还包括两方面:一是公司融资,包括股权/债权结构、收购合并等,这在计划经济下是没有的;二是公司治理问题,如组织结构和激励机制等。

国际上主流的金融学专业应该是研究Financial Market的,涉及投资量化理论、MM定理以及期货期权的定价模型。金融学主要研究的方向是金融市场(Financial Market)的活动,具体来讲就是研究人们在金融市场上的行为。专业方向有:金融市场学(Financial Market)、公司金融学(Corporate Finance)、金融工程学(Financial Engineering)、金融经济学

(Financial Economics)、投资学(Investment)、货币银行学(Money, Banking and Economics)、国际金融学(International Finance)、财政学(Public Finance)、保险学(Insurance)、数理金融学(Mathematical Finance)、金融计量经济学(Financial Econometrics)、行为金融学(Behavioral Finance)等。

金融学专业主要培养具有金融保险理论基础知识和掌握金融保险业务技术，能够运用经济学一般方法分析金融保险活动、处理金融保险业务，有一定综合判断和创新能力，能够在中央银行、商业银行、政策性银行、证券公司、人寿保险公司、财产保险公司、再保险公司、信托投资公司、金融租赁公司、金融资产公司、集团财务公司、投资基金公司及金融教育部门工作的高级专门人才。金融学主要学习方向有货币银行学、商业银行经营管理、中央银行、国际金融、国际结算、证券投资、投资项目评估、投资银行业务、公司金融等。

根据国家教育部教学改革的基本思路和改革目标及国内外管理教育的发展趋势，金融学专业的培养目标可总结为：培养富于开拓创新精神，德、智、体、美全面发展，掌握金融、经济、法律基本理论以及现代金融企业管理方面的知识与能力，主要为金融企业同时也为政府部门及事业单位培养从事管理教学科研方面工作的工商管理学科的高级专门人才。目前，国内有很多应用型高校开设金融学专业，在一定程度上是在研究型、教学研究型本科院校金融学专业的简单翻版，不能适应社会对应用型本科院校金融学专业人才的需求。而有些学校属教学型本科院校，应该突出应用型的特色。结合学校招生层次实际情况，根据市场需要，学院应将金融学专业的培养目标定为：培养基础理论扎实，专业知识实用，实践能力强，综合素质高，德、智、体、美全面发展，能在银行、证券、保险、信托、投资咨询等公司从事金融管理或金融业务工作的技能性应用型人才。这一培养目标主要包括两部分：一是基本素质要求学生具有良好的政治素质和道德修养，树立正确的人生观，愿为祖国的社会主义现代化建设事业服务，要求学生金融基础理论扎实，专业知识面宽，具有较强的计算机应用能力以及熟练运用外语的能力；二是业务素质要求学生掌握金融学、经济学和现代金融企业管理的基本理论和基础知识，受到金融机构业务流程处理方法与技巧操作方面的基本训练，具有较强的语言与文字表达、人际沟通以及综合分析和解决金融企业业务技能问题的基本能力，熟悉我国金融企业的法律有关的方针政策和法规以及国际金融机构业务管理的惯例和规则，了解本学科的理论前沿和发展动态，掌握文献检索资料查询的基本方法，具有初步的科学研究和实际工作能力。

社会对金融学专业人才的需求，根据要求的不同可分成5种：一是金融高层管理人才，主要是国有控股商业银行、保险公司、证券公司的高层经理，如董事长、总经理、首席执行官(CEO)、副总经理，他们是高层的职业经理人，必须拥有较高的、较全面的金融企业管理素质；二是中小股份制商业银行、保险公司、证券公司、信托公司等的高层管理者，他们需要有良好的综合素质，需要专才与通才教育良好的结合；三是中层管理者，他们需要有部门管理的专业知识；四是基层管理者和职员，他们强调业务技能的掌握与运用；五是从事金融教学和金融理论研究者，他们需要有较扎实的理论基础。从人才发展的角度，高层管理人才往往是从基层开始起步的。因此，人才培养上不能将培养方案的设置局限于某一特定的层次，而应从人才发展的角度进行综合设计，培养全面的管理者。

金融学专业学生的核心能力应包括：适应能力、学习能力、分析与综合能力、解决问题的能力、决策能力、创新能力、沟通和协作能力、语言与文字的表达能力等。毕业生的适应能力已成为当今市场经济下用人单位的首选条件。同财经类其他专业相比,金融学专业主要培养综合能力和适应性强的应用型人才。这类专业不仅要掌握市场金融经济的基本理论和方法,现代金融企业管理和金融业务创新的基本原理、方法和技巧等基础理论知识,而且要掌握运用科学的立场、观点和方法分析和解决实际问题的能力,具有较强科研、写作和口头表达能力。金融学专业学生分析问题和解决问题的能力对其未来发展十分重要。通过学生对相关专业课程的强化、金融外语写作与口语能力的提升、银行业务与证券业务动手能力的加强、金融企业职业资格证书的考取,实现金融专业的技能性应用型人才培养目标。

金融学专业就业需掌握以下5方面的知识和能力:
(1) 掌握金融学科的基本理论、基本知识。
(2) 具有处理银行、证券、投资与保险等方面业务的基本能力。
(3) 熟悉国家有关金融的方针、政策和法规。
(4) 了解本学科的理论前沿和发展动态。
(5) 掌握文献检索、资料查询的基本方法,具有一定的科学研究和实际工作能力。

二、保险学专业

(一) 培养目标

为适应社会经济发展和收入水平提高对保险人才的需求,符合金融保险行业亟须应用型人才的岗位或岗位群的就业需求,面向地方经济发展,培养保险经营管理和保险理财与策划方向的应用型保险学专门人才。

其培养目标为培养德、智、体、美全面发展,适应我国社会主义市场经济建设,熟悉保险法规和相关政策,了解保险学的理论前沿和发展动态,掌握保险学科的基本理论和基本知识,掌握现代化保险业务操作和保险经营管理以及保险营销的理论与技能知识,具备熟练的保险实务操作能力,具有较强的社会适应能力,能胜任保险、银行等金融机构、政府部门和大型企事业单位的专业工作,具备良好的经济、管理素质,创新能力与实践能力较强的高级应用型保险人才。

2. 人才素质要求

本专业培养和造就"综合素质高、理论基础实、实践能力强,有一定创新创业能力"的高级应用型人才,主要学习经济学科和金融学科的基础理论和基础知识,系统掌握保险学的基本理论、专业知识和业务技能,具有较强的保险工作实践能力,掌握保险学科学研究的方法。

毕业生应获得以下几方面的知识和能力:
(1) 政治素质。掌握马克思主义基本原理、邓小平理论和"三个代表"重要思想,深入落实科学发展观,坚持四项基本原则,具有良好的政治素质和高尚的社会道德。
(2) 专业技能素质。通过对专业课的学习,能用所学到的保险理论和实务知识及其他金融理论知识分析问题、解决问题。掌握现代化保险业务操作和保险经营管理以及保险营销的理论与技能知识,具备熟练的保险实务操作能力。熟悉保险业务的各个流程并独立处理各种保险单证,能根据保险标准的不同特点,编写各种保险计划书,出具查勘定损报告,进行保险理赔等,具有在各类保险机构以及相关机构从事保险和风险管理工作的能力。

(3) 文化素质。通过对学科基础课的学习,具有大学本科文化基础,掌握经济学、管理学、金融学基本原理,了解财政、税收、会计、统计、国际金融、国际贸易、市场营销的业务知识。熟知与社会经济发展和公民个人相关的法律知识,计算机基础扎实,英语水平达到大学英语四级以上水平。

(4) 身心素质。具有健康的体魄,达到国家大学生体质健康标准。具有良好的心理素质,心理健康,沟通和协调能力较强。

保险学专业学生的能力分析如表 2.1 所示。

表 2.1 保险学专业学生的能力分析

综合能力	专项能力	能力要素	课程与实践
基础素质与能力	政治素质	热爱祖国,遵纪守法,掌握马克思主义基本原理、邓小平理论和"三个代表"重要思想,深入落实科学发展观,坚持四项基本原则,具有良好的政治素质和高尚的社会道德	思想道德修养与法律基础、马克思主义基本原理、毛泽东思想和中国特色社会主义理论体系概论、中国近现代史纲要、入学教育和军训、形势与政策等
	人文素质	具备人文知识、理解人文思想、掌握人文方法、遵循人文精神	大学语文、公益劳动、创业基础、社会实践、毕业教育等
	分析运算能力	数据分析处理能力、较强的运算能力	高等数学、线性代数、概率论与数理统计、数学建模大赛等
	英语应用能力	基本听说读写能力、保险学专业资料分析能力	大学英语、英语四六级考试、双语教学、毕业论文(设计)与综合训练等
	计算机应用能力	计算机基础运用能力、计算机语言应用能力、计算机网络应用能力	计算机基础、计算机语言、计算机等级考试、毕业论文(设计)与综合训练等
	利用现代化手段获取信息能力	网络资源搜集与整理能力、网络沟通能力、信息获取与应用能力	计算机基础、网络金融、毕业论文(设计)与综合训练、拓展能力等
	组织管理、语言表达、人际交往以及在团队中发挥作用的能力	基本组织与管理能力、较强的语言表达能力、较高的社会交往能力	管理学、大学语文、社会实践、创新创业教育、社会责任教育、社团工作等
	身心素质	具有健康的体魄,达到国家大学生体质健康标准。具有良好的心理素质,心理健康,沟通和协调能力较强	体育、军事军训、大学生心理健康教育、实训、毕业实习、社会实践、拜师学艺等
专业基础理论及应用能力	经济学基础知识 保险学基础知识 金融学基础知识 投资学基础知识	掌握经济学、保险、金融学、投资学、统计学等相关学科的基本理论和基本知识;掌握财产保险和人身保险实务基本理论	宏观经济学、微观经济学、统计学、会计学、金融学、投资学、财政学、保险学、财产与责任保险、人寿与健康保险等

续表

综合能力	专项能力	能力要素	课程与实践
专业知识及应用能力	保险专业知识及应用能力	掌握从事保险专业所必需的财产保险、人身保险等保险基本理论和基础知识;具有组织和处理保险业务的应用能力;掌握保险市场的基本运作、保险投资理财和风险管理等应用能力	保险精算、保险法、保险管理学、保险中介、风险管理、社会保障学、保险精算、保险法、保险中介、保险会计、保险投资与理财、机动车辆保险、毕业论文(设计)与综合训练等
专业基本技能	保险专业基本技能	掌握保险经营管理和保险营销的理论与技能知识,具有在各类保险机构以及相关机构从事保险和风险管理工作的能力	保险会计、保险营销业务管理、保险管理学、保险市场策划、保险核保核赔、集中实训、模拟交易、课程实验、毕业模拟实验等
创新创业能力	创新创业意识培养	启蒙学生的创新意识和创业精神,使学生了解创新型人才的素质要求,了解创业的概念、要素与特征等,使学生掌握开展创业活动所需要的基本知识	创业基础
	创新创业能力提升	解析并培养学生的批判性思维、洞察力、决策力、组织协调能力与领导力等各项创新创业素质,使学生具备必要的创业能力	认知实习、创新创业项目申报与建设
	创新创业环境认知	引导学生认知当今企业及行业环境,了解创业机会,把握创业风险,掌握商业模式开发的过程、设计策略及技巧等	专业导论、认知实习
	创新创业实践模拟	通过创业计划书撰写、模拟实践活动开展等,鼓励学生体验创业准备的各个环节,包括创业市场评估、创业融资、创办企业流程与风险管理等	保险产品设计(课程设计) 创新创业项目申报与建设,创业实践实训

三、投资学专业

(一)培养目标

本专业培养德、智、体、美全面发展,具有开放视野,适应地方经济社会发展需求,掌握系统投资学知识和理论,具备投资专业技能,能处理投融资、证券期货、理财以及大宗现货交易等方面的事务,具有较强的社会适应能力,能胜任银行、证券期货、保险等金融机构、政府部门和企事业单位的专业工作,具备较强的组织、管理、协调、协作能力,具有创新精神与较强实践能力的应用型投资管理人才。

(二)培养要求

本专业培养和造就"基础知识实、实践能力强、综合素质高、社会责任感强,有一定创新和创业能力"的高素质应用型投资人才。毕业生应具备以下基本素质：

（1）思想政治素质。坚持四项基本原则，掌握马克思主义基本原理、邓小平理论和"三个代表"重要思想，落实科学发展观，树立社会主义核心价值观，具有优良的政治素质、强烈的民族自豪感和社会责任感、高尚的社会道德。

（2）专业技能素质。具有开放视野，掌握投资知识、理论和方法，通晓相关专业基础，能较好地运用定性和定量方法分析解决投资问题，了解投资学的发展动态与实践进展，熟悉有关国家的投资政策、方针和法规，具有处理金融投资、理财、期货交易、现货交易、企业和政府投资等方面的业务技能，具有创新和创业精神，具备较强的投资组织和决策能力。

（3）文化素质。具有较强的学习能力、写作能力、语言表达能力，具有追求新知的热情，掌握计算机和信息技术应用，掌握一门外国语，具有一定跨文化交流能力，能运用现代技术手段进行调查分析与操作。掌握中外文献检索的基本方法，具有初步的科研能力。

（4）身心素质。具有健康的体魄，达到国家大学生体质标准，具有健康的心理素质，身心健康，具有较强的人际沟通能力和协调能力。

四、金融工程专业

金融工程是一门研究创造性地运用各种金融工具和策略来解决金融财务问题的新兴学科。它将工程学的思维和方法引入到金融领域，是现代经济学、金融学、教学、工程学、计算机和信息科学等多学科结合的交叉学科。金融工程是发达国家金融领域最前沿和最尖端的专业方向，其培养目标是高素质的复合型人才——金融工程师。金融工程师的主要任务是为商业银行、投资银行、投资基金及大型工商企业、跨国公司创造新的金融工具，设计新的交易方式和风险管理技术。

金融工程专业主要是用计算机来实现数学模型，从而解决金融相关的问题。所以，金融专业不同于 MBA 和 MSP，它主要是培养金融界的技术工作者，也称作金融专业师——Quant。Quant 的职位主要集中在投资银行、对冲基金、商业银行和金融机构。负责的主要工作根据职位的不同也有很大的区别，比较有代表性的包括 Pricing、Model Validation、Research、Develop and Risk Management，分别负责衍生品定价模型的建立和应用、模型验证、模型研究、程序开发和风险管理。总体来说工作相对辛苦，收入比其他行业高很多。

（一）培养目标

金融工程专业培养德、智、体、美全面发展，适应地方经济发展需求，面向我国社会主义市场经济建设，具有开放视野和国际视角；具备良好的经济管理素质，掌握现代金融理论以及经济、法律、信息技术、数理工程等方面知识；熟悉相关金融法规和政策，能理解和综合运用各种金融工具和手段，具备较强的投资策略分析能力和金融创新能力以及投资理财、金融管理与决策、金融风险管理的基本技能；能创造性地解决金融问题，满足各类金融机构、企事业单位、政府机关和科研单位金融投资（管理）工作或教学科研工作；具有创新精神和较强实践能力的应用型人才。

从专业需求的角度来看，金融、数学和计算机是金融工程专业最核心的三个方面。美国的金融工程专业发展成熟,金融创新多样,金融机构对金融工程专业毕业生有明确的要求。美国金融工程专业会设置在不同的学院下,比如,有的在工程学院下,也有的学校设在商学院下,还有一些学校会设在数学学院或者科学学院下,并且有不同的学术方向。

1. **数学金融**(Master of mathematical Finance)

该专业方向大都设在商学院下,课程主要是为了使学生熟练掌握数学方法,并在Black-Scholes期权定价法及投资策略和风险分析等方面加以应用,使学生清楚地认识到数学和金融不分家,金融学校的大部分知识源自于数学知识。代表学校如芝加哥大学和约翰霍普金斯大学。此专业方向对工作经验无要求。

2. **计算机金融**(Master of Computational Finance)

该专业方向在商学院或计算机学院下进行招生和录取,只有几所大学有这个专业,课程是几个学院联合的课程,比如商学院、数学系、计算机系和统计系,学生要在不同的院系上相关的课程。课程包括传统的金融理论课程、金融数理方法、统计套现、风险管理等课程,当然计算机的相关课程,像VBA,Matlab,S+Package,C++也是必不可少的。代表学校如卡耐基梅隆大学商学院、圣母大学的数学学院,统计和计算机学院。

3. **数理金融**(Master of Quantitative Finance)

该专业方向一般设置在商学院下,学习时间长度会在2年左右,因为除了金融理论相关知识外,还有一些数理方面和计算机方面的课程。开设此专业的学校是最少的,代表学校如佐治亚理工学院、威斯康星大学麦迪逊分校等。

我国高校的金融工程专业通常设置在金融学院、管理学院、数学与计算机学院或工程学院下。

(二)培养要求

本专业培养和造就综合素质高、理论基础实、实践能力强、有一定创新创业能力的应用型人才。毕业生应获得以下几方面的素质:

(1)思想政治素质。掌握马克思主义基本原理、邓小平理论和"三个代表"重要思想,深入落实科学发展观,坚持四项基本原则,具有良好的政治素质和高尚的社会道德。

(2)专业技能素质。熟练掌握经济学、金融学、数学、投资学等相关专业的基本知识、基本理论;掌握信息技术和数理等方面的知识;了解金融工程的相关理论与实践进展;熟悉国际惯例和国家有关的方针、政策和法律法规;具备较强的投资策略分析能力和金融创新能力,以及投资理财、金融管理与决策、金融风险管理的基本技能;能创造性地解决金融问题;具有在各类金融机构、企事业单位、政府机关和科研单位从事实际工作的基本能力。

(3)文化素质。具有较强的自学能力、应用能力和创新能力;能够熟练使用计算机和信息技术;掌握一门外国语,能够阅读外文相关资料;能够运用科学的方法和技术进行调查分析与实际操作;掌握中外文献检索、资料查询的基本方法;具备初步的科研能力。

(4)身心素质。具有健康的体魄,达到国家大学生体质健康标准;具有良好的心理素质,心理健康;有较强的沟通和协调能力。

五、互联网金融专业

该专业主要致力于培养面向银行、证券、保险、信托等传统金融机构和互联网银行、第三方支付公司、P2P公司等新型互联网金融企业,从事互联网金融营销、系统运营、征信风控等基层业务和管理岗位的高端技术技能复合型人才。开设的主要课程有:互联网金融支付、网贷与众筹、金融数据统计与分析、互联网金融营销、金融风险监督及法规、征信知识与实务、小额信贷实务、高级语言程序设计、数据库原理与应用、移动互联网应用设计、Web前端设计、应用系统开发实践。

六、数理金融专业(金融数学专业)

数理金融专业是现代金融学的一个重要分支。它是随着现代数学、计算机技术和金融创新的发展而逐步发展起来的。数理金融的现代鼻祖被认为是法国数学家巴彻利尔(法国人这样认为)。但是公认的真正起到奠基作用的数理金融的创始人则是马科维茨、Black、Scholes、萨缪尔森、罗伯特莫顿、米勒莫顿等人。他们的工作分别代表了投资组合、衍生产品定价与风险管理、消费-投资决策、公司理财等金融学的各个分支。在这些分支中,数学都得到了充分的利用。从这里我们可以看出:数理金融实际上研究的就是整个金融学的所有问题。

该专业培养具有扎实的数学、统计学与金融学理论功底,能熟练地运用计算机分析数据,毕业后能在金融、投资、保险、银行、证券等部门从事数据处理分析、统计预测、风险评估和管理、专家理财、证券投资以及在政府部门从事管理工作,或在科研、教育部门从事研究和教学工作,也可以继续攻读应用数学、金融学、经济管理及相关专业的研究生学位的专门人才。

该专业的具体要求为:熟悉我国金融发展的历史、当前形势和国家规划的发展趋势;掌握金融数据的搜集和统计分析的途径和方法;掌握统计软件和金融分析软件的操作;具有一定的数学基础并能运用相关计算机软件进行编程和数学计算;具有一定的在金融行业实践操作的经验或者在事业单位教学的经验。

第三节 金融学类各专业课程体系

课程体系是专业教育理念的具体体现,它直接反映了人才培养宗旨与目标,是教育的核心环节。课程是学生在校学习期间知识、能力、素质培养的重要载体,对实现人才培养目标具有举足轻重的影响。因此,课程的总体设置、主要课程的体系与内容、教学方式方法等,集中体现了学校的办学思想和人才培养模式特征。

一、金融学专业

该专业主要课程有：政治经济学、西方经济学、财政学、国际经济学、货币银行学、国际金融管理、证券投资学、保险学、商业银行业务管理、中央银行业务、投资银行理论与实务等。

该专业核心课程介绍如下：

(1) **金融学**。从分析金融运作对象——货币、货币资金、金融工具、金融资产入手，阐述货币时间价值原理；介绍金融机构体系和金融市场体系的具体类型及业务，说明其在现代经济中的重要作用；研究货币政策及作为其依据的货币理论等。通过本课程的学习，使学生了解金融学的基本概念与基础知识，熟悉金融学原理体系、分析框架及思维方式，从而为以后的专业课学习打下扎实的基础。

(2) **国际金融学**。国际金融学作为金融专业的一门学科基础课，是专门研究国与国之间的货币金融关系的，其具体的教学内容有：① 国际收支；② 外汇供求与外汇汇率；③ 外汇管制和外汇管理体制改革；④ 国际储备和国际清偿力；⑤ 国际货币体系与国际货币改革；⑥ 国际金融市场的运作与监管；⑦ 国际资本流动和亚洲金融危机的教训；⑧ 国际金融一体化进程与欧洲货币联盟；⑨ 国际债务问题等。通过本课程的学习，学生将掌握国际金融的基本理论、基本政策及国际金融市场的初步知识，为今后进行国际经济交易和从事国际金融管理活动打下坚实的基础。

(3) **金融市场学**。金融市场学是金融学专业的基础性专业课。金融市场是金融资产的交易市场，主要包括货币市场、资本市场、金融衍生市场、黄金市场等。货币市场的主要交易对象为短期债务工具，资本市场的主要交易对象为长期的金融工具。金融资产投资价值取决于未来的现金流，但是现金流大多数情况下是一个预期的不确定性因素，所以金融资产的价格决定具有风险性。本课程以各种金融市场为研究对象，帮助学生掌握金融资产与负债及其在不断变化的金融条件下的关系，阐述利率机制、定价机制、监管机制、汇率机制和风险机制等金融市场机制，并学习金融市场监管和金融市场一体化的基本理论与实务。

(4) **商业银行经营管理**。商业银行经营管理是金融学专业的核心课程。本课程以现代商业银行经营管理理论为基础，以国际银行业经营管理实践发展为背景，以我国商业银行业务经营为主要研究对象，以《中华人民共和国商业银行法》《巴塞尔协议》等法规和国际惯例为依据，在概述商业银行组织制度、经营原则、经营战略及发展趋势的基础上，全面介绍商业银行负债业务、资产业务、中间业务、国际业务、表外业务等各种业务的操作规程以及创新活动；分析银行经营中的资本金管理、资产负债管理及风险管理的策略；对商业银行经营做绩效评价和财务分析。

(5) **保险学**。本课程是金融学科核心课程之一，主要教授保险学原理、实务、法规三方面的知识，教学主要内容包括：风险及风险管理、保险基本理论、保险的起源与发展、保险合同、财产保险、人身保险、社会保险、再保险、保险经营和保险中介等。本课程的教学体现了以下几方面特点：首先是新颖性，将保险业发展中的新情况、新信息反映在教学内容中；其次是实务性,教学内容应紧密联系保险实践的发展,在选择新型的、有代表性的险种来充实教学内容的同时,突出了从投保到理赔整个过程的实务知识的介绍;再次是实用性,教学内容注重满足个人家庭的理财需求以及保险中介人资格考试的要求;最后是法律性,将主要的保险法律法规贯穿到教学内容中。

(6) 证券投资学。 本课程主要讲授证券投资分析的一般理论、证券投资分析的基本方法和技巧、证券组合投资和资本资产定价的有关理论和实际运用技巧,并结合我国证券市场上证券投资者的操作理念和行为以及证券价格的变动状况进行实证分析。本课程阐述和分析证券市场上证券价值及价格波动的内在原因和一般规律,证券投资的基本分析包括K线图分析、形态分析、均线分析、技术指标分析等各种分析原理和方法,证券投资组合和资本资产定价的有关理论模型及其在实际投资中的应用,具有很强的实用性和操作性。本课程要求学生掌握证券投资分析的一般理论和方法,理解证券价格的变动原因及变动状况,并对我国证券市场的状况、证券价格的波动情况及证券投资的状况具有感性认识。

(7) 信用管理概论。 本课程是专业基础课,主要介绍信用管理的相关基础知识,包括研究信用问题的意义、信用管理相关概念的内涵和外延、信用的产生和发展、中外历史上的信用观、信用管理与市场经济的关系、社会信用管理的建立和维护等信用管理的基本理论和实践。通过本课程的学习,使学生了解信用在市场经济建设中的重要性,掌握信用管理的基本理论,从而为以后的专业知识学习打下基础。

(8) 公司金融。 本课程将现代企业经营活动置于发达的金融市场之下,围绕公司财务活动的核心问题——资金的筹集和运用,阐述有关微观金融的基本理论和实务,主要内容包括资本预算、风险和收益管理、资本成本和股利政策、长期融资、投资决策、金融计划和短期融资、现金流量分析、流动资产管理,并涉及有关兼并、保险、信托和国际公司金融等特殊问题。

(9) 金融工程。 金融工程是20世纪80年代末90年代初兴起的一门工程型的新兴学科。它将工程思维引入金融领域,综合运用各种工程技术方法(主要有数学建模、数值计算、网络图解、仿真模拟等)来设计、开发和实施新型的金融产品,创造性地解决各种金融问题。本课程从讲解金融工程的构建模块入手,系统地介绍创新金融产品和技术的开发过程,包括:金融工程的知识基础、估值关系与应用、收益度量、风险管理、投机、套利和市场效率、产品开发、互惠调换、期权、权益与权益有关的金融工具、资产负债管理、公司重组和杠杆赎买、套利和复合金融工具等。

(10) 投资银行学。 本课程是一门实务性较强的课程,主要以国外投资银行的发展历史为背景,以国外投资银行的机构及运作实践为主要素材,结合中国投资银行的实际情况,对投资银行的实质、主要业务及其功能,进行论述和介绍,着重反映投资银行的创新作用,力求从理论和实践两个方面探索现代投资银行业的内涵和投资银行从业人员的专业素质。该课程重点介绍投资银行的承销和经纪、并购重组与出售置换、风险资本投资及资本资产证券化等业务。

(11) 金融法规。 金融法规是金融专业学生必须掌握和了解的知识,也是多数高等院校金融专业教学相对薄弱的环节。本课程重点介绍主要的金融法规,包括《中央银行法》《商业银行法》《银行业监督管理法》《保险法》《证券法》《信托法》《证券投资基金法》等及相关的法律法规。课程教学应突出重点,并注意适当采用案例教学和课堂讨论来加深学生对法律条款的理解和领会,避免学习法律条款时的枯燥、乏味。教学方法上应注意课堂教学与学生自学相结合。通过本课程的学习,学生应对主要金融法规有个大致的了解和熟悉,并能将所学的法规知识渗透到相关专业课程的学习中,加深对专业知识的理解和领会。

(12) **金融风险管理**。金融风险管理研究如何预防、减少、控制、分散风险的技术和方法。它是一门现代管理科学。本课程包括:风险的概念;风险的分类;自然风险的定量描述;决策风险的重要函数;自然风险分析方法,如故障树分析法等;决策风险分析方法,如马尔可夫链分析法等;风险控制技术,如冗余设计、容错设计等;风险分散技术,如保险决策等;防灾减灾技术,如生命线工程等。通过本课程的学习使学生掌握风险识别、风险评价和风险控制的方法与理论。

二、保险学专业

(1) **保险学**。本课程作为保险学专业群的基础学科,主要以风险和保险的基本理论和基本概念为教学内容,以当前保险理论研究的新成果和国内外相关保险法律为依据,对保险学原理做比较系统的教授。主要阐述了风险原理、保险的基本概念、保险的产生与发展简史、保险的种类及我国目前开办的主要险种介绍、保险运行的基本原则、保险合同、保险费率和责任准备金、保险市场及国内外近期的市场发展状况及前景、保险的经营与管理、保险监管等基本原理和基本概念。

(2) **保险经营管理实务**。保险经营管理实务是一门集保险、管理、保险精算、财务管理等多学科交汇综合的课程,它运用理论与实践相结合、定性与定量分析相结合的方法,全面系统地介绍保险经营的管理过程。具体包括保险市场管理、保险营销管理、保险承保与核保管理、保险防灾防损与理赔管理、保险财务管理、保险偿付能力管理以及保险公司的再保险管理。通过本课程的讲解,使学生掌握保险经营管理过程中各环节的主要目标和主要内容,培养学生运用管理学理念及科学方法对保险公司的经营进行现代化管理的能力,提高学生在金融保险领域工作的竞争力。

(3) **财产与责任保险**。该课程是保险学专业的主干课程,也是一门实务性非常强的学科。财产保险的范围较广,广义的财产保险包括了人身保险以外的所有险种。《财产与责任保险》作为保险学专业学生的学科基础课程,重点在于阐述财产保险的基础内容,以及对财产保险的几大险种做详细的介绍。具体包括火灾保险、货物运输保险、运输工具保险、工程保险、农业保险、责任保险、信用与保证保险。学生通过对这些基础知识的学习,对财产与责任保险有了一个大概的了解,为今后的实务运用,打下一个良好的基础。

(4) **人寿与健康保险**。人寿与健康保险是保险学专业学生一门重要的专业核心课,该课程结合我国人身保险市场的最新发展动态,介绍人寿与健康保险的原理、人身保险合同条款、各类人寿保险产品、健康保险产品、人身意外伤害产品、人身保险资金运用,以及人身保险的营销、承保、理赔、保全等实务操作方式。本课程提供了大量的案例、资讯和实验操作,以期为学生提供尽可能多的实务接触机会。

(5) **保险法**。本课程是保险学专业学生一门重要的专业必修课。该课程深入讲解保险法的基本理论、保险合同法以及保险业法,通过本课程的教学,让学生能够识别、掌握保险法的基本概念、基本理论,能够运用保险法的基本概念和基本原理来分析和解决实务中的保险纠纷,培养学生初步运用基本知识分析和解决在实践中出现的保险方面的纠纷的能力,在教学过程中,注重将理论教学和案例教学紧密结合起来,培养既懂理论又懂实务的应用型人才。

(6) **机动车辆保险**。本课程涵盖机动车辆保险双方所有业务环节。主要内容有机动车道路交通事故责任强制保险、机动车辆商业保险、机动车辆保险投保实务操作、机动车辆保险承保实务操作、机动车辆保险索赔实务操作、机动车辆保险查勘定损实务操作、机动车辆保险理赔实务操作、机动车辆保险欺诈风险控制实务操作。为适应保险市场的需求,作为专业核心课程的机动车辆保险把掌握实务操作知识和能力放在首位,力求在最大限度上让学生了解当前我国机动车辆保险市场中真实而具体的现实,以使读者掌握机动车辆保险相关承保、查勘、定损、核损与核赔等工作岗位的实务操作知识和能力。

(7) **保险市场营销学**。本课程是一门与实际工作联系极为紧密、应用性较强的课程。该课程介绍和分析了保险营销的主体、客体和对象,保险营销环境分析,保险需求与购买者行为分析,保险供给与供给者行为分析,保险营销调研、预测与市场细分及目标市场选择,系统阐述在保险商品生命周期的不同阶段的营销策略以及运用广告、公关和人员方式促销的策略。

(8) **保险会计**。本课程的主要内容是研究会计在保险公司这一特定企业所应当反映和监督的对象、方法以及保险会计核算的特点等问题,并根据保险公司的业务范围,以财产保险和人寿保险为两条基本主线,论述各项保险业务的会计处理方式和核算要求,同时论述保险公司资产、负债和所有者权益的会计核算要求以及保险公司经营成果的会计核算要求等。该课程基于新《企业会计准则》,重新梳理了保险会计的理论体系与实务操作,立足我国现有保险会计实务,充分体现我国保险会计改革和理论研究的成果及其与国际保险会计惯例接轨的趋势,并力求突出保险会计的基本制度、基本方法、基本技能,运用大量保险业务案例进行分析,以满足培养应用型人才的需要。

(9) **精算学原理**。精算学通常被区分为寿险精算和非寿险精算两部分,本课程的内容也是按寿险精算和非寿险精算分别介绍的。在寿险精算部分,从利息理论开始,循序渐进地介绍了生命表、精算现值、总保费和准备金评估等精算概念和技术,最后还简要介绍了联合保险的精算问题。在非寿险部分,从损失模型开始,逐步介绍了分类费率、经验费率、准备金评估和再保险等问题。这种安排既体现了精算学的内在逻辑关系,也涵盖了精算学的基本内容。

(10) **保险中介**。保险中介是保险学专业核心课程,反映当前我国保险市场变化,并与实际工作联系紧密、应用性较强。本课程的特点是既有一定的保险理论性,又具有各种保险中介部门经营活动实际操作的实务性。设置本课程的目的是使学生在学习保险基本理论和主要险种基本原理等课程的基础上,进一步掌握保险市场中有关保险中介的基本理论和专业知识,从而更加完整地掌握保险学专业的基本理论和基本知识。通过本课程的学习,要求学生掌握和了解保险中介在保险市场中的地位和作用,掌握和了解我国保险中介的现状,各种保险中介形式的概念、特征,各种保险中介活动的基本内容,以及国家对保险中介监管的原则和方法等。

（11）**保险核保与核赔**。该课程是学习和掌握保险理论与实务的基本课程。核保与核赔是保险经营的核心环节。核保的本质是对可保风险的判断与选择，是承保条件与风险状况适应或匹配的过程。保险公司以经营与管理风险为主要特征，识别、控制和把握标的的风险，是保险企业的核心工作。核保人员通过对积累数据的分析判断，根据公司自身的财务和经营能力、对风险的接收程度、经营状况及市场情况，确定核保策略。核保工作对标的的选择及对承保条件的制定直接影响到保险企业业务质量的高低和盈利的大小，是保险企业防范经营风险的第一关。核赔是受理报案、现场查勘、责任判定、损失核定以及赔案缮制、赔款支付的过程，核心是审核保险责任和核定保险赔偿额度与事项，具体体现为保险合同的履行。保险公司要保证赔得准确、快捷、合理、让客户满意，这完全取决于合理的核赔流程、核赔技术水平和核赔人员的素质。核赔过程中，客户会对公司履行保险合同情况和服务水平的高低有直接和深刻的印象。客户的满意程度，决定了他对保险公司品牌的认可程度，也关系到保险公司能否稳定住忠诚的客户群，并以此扩大销售。另一方面，核赔水平的高低也直接影响公司的赔付率和最终的盈利状况。

三、投资学专业

投资学专业的学生必须具备较强的素质，必须学习相应的思想政治课程和数学、英语的基础课程，还必须学习与投资学相关的经济学、管理学、法学基础课程。除此以外，主要的核心课程有投资学、证券投资学、金融市场基础知识、证券市场基本法律法规、证券投资分析、证券投资基金基础、私募股权投资基金基础、期货市场基础、量化投资基础、公司金融、投资银行业务、理财规划、项目评估与管理、创业与风险投资等。

（1）**投资学**。投资学是投资领域各经济学科赖以建立和必须依据的业务理论基础。投资学与投资项目管理学、投资估算、财务学、信用投资学、国际投资学、比较投资学、投资统计学等都有着密切的联系。这些学科的分工与协作，构成了投资领域比较完整的学科体系。通过这门课程的学习与研究，学生可以深刻认识投资在社会主义现代化建设中的重要地位和作用，掌握投资的基本理论和业务，培养和提高自身的素质，并为进一步学好其他有关学科奠定业务理论基础。通过课堂教学，学生在掌握投资学各相关基础理论的同时，初步学会运用投资经济学的理论方法和投资运动规律去分析问题、解决问题，同时从现实经济生活中总结经验，积极思考。通过现实中的案例教学，要求同学们将理论和实际结合起来。同时在各种网络资源以及统计资料的支持下，使学生了解中国各类各级投资的现状，培养和提高他们进一步学习和研究的素质。

（2）**证券投资学**。证券投资学是投资学专业核心课程之一，目的是使投资学专业的学生在掌握投资学基础理论的基础上，进一步掌握有关的应用投资学知识，以适应现代经济日益发展的需要。设置该课程是为了使学生全面了解有价证券作为虚拟资本的特殊运动规律，了解现代证券市场的发展趋势，了解各种有价证券的作用和证券市场的功能，了解证券市场的运行机制和证券市场主体的各自地位及相互关系等重大理论问题。同时，由于证券投资学本身属于应用投资学的范畴，因此应注意相关知识的运用，比如各种有价证券的价值和价格的评估、各种有价证券收益和风险的评估、各种有价证券作为融资工具和投资工具的使用方法等。通过本课程的学习，学生能够掌握证券投资学的基本原理、基本方法，并能运用所学知识，完成对资本市场上的投资及管理的应用分析。

(3) **金融市场基础知识**。金融市场基础知识是证券一般从业资格考试的两门课程之一，是证券从业领域的基础应用课程。通过这门课程的学习与研究，学生可以掌握金融市场体系、证券市场主体、股票市场、债券市场、证券投资基金与衍生工具、金融风险管理等基本知识与基本理论，深刻认识股票、债券、基金等有价证券以及衍生工具在投资领域的重要地位和作用，提高自身的基础投资理论水平与应用能力，培养自身的整体素质，并为进一步学好其他有关学科奠定理论基础。通过课堂教学，学生在掌握金融市场体系、证券市场主体相关基础理论的同时，初步学会运用股票、债券、基金以及衍生工具分析与投资领域的相关现实问题，并解决现实问题。通过现实中的案例教学，学生要将理论和实际结合起来，多从现实经济生活中总结经验，积极思考。通过上机模拟实验教学，学生要熟悉金融投资工具的交易操作流程，加深对证券投资工具的认知，同时培养自己使用各种网络资源、主动搜集学习资料的意识，培养和提高自己进一步学习和研究的素质。

(4) **证券市场基本法律法规**。证券市场基本法律法规是证券一般从业资格考试的两门课程之一，是证券从业领域的基础应用课程。通过这门课程的学习与研究，学生可以掌握证券市场的法律法规体系、证券从业人员管理、证券公司业务规范、证券市场典型违法违规行为及法律责任等基础知识和基础理论，提高自己投资的法律意识，培养自己的整体素质，并为进一步学好其他有关学科奠定理论基础。通过课堂教学，学生要熟悉我国的证券法律法规体系，将理论与现实相结合，分析现实中遇到的各种违规问题，多从现实经济生活中总结经验，积极思考，培养自己主动学习的意识，提高自己的法律素质和法律意识。

(5) **证券投资分析**。证券投资分析是指投资者（法人或自然人）购买股票、债券、基金等有价证券以及这些有价证券的衍生产品，以获取红利利息及资本利得的投资行为和投资过程。证券投资分析指以有价证券为分析对象，所进行的证券投资的可行性分析。通过对各类有价证券的对比分析，可以筛选和确定出证券投资的对象、数量、操作策略等。一般情况下，证券投资分析方法主要有以下两种，即基础性分析法和技术性分析法。所谓基础分析，即主要分析发行公司的内在因素。通过对发行公司内在因素的剖析，如发行公司的资信度、融资能力、经营管理状况以及远景规划等，为投资者选择可靠的投资对象提供依据。它又可进一步分为质因分析和量因分析两种方法。所谓技术性分析，即主要指采用各种技术方法对证券价格变化趋势所做的分析，为投资者观察、判断股市走向、做出证券买卖决策提供依据。该课程顺应投资管理的发展趋势，以证券投资所涉及的过程为经，以对各种投资对象的管理控制为纬，全面介绍了证券投资的众多相关概念、理论和知识。该课程对如何进行证券投资的有效管理，如何有效规避投资风险，如何通过价值评估和资产组合等方法获取最大投资效益展开了详细的论述，同时课程辅以案例分析，以有助于学生掌握各种具体的投资操作，加深对理论的理解。学生在进行本课程的学习后应当基本掌握证券投资分析的理论、知识和技能，并能进行操作和考证。

(6) **证券投资基金基础**。证券投资基金基础是基金从业资格考试的主要考试课程。自2003年起，基金从业人员资格考试作为证券从业人员资格考试体系的一部分，一直由中国证券业协会组织考试工作。为了落实新《基金法》,2015年1月底财政部、国家发改委下发了《关于重新发布中国证券监督管理委员会行政事业性收费项目的通知》(财税〔2015〕20号),明确了基金业协会组织基金从业人员资格考试的收费项目,自此基金从业人员资格考试正式从证券业协会移交到基金业协会。为了适应新形势下的行业发展,基金业协会借鉴境内外经验,根据历年各方反馈的意见,明确了基金从业资格考试侧重实际应用,主要考核基金从业人员必备的基本知识和专业技能。内容涵盖基金行业概览、法律法规与职业道德、投资管理、运作管理、销售管理、内部控制和合规管理、国际化等7部分基本知识。通过这门课程的学习与研究,学生可以深刻认识证券投资基金在证券投资领域的重要地位和作用,掌握证券投资基金的基本理论和业务,培养和提高学生的整体素质,并为进一步学好其他有关学科奠定业务理论基础。

(7) **私募股权投资基金基础**。为确保私募股权投资(含创业投资)基金从业人员掌握与了解行业相关的基本知识与专业技能,具备从业必需的执业能力,2016年基金从业资格考试特设《私募股权投资基金基础知识》科目。该课程要求学习私募股权投资基金的概念、起源和发展,私募股权投资基金的作用,私募股权投资基金的参与主体、分类、募集和设立、私募股权投资基金的投资、投资后的管理、投资退出、内部管理以及政府监管和行业自律等相关内容。通过学习,学生要掌握私募股权投资基金的基础知识,能够在实际操作中应用相关知识,处理与私募股权投资领域相关的业务。

(8) **期货市场基础**。期货市场基础是期货从业资格考试的课程之一,是投资学专业的一门核心课程,是一门操作性较强的专业课。本课程要求学生学习期货市场的组织结构,包括交易所、经纪公司、客户;期货交易的业务流程,从市场进入、合约买卖、结算、平仓到交割的运作;期货的套期保值与套利交易;期货投机交易的原理、类型与策略技巧;期货市场的价格走势、分析与预测,包括基本因素分析和技术分析;金融期货的主要品种(国债、股票指数、外汇与利率)及其交易;期权的含义、价格制定与交易策略。通过本课程的教学,学生能了解期货交易是商品经济发展的必然产物,其特有的套期保值功能、回避价值波动风险的机制在商品交易和金融业务中发挥着重要的作用,成为商品生产经营者和金融服务部门的最重要、最有效的风险管理工具与投资工具之一。

(9) **量化投资基础**。量化投资对于我国而言属于"新"课程,而在海外已经有30多年的历史了,西蒙斯通过量化交易手段在20年间获得了年均35%的收益率。量化投资是投资学的新兴领域,是投资学专业的重要课程之一。量化投资就是借助现代统计学、数学的方法,从海量历史数据中寻找能够带来超额收益的多种"大概率"策略,并纪律严明地按照这些策略所构建的数量化模型来指导投资,力求取得稳定的、可持续的、高于平均的超额回报。量化投资属主动投资范畴,本质是定性投资的数量化实践,理论基础均为市场的非有效性或弱有效性。量化投资通过数量化方式及计算机程序化发出买卖指令,以获取稳定收益为目的,其投资业绩稳定,市场规模和份额不断扩大,得到了越来越多投资者的认可。量化投资技术几乎覆盖了投资的全过程,包括量化选股、量化择时、股指期货套利、商品期货套利、统计套利、算法交易、资产配置、风险控制等。

(10) **公司金融**。公司金融是Ross概括的"Finance"的四大课题之一,是微观金融投资的重要支柱,是以企业为中心,以价值管理为主线,以实现公司价值最大化为目标,以资金运动为对象，以研究公司投资和融资等理财决策为主要内容的一门交叉性学科，是着重研究公司这一微观主体如何通过投资决策、融资决策和股利决策的最优化来实现公司价值最大化目标的过程。从决策角度来讲，公司金融的决策内容包括投资决策、融资决策、股利决策、营运资本决策和并购重组等决策；从管理角度来讲，公司金融的管理职能主要是指对公司的投资和融资活动进行管理，科学安排公司各项金融活动。通过本门课程的学习，学生应掌握公司金融领域中的基本概念、基本知识和基本应用，开拓自己的金融视野，使自己更全面地掌握公司投资、融资、股利政策、财务计划等公司金融决策过程。本课程的主要特色体现在以下方面：一是内容和结构安排紧密围绕公司金融课程定位和公司的金融活动，详略得当，结构合理。在教学时充分考虑和体现了公司金融课程与金融学母体的关系，以及与其他相关课程的关系，按照公司实际金融活动的逻辑来安排教学次序。二是把握精髓，深入浅出。对基本理论的介绍精简适当，逻辑清楚，适当省略了部分理论的推导过程，以把最简单和最基本的东西凸显出来。三是学以致用，强调实用性。"授人以鱼不如授人以渔"，对教学的最高要求就是"活"，即能够结合实际案例解决实际问题，便于活学活用。

(11) **投资银行业务**。投资银行业务是证券从业保荐代表人胜任能力资格考试的课程之一，是投资学专业的重要核心课程。主要内容包括保荐业务监管、财务分析、股本融资、债务融资、定价销售、财务顾问、持续督导、证券发行与承销等。通过本课程的学习，学生能系统地了解投资银行业务的框架体系，了解投资银行在资本市场中的作用，熟悉资本市场的各种投资工具和投资银行的各种业务，初步具备利用各种信息分析判断金融商品走势的能力，能够较好地把握各种投资机会，使自己将来能够更好地投身于投资银行的理论研究及实践中。

(12) **理财规划**。理财规划是高等学校投资学专业的一门核心课程。理财规划是指运用科学的方法和特定的程序为客户制定切合实际、具有可操作性的包括现金规划、消费支出规划、教育规划风险管理与保险规划、税收筹划、投资规划、退休养老规划、财产分配与传承规划等某方面或者综合性的方案，使客户不断提高生活品质，最终达到终身的财务安全、自主和自由的过程。通过本门课程的学习，学生能掌握个人理财领域中的基本概念、基本知识和基本应用，开拓自己的金融视野，使自己更全面地掌握个人投资、融资、股利政策、财务计划等个人家庭理财规划决策的过程。本课程的教学侧重于金融学和投资学的知识基础，使学生更全面地、更系统地掌握理财规划决策知识，重点向学生讲述关于理财规划的基础理论知识以及现金规划、消费支出规划、教育规划风险管理与保险规划、税收筹划、投资规划、退休养老规划、财产分配与传承规划等某方面或者综合性的方案等内容，并尽可能地结合案例，理论联系实际，强调"接地气"，提高学生的应用能力。

(13) **项目评估与管理**。项目评估与管理是投资学和工程管理专业的核心课之一，与投资学、投资估算、项目融资、建筑学、统计学等都有着密切的联系。其主要内容包括项目可行性研究、项目论证基本理论、项目论证的方案选择与决策、项目计划方法、项目的沟通与信息管理、财务效益分析与成本控制、项目的质量管理、项目风险管理、项目总评估与项目后评估等内容。通过这门课程的学习与研究，学生可以深刻认识项目评估与管理在投资经济、项目选择和运营中的重要地位和作用，掌握项目评估与管理的基本框架及其各环节的重难点，培养和提高自己的素质，为自己就业后更好地适应社会发展奠定坚实的业务基础。

(14) **创业与风险投资**。创业与风险投资是高等学校应用经济学投资学专业的一门核心课程。随着现代高科技产业的发展,知识经济已经成为21世纪世界经济发展的主旋律,而为知识经济提供这种创造性知识的资本形态就是风险投资。风险投资的创立就是为了促进具有潜在市场能力的企业发展,为了在高风险中追求高收益。本门课程的目的和任务是:通过理论联系实际,一般讲述与典型案例分析相结合,注重案例分析,把培养学生创新能力、独立思考的能力放在首位,帮助学生了解风险投资的产生与发展、风险投资的参与者、风险投资的融资、投资、投资后参与管理、退出等理论和实践;培养学生对高新技术企业发展前景的分析、判断能力;培养学生独立思考问题的能力,并把它与案例分析结合,在案例讨论中使学生口头表达能力得以加强,拓宽学生的视野。

四、金融工程专业

(1) **公共基础课**。包括思想道德修养与法律基础、马克思主义基本原理、中国近现代史纲要、毛泽东思想和中国特色社会主义理论体系概论、大学英语、计算机基础、计算机语言、体育、经济数学、线性代数、概率论与数理统计、大学语文、创业基础、形势与政策、大学生心理健康教育、专业导论、大学生职业发展与就业指导等课程。公共基础课大部分是通识类课程,由教务处统一安排学时和授课时间。在公共基础课中,有些课程专业性很强,像高等数学、计算机等课程在学习时可能有一定的难度,而又十分重要,需要学生花费一定的时间认真学习。

(2) **专业基础课**。包括会计学基础、微观经济学、宏观经济学、统计学、金融学、中级财务会计、现货理论与实务、公司金融、金融计量学、运筹学、证券投资学、财政学。微观经济学、宏观经济学是经济学和管理学专业的基础课程,是学习和理解经济学的指南,也是经济学专业考研的必考重要课程。这两门课内容多,体系复杂,对初学者而言有一定的难度,既需要记忆,又需要在记忆的基础上理解。统计学、金融计量学是金融工程专业的重要工具,在实际运用和科研领域都有重要的作用。

(3) **专业主干课**。包括金融工程学、投资银行实务、金融风险管理、国际金融、时间序列分析、固定收益证券、数理金融、财务报表分析、量化投资基础、SAS统计分析软件。金融工程学是本专业的核心课程,介绍了金融工程的基本理论、金融衍生产品的定价等内容。

(4) **专业选修课**。包括投资组合管理、基金管理、保险学、金融市场学、金融营销、商业银行经营与实务、金融中介学、统计建模分析、金融监管、理财规划、金融法、世界金融史等内容。

金融工程专业的课程在设置上与金融学专业有相近之处,但还是有很多不同的地方。具体表现在以下几个方面:

(1) 金融工程专业课程重视数理相关课程。金融工程专业开设了经济数学、线性代数、概率论与数理统计、金融计量学、运筹学、时间序列分析、数理金融、SAS统计分析软件等一系列高等数学、计量学和统计软件课程。这些课程是金融工程专业的核心工具,金融学的原理通过数理工具进行验证才能运用到现实的金融产品中。学好这些课程是金融工程学生能否从理论走向实际运用的关键。

(2) 金融工程专业兼顾金融学和投资学的相关课程。金融工程专业开设了金融学、国际金融、公司金融等金融学相关课程，同时还有重点地开设了证券投资学、量化投资基础等投资学课程，扩展了金融工程学生的发展方向。

(3) 金融工程专业课程设置充分考虑了社会对复合型人才的需求。经济学专业具有很多共通的地方。经济类基础课程的开设有助于学生对整个经济学的理解，达到触类旁通的效果。金融工程专业开设了微观经济学、宏观经济学、会计基础、中级财务会计、财务报表分析等基础课程，拓宽了学生的视野，优化了学生的知识结构。

五、互联网金融专业

互联网金融专业的课程体系结合互联网金融行业的特点，强调在"互联网＋"背景下个人理财规划、金融业务处理和金融产品营销等典型工作任务的学习和训练，突出互联网金融业从业人员"爱心、诚信、责任"等素养的培养。主要专业核心课程如下：

(1) 金融学概论。本课程主要介绍货币、金融的起源，货币的职能；信用的产生、发展，信用的形式，金融市场的作用和金融工具；中央银行、商业银行、保险公司、信托投资机构等金融机构、非金融机构的性质、职能及业务内容；货币理论、金融改革；金融业在国民经济中的地位、作用。

(2) 证券市场基础。本课程主要介绍证券的种类、证券市场的基本构成框架，证券发行和交易的过程及特点等基础知识；使学生了解证券的种类及基本特征；理解证券发行和交易的过程、特点；掌握证券市场的概况。

(3) 证券投资分析。证券投资分析课程围绕证券投资的理论与实践两大中心课题，通过研究证券投资分析方法和证券市场运行的规律性，引导学生关注我国证券市场的实践，掌握证券投资的技巧，提高证券投资的分析能力。本课程从理论上阐述了证券投资的风险与收益，从宏观上揭示了证券市场的发展对国民经济的影响，以及财政、货币政策对证券市场的影响。具体内容包括证券投资功能分析、基本证券商品交易分析、金融衍生商品交易分析、证券投资的基本分析、证券投资风险衡量与分析、证券投资的技术指标的运用、上市公司购并及运作分析、证券市场的监督等。

(4) 金融产品营销与管理。本课程主要教学内容包括金融营销基础知识、金融营销管理、金融营销市场、金融产品分销渠道、金融新品种开发、保险费率策略、金融营销机会分析、金融营销策略、金融信息管理、人员促销与广告促销等。通过本课程的学习，学生能对金融营销理论有一个较为全面的了解，并基本掌握金融营销的技巧与策略。

(5) 商业银行经营与管理。商业银行经营与管理是金融专业的必修课程。通过本课程的学习，学生能掌握我国商业银行的组织、业务发展状况，掌握如何营运资金、调度资金，以取得最佳效益，为做好金融工作打下良好基础。本课程的主要内容包括商业银行的组织、计划、资产业务与负债、资本金管理、国际业务以及金融创新、市场营销、人事管理和企业形象等。

(6) 互联网金融。通过本课程的学习，能使学生了解互联网金融的发展背景、现状和未来的发展走势;培养学生创新思维,理解互联网金融贷款模式、第三方支付、众筹等模式的创新与挑战;让学生全面认识技术变革、金融大数据分析带来的影响;培养学生用思辨的思考方式分析新时期下的金融市场风险,完善市场监管,建立互联网金融监管平台。

(7) **互联网思维**。本课程主要解构互联网转型内在的商业规律与管理逻辑、移动互联网发展的趋势与特征以及传统企业在互联网转型过程中的错误认知。通过学习,学生能对移动互联网给传统产业带来的颠覆与重构,传统企业互联网转型的方向、目标、路径、方法、步骤、标准有初步的认识,能够在以后的工作中对移动互联网时代商业文明进行系统思考与统筹谋划。

(8) **电子支付与网络银行**。通过本课程学习,学生能了解支付理论、电子支付以及电子支付工具的发展,了解支付系统的构成和银行卡的运作与管理,同时也对电子支付系统的安全策略、风险防范与中央银行监管以及货币政策问题及法律基础等方面有系统的认识。

六、数理金融专业

该流程主要课程包括数学分析、高等代数、解析几何、宏观经济学、微观经济学、概率论与数理统计、运筹学、计量经济学、金融工程学、金融学、大学计算机基础、C语言与程序设计、数学软件、应用多元统计分析、金融数据挖掘等。

第四节 金融学类专业教学安排与学习方法

一、金融学专业

金融学专业课程安排如表 2.2 所示。

表 2.2 金融学专业课程安排

课程类别	学分	学时	课程理论教学学时	课堂实践教学学时	占学分比例
公共基础课	65.5	982	871	111	36.90%
公共选修课	10	160	160	0	5.63%
专业基础课	35	560	536	24	19.73%
专业核心课	30	464	416	48	16.90%
专业方向课	12	188	180	8	6.76%
集中实践教学	25	25周			14.08%
总计	177.5	2354	2163	191	100.00%

二、保险学专业

(一) 保险学专业教学安排

保险学专业学制四年,学完规定课程,修满规定学分,完成素质拓展学分最低要求,颁发全日制普通高等学校保险学专业本科毕业证书;符合学士学位授予条件的,授予经济学学士学位。其教学安排包括实践教学和课堂教学两部分。

(1) 保险学专业教学时间安排如表 2.3 所示。

表 2.3　保险学专业教学时间安排

学年	一		二		三		四		合计
学期 项目	1	2	3	4	5	6	7	8	
入学教育和军训(含军事理论)	2								2
课堂教学	16	16	16	16	16	16	10		106
复习考试	2	2	2	2	2	2	1		13
机 动		2		2	0	2	1	7	14
认知实习				2					2
生产实习					2		2		4
保险理财规划							2		2
毕业论文和毕业实习								11	11
保险产品设计(课程设计)							4		4
创业教育与创业实训						(3)	(3)		
毕业答辩								2	2
总周数	20	20	20	20	20	20	20	20	160

注:社会实践项目不占用教学时间

(2) 集中性实践教学环节安排如表 2.4 所示。

表 2.4　保险学专业集中性实践教学环节安排列表

实践教学项目	学分	周数	安排学期	实践方式
入学教育和军训(含军事理论)	3	2	1	集中
毕业论文和毕业实习	11	11	8	集中
创业教育与创业实训	2	2	6 或 7	集中
保险产品设计(课程设计)	4	4	7	集中、分散
保险理财规划	2	2	7	集中、分散
认知实习	2	2	3	
生产实习	4	4	第 5、7 学期各两周	集中
合　计	28	27		

（3）教学进程如表 2.5 所示。

表 2.5 保险学专业教学进程表

课程类别	课程代码	课程名称	开设学期	学分	周课时	授课时间分配 合计	其中 课程理论教学	其中 课程实验教学	实践课	考核方式	备注
公共基础课	1210016	思想道德修养与法律基础	1	3	3	42	42		6	考查	
	1210013	马克思主义基本原理	2	3	3	42	42		6	考试	
	1210015	中国近现代史纲要	3	2	2	24	24		8	考查	
	1210014	毛泽东思想和中国特色社会主义理论体系概论	4	6	4	60	60		36	考查	
	0510041	大学英语Ⅰ	1	3	4	64	50	14		考试	
	0520002	大学英语Ⅱ	2	4	4	64	50	14		考试	
	0510043	大学英语Ⅲ	3	4	4	64	50	14		考试	
	0510044	大学英语Ⅳ	4	4	4	64	50	14		考试	
	0610001	计算机文化基础	1	2.5	3	42	21	21		考查	
	0600004	计算机语言	2	5	5	80	50	30		考查	
	1300001	体育Ⅰ	1	1	2	32	32			考查	
	1300002	体育Ⅱ	2	1	2	32	32			考查	
	1300003	体育Ⅲ	3	1	2	32	32			考查	
	1300004	体育Ⅳ	4	1	2	32	32			考查	
	0702207	经济数学	1	5	6	84	84			考试	
	0702304	线性代数	2	3	3	48	48			考试	
	0722102	概率论与数理统计	3	4	4	64	64			考试	
	0711901	大学语文	2	3	3	48	48			考查	
		创业基础	3	2	2	32	32			考查	创新创业课
		大学生心理健康	1	2	2	32	28	4		考查	
	1401089	形势与政策（安全教育）	1~8	2						考查	
	0713278	专业导论课	1	1	2	16	10	6		考查	
	0713277	大学生职业发展与就业指导	7	2	2	32	32			考查	创新创业课
	小　计			60.5		1030	913	117	56		

续表

课程类别	课程代码	课程名称	开设学期	学分	周课时	授课时间分配			实践课	考核方式	备注
						合计	其中				
							课程理论教学	课程实验教学			
专业基础课	0303001	管理学原理	1	3	3	48	42	6		考查	
	0418811	西方经济学	2	3	3	48	48			考试	
	0200002	会计学基础	2	3	3	48	36	12		考试	
	0114144	保险学	3	4	4	64	52	12		考试	
	0114013	金融学	3	3	3	48	42	6		考试	
	0310001	统计学	3	3	3	48	48			考试	方法课
	0101013	财政学	4	3	3	48	48			考试	
	0114200	风险管理学	4	3	3	48	48			考查	
	0110004	证券投资学	6	3	3	48	32	16		考查	
	0116003	社会保障学	6	3	3	48	39	9		考查	
	713240	财经论文写作	6	1	2	16	16			考查	方法课
	小 计			32		512	453	61			
专业核心课	0116001	财产与责任保险	4	3	3	48	36	12		考试	
	0116002	人寿与健康保险	4	3	3	48	36	12		考试	
	0116015	保险法	5	3	3	48	42	6		考试	
	0116011	机动车辆保险	5	2	2	32	24	8		考查	
	0116009	保险会计	5	3	3	48	48			考试	
	0116017	保险中介	5	3	3	48	42	6		考试	
		保险市场营销学	5	3	3	48	48			考试	
	0116020	保险投资与理财	5	2	2	32	32			考查	
	0116006	保险经营管理实务	6	3	3	48	42	6		考试	
	0116000	精算学原理	6	3	3	48	42	6		考试	
	小 计			27		432	376	56			
专业选修课	0117001	保险公关与礼仪	6	2	3	32	32			考查	
	0114033	投资银行学	6	2	2	32	32			考查	
	0116024	保险经济学	6	2	2	32	32			考查	
	0116018	保险英语	6	2	2	32	32			考查	
	0116012	保险核保与核赔	6	2	2	32	32			考查	
	0116013	保险市场策划	7	2	4	32	26	6		考查	
		海上保险学	7	2	4	32	26	6		考查	

续表

课程类别	课程代码	课程名称	开设学期	学分	周课时	授课时间分配 合计	其中 课程理论教学	其中 课程实验教学	实践课	考核方式	备注
专业选修课		再保险	7	2	4	32	32			考查	
专业选修课	0114083	国际金融	7	2	4	32	32			考查	
专业选修课	0116007	商业银行业务管理	7	2	4	32	28	4		考查	
专业选修课		小　计		20		320	304	16			
专业选修课		选修小计		10		160	152	8			
专业选修课	说明:专业选修课需要学生从上述10门课中选5门,共需修满10学分										
公共选修课	教务处统一搭建	平台上各类不同模块的课程中,各专业学生选修公共选修课学分不少于10学分,其中理工类学科专业选修文法经管类学分不少于2学分,文法经管类学科选修理工类选修课学分不少于2学分。各学科专业的学生不得选修属于本专业必修课或相近的选修课,否则,所修学分无效									
公共选修课		小　　　计		10		160	160			考查	
拓展学分课程	单列,具体见创新创业模块和社会责任模块										
拓展学分课程		小计(不计入总学分)		(5)							
		课堂教学小计		139.5		2294	2052	242			
		实践教学环节小计		28							
		合　　　计		167.5		2294	2052	242	(56)		

(二)保险学专业学习方法

1. 以正确的理论指导学习

在保险学专业的学习过程中,应该始终以马克思主义的基本原理为指导。因为马克思主义为我们提供了一个充满活力的理论框架,在这个框架里,辩证唯物主义和历史唯物主义为我们提供了正确的世界观和科学的方法论,赋予我们实事求是的科学精神,为我们提供了观察问题、分析问题和解决问题的正确立场、观点和方法。因此,马克思主义是我们学习保险的思想武器和指导原则。需要注意的是,这种指导性并不是表现在句句拘守马克思主义原著中关于保险问题的具体论点和论据,如果我们只是试图简单地套用马克思在前一个多世纪的表述来解决现实问题往往是不成功的,这种方法本身就违背了马克思主义的科学精神,正因为经济发展了,时代变化了,才需要我们以马克思主义原理为指导来研究和解决现实问题。所以马克思主义的指导性体现在我们在学习中应该坚持辩证唯物主义和历史唯物主义,弘扬实事求是的精神,以正确的立场、观点和方法去分析并解决问题。吸收全人类一切有益的文明成果,对人类在保险问题上已经取得的共识、经验教训,我们都应该认真学习和记取。我们在学习各国经济学家的理论和主张时应该有一个思辨的过程,吸收其正确和合理的成分,扬弃其谬误之处,既不要盲目崇拜、一概吸收;也不要盲目排斥、一概否定,而应该取其精华,去其糟粕,在前人研究的基础上不断研究探索,力争使金融学的理论更加科学。

另外还立足国情,实事求是,在结合中国实际的过程中来学习和研究保险。我们是在中国这块土地上学习金融学的,学习的目的是更好地工作和解决中国的经济问题。因此,在学习中必须时时注意中国的历史和现实问题,从国情出发来观察问题、分析问题和解决问题,脱离实际的学习或对理论的生搬硬套都是不可取的。

2. 以科学的思维方式进行学习

尽量避免非黑即白、非对即错的两极式绝对化思维方式,遵循社会科学的认识规律,坚持真理的相对性,在此条件和此环境下的相对真理,放到彼条件和彼环境下未必是真理。一般来说,经济学中所概括的基本原理和对规律的认识,通常只符合大数定理,即符合大多数情况,代表一种趋势或倾向,可以存在着例外。这一点与自然科学有所不同,这主要是因为社会科学的研究对象和所研究的关系有较大的不确定性。因此,我们既不能因为存在例外而否定基本原理,也不能用某个结论去解释一切。

3. 养成良好的学习习惯与方法

(1) 自学与辅导相结合,以自学为主。教师的讲授、辅导与答疑等教学方式都应该是辅助性的,目的只有一个,就是帮助大家理思路、提要领、抓重点、解难点,是为同学们更好地自学提供帮助。学习保险最主要还是靠同学们的自学,靠自己去读书、领会、掌握和运用。自学的能力是培养出来的,也是一种受益终身的能力,因为随着形势的发展我们毕业以后还需要终身不断地学习,不可能永远靠老师教,而只能靠自己自学,因此从现在开始培养自学能力是非常重要的。只要坚持正确的理论指导和科学的方法,自学中的困难都是可以克服的。

(2) 精读和泛读相结合,以精读为主。自学主要在于读书。读书有两种基本方法:精读与泛读。对于教材和一些专家的名著需要精读,花时间、下气力去思考和钻研,除此之外,还要泛读一些相关的书刊,如各种保险类的专业书刊和经济学的书刊。如果同学们能泛读一些相关的书刊,扩大知识面,补充新信息,会大大加深理解和掌握的程度。

(3) 理论与实际相结合。学习金融学要与现实相结合,经常阅读报刊、关注新闻,关心时局和金融问题,特别是热点问题,激发学习的热情和兴趣,带着现实中的问题来学会事半功倍。

在大学里要通过课堂教学掌握基础知识建立完整的知识体系,大量阅读专业报刊或浏览相关网站,紧随市场发展的节奏,理论联系实际,积极参与学习组织的各项实践活动,利用寒暑假或毕业实习期间,深入到保险公司或保险中介机构熟悉实务工作,将所学知识和实践体会结合起来,定期进行总结分析,争取以论文或其他形式发表。

机会总是青睐有准备的人,调整心态、务实、勤奋,时时做个有心人,定能获得丰厚的回报。

三、投资学专业

(一)教学安排

投资学在我国的大学里都算是复合型专业,在经济学大类里是金融学的深入。我国大学的投资学不仅注重证券投资(包括股票、债券、基金、衍生金融工具等),还包含了实体投资,比如对高新、高成长企业的风险投资。目前,我国没有像美国摩根那样的大投行,与之相近的是证券公司里的投资银行部,负责公司 IPO。这个部门的高门槛,也是我国投资专业的学生"望穿秋水"想进去的圣地。想要实现投资的神话,需要的是一种投资者的灵气、超强学习力与超强体力的组合。

投资学的知识体系很复杂,既要学习投资学的基础课,如投资学、证券投资,还要学习货币金融相关课程,还有很多很累的课程,如 MATLAB、投资组合管理、衍生金融工具等,甚至还要了解工程投资的基础知识。具体的教学安排包括以下方面:

1. 政治素质及身心素质课程教学安排

投资是合法合规的条件下投资,要求学生具有良好的政治素质和高尚的社会道德,同时对身心素质的要求也比较高,只有拥有良好的身心素质,才能实现健康投资、绿色投资,实现投资为社会主义经济的发展服务。这些课程包括思想道德修养与法律基础、马克思主义基本原理、毛泽东思想和中国特色社会主义理论体系概论、中国近现代史纲要、入学教育和军事军训、形势与政策、体育、大学生心理健康教育等方面。这些课程是具备较强政治素质和身心素质的基础,是每位同学的必修课。

2. 语言能力与人文情怀的课程教学安排

投资学归根到底是人在投资,与每个投资者的个性相关,要求投资者具备人文知识、理解人文思想、掌握人文方法、遵循人文精神;同时投资学是国际性的课程,全球同步,要求掌握全球的脉搏,精准初级,为此,要求投资学学生的语言能力较好。相关的课程主要有大学语文、课外阅读、社会实践、大学英语四、六级考试、双语教学等环节实现。

3. 信息获取与分析计算的课程教学安排

获取、分析信息是投资方案编制、企业价值评估乃至于投资管理咨询服务工作中必不可少的环节。有效地获取信息并在其基础之上进行科学、合理地汇总、甄别与分析和计算是每个投资者必备的技能。在互联网技术和计算机信息技术迅速发展的今天,每个投资者都必须学会借助现代化技术手段获取信息,并进行分析计算。这些课程主要包括高等数学、线性代数、概率论与数理统计、数学建模大赛、计算机基础、C 语言、计算机等级考试课、MATLAB 原理与应用、统计学、SAS 统计分析软件等。

4. 专业基础能力的课程教学安排

投资学属于经济学、金融学的相近学科,需要通晓与投资相关的经济学、管理学、法学、财务、金融、保险等基本知识,为专业学习打下坚实基础。相应的课程主要有微观经济学、宏观经济学、管理学原理、会计学基础、统计学、金融学、保险学、民商法等。

5. 专业知识及技能的课程教学安排

投资学专业学生要求掌握证券及理财的基础知识和应用能力,掌握现货、期货交易的基本规律，掌握公司与个人投资理财的相关业务与技能，了解有关投资法律法规，具备证券期货、投资理财的专业技能和操作能力。相关的课程体现在投资学、证券投资学、金融市场基础知识、证券市场基本法律法规、证券投资分析、证券投资基金、私募股权投资基金、投资银行业务、期货基础、公司理财、理财规划、现货交易原理与实务、量化投资等课程。

6. 创新创业能力的课程教学安排

投资学专业要求学生富于创新精神，勇于投身实践，具有较强创业能力和创业精神，具备结合投资学专业知识开展创新创业活动的能力。这些课程主要包括创业基础、大学生职业发展与就业指导、创业与风险投资（私募股权投资基金）、网络电商创业、创新创业训练与培训等。

（二）学习方法

投资与人们的生活息息相关，包括政府投资、企业投资、家庭投资和个人投资，与每个人同呼吸、共命运。从投资分类来说，它包括产业投资和金融投资。当然这两种投资也无法分割开来，许多产业和项目投资是通过发行证券来完成融资的，这样金融投资的实质也是投资项目的收益好坏。在当今经济飞速发展和竞争激烈的社会里，投资已成为当下社会经济发展的特别手段，个人通过投资变富有，企业通过投资变强大，国家通过投资实现经济增长和富强。越来越多的个人、企业和政府参与到投资的行列中来。投资学专业涉及学科比较多、领域范围比较大，而且关联紧密，所以要学好这个专业不是一件容易的事。要想学好它，我们认为至少可以从以下方面着手：

1. 要培养对投资的兴趣

任何事情有兴趣才有动力，当然对于赚钱的事，兴趣是天生的，相比其他学科而言，兴趣的培养应该要容易得多。作为普通人，如果拓展财路的渠道不多，"投资"是一种"开源"的方式。随着经济的发展，资金可能贬值，要想让钱生钱，就得把资金变成资产，这样就有了最初培养投资兴趣的原动力。真正的投资其实是一个不算太容易的学习过程，你所要了解的信息、掌握的分析方法和金融财务知识都要一点一点地打基础。所以只有真正以自己的兴趣做投资的人才会跑赢。

2. 学会独立思考

投资其实是一件需要亲自费心费力的事情，如果想要走捷径，不经过自己思考，像个无头苍蝇一样乱求介绍，那么实际上这是对资金的一种不负责任。越是跟风起劲的，常常也是越容易投资失败的。投资人可以听从他人的意见，但需要自己做出独立思考，择优而取。在投资的初期，很容易轻信别人的理论。也许是因为对自己的水平还不够自信，所以每当听到所谓专家以及高手的分析和理论，就会非常容易地接受，实际上你只要做独一无二的投资人就好。

3. 从实验和实战中学习投资学

投资学是务实的学科，投资的好坏直接影响你的收益。

（1）纸上得来终觉浅，绝知此事要躬行。有的人喜欢看很多书，研究很多很多理论，但只是纸上谈兵，一旦进入实战，便束手无策。

（2）就像学习开车，不管你上了多少堂课，看了多少本书，学会了多少有关驾驶的理论，假如你不坐在方向盘后面真正操纵汽车的话,那恐怕永远也学不会开车,更无法面对复杂的交通状况。只有开车上路,你才会知道驾驶汽车是什么样的感觉,只有这样才能不断提高自己的驾驶技能。

(3) 在学习过程中,首先你可以参加各类投资模拟竞赛,获得初始的投资理论应用于实际的机会;其次你也可以投入少量资金亲身参与投资,体会投资那种令人夜不能寐的感觉。在初期,新手应该尽可能做小规模交易,每次交易的数量应该比较小。新手出现错误的机会相对比较多,做的数量愈小,风险也愈小。但是必须要进行大量的实践,如果没有大量的实战,就不可能积累弥足珍贵的实战经验,也就不可能真正学会这一比较复杂的技能。站在岸边不下水的人永远也学不会游泳。

4. 要有良好的心态

学好一门学科,最重要的是能够通过其理论运用于实践,进一步来促进生活的发展和进步。通过投资学的学习,个人觉得进行投资时,要相信自己,不能让幻想和恐惧左右自己;要战胜贪婪,战胜绝望,要对投资的回报率和投资者所承受的风险做出衡量,然后再确定投资。同时有良好的投资心态也是必需的。有些时候,投资技术层面的因素不是决定投资人成败得失的主要因素,而一些内在的、更深层次的东西,比如个人的心态、定力、修为、性格,则成为投资者行为的关键因素。投资的成功与否有时要看投资者能否战胜贪婪、幻想、恐惧、犹豫、急于求成、见异思迁等这些与生俱来的人性的弱点。这个过程需要自己在投资的过程中不断地发现自己的错误,并勇于改正它;克服"贪婪"等与生俱来的人性,养成"不贪"等后天经验;投资者必须找到适合自己的投资方法,不断地否定自己,修改规则,并完全由自己为这些规则所产生的后果负全责。投资者要不断根据市场的情况调整自己以适应市场,并从错误中学习。投资者不该因亏钱而困扰,应从亏钱中学到一些东西,总结经验,可以当作是把这些钱拿来当学费的。只有不断总结经验、了解投资行情,才能正确进行投资。

5. 要学习学习再学习,永远学习

不管做任何一项工作,都必须学好相关的专业知识。投资学知识更新的速度较快,我们只有不断地补充最新的知识,才能跟上投资的步伐。

四、金融工程专业

金融工程专业倾向于理工类,其中数学、统计、计算机的学习十分重要。客观来说,这些课程具有一定的学习难度,如何学好这些课程呢?

首先,做到上课认真听讲。很多同学进入大学后,由于家长和学校给予的压力减轻,监督减少,放松了对自己学习的要求。其中一个重要的表现就是大学课程不认真听,甚至逃课。也有的同学错误地认为进入大学后,学习不是主要任务,追求放松和玩乐。这些想法都是错误的。客观来说,大学的课程压力要大于中学。大学一学年的课程几乎要超过高中三年课程。并且想学好这些课程,是有一定难度的。因此上课认真听讲,及时整理笔记,合理安排时间进行复习都十分重要。

其次,培养自主学习的能力和良好的学习习惯。大学的课程设置和中学的课程设置有很大不同。老师的授课方式也有很大差别。很多同学上大学后,不能马上适应大学的学习、生活方式,很快对大学学习失去了兴趣。这就必须及时提醒自己并进行主动的调整。在大学学习中,自己合理规划好学习目标和方向,有计划地主动学习是很重要的。像数学、计算机课程,不仅上课需要认真听讲,课后还需要及时补充练习题加强训练,不懂的题目还要及时请教老师或同学。也可以通过购买在线培训课程进行额外重点学习。计算机课程还需要大量进行上机实践。这些都要花费同学们大量的业余时间。

再次,在学习上要突出重点,合理安排。大学每个学期大概会安排 8~9 门课程,有一定的学习压力。实际上有的课程是通识类课程,难度较小,通过上课听讲就能达到学习效果。有些课程难度大,又很重要,需要花时间长期、持续性地学习。例如英语课程,需要每天安排一定时间的习惯性学习。高等数学作为考研的重点课程以及本专业基础课程,也需要重点花费时间去学习。

最后,在学习上要做好自我约束、自我管控。大学期间,学生过的是集体生活,容易受到他人和整体环境的影响。因此大学生应该在入校时候就对自己的学习和职业生活做出明确的规划,从开始就养成良好的学习和生活习惯,有计划地制定学习目标和任务,并努力完成。

五、互联网金融专业

互联网金融专业课程安排如表 2.6 所示。

表 2.6 互联网金融专业课程安排

课 程 类 别	学时	学分	学分比例
基本素质课程	540	32	24%
专业基础课程	336	20	15%
专业技术课程	720	40	29%
创业教育课程	180	10	8%
选修课程	54	3	2%
综合提高课程	600	30	22%
合　　计	2434	135	100%

六、数理金融专业

(1) 金融学方向课程包括金融机构与市场、公司理财、投资学、固定收益证券、金融工程等。

(2) 数学方向课程包括微积分、线性代数、概率论、数理统计、时间序列、微分方程、随机过程与分析等。

(3) 计算机技术方面的课程包括 C 语言编程、数据结构、计算方法等。

课后实践

1. 请结合本专业培养目标,写出自己的大学学习目标和学习规划。
2. 根据各专业课程体系,去图书馆查阅相关书籍,初步了解本专业各课程在图书馆的馆藏分布情况和数量,为以后的专业学习奠定基础。

第三章 金融学类专业上升路径

第一节 金融学类专业就业指南

> 让灵魂永远保持站立姿势。走出心灵的贫困比走出物质的贫困更为重要。站直了,你就是一个大写的"人"。
> ——北大女生刘默涵和她的"默涵助学金"

一、金融学专业

金融专业的八大就业方向。

(1) 中央(人民)银行、银行业监督管理委员会、证券业监督管理委员会、保险业监督管理委员会,这是金融业监督管理机构。进入行业监督管理部门做金融官员,对于金融研究生而言应是首选。首先,中国金融学是立足于宏观经济学的,基于金融市场宏观调控,专业应用较易入手,政策把握比较到位;其次,在行业管理部门做上三五年再入行到实践机构至少能获得中层以上的职位。其局限在于:要进入这几个行业主管部门难度较大,可能还需要背景依托,本科生想进较难,除非本人确实非常优秀。

(2) 商业银行,包括国有四大商业银行和股份制商行、城市商业银行、外资银行驻国内分支机构。首先进入国有四大商业银行工作是毕业生一个很好的选择。当具备了一定的银行业从业经验、专业背景,再到股份制商行或外资银行驻华机构的可能性会增大。很多同学起初就是就职于国有四大行中,在城市股份制商业银行迅速发展起来之后,纷纷跳槽,并成为城市商业银行、股份制商行的中坚力量,很多成为中层管理人员,少数成为高层领导。城市商行、股份制商行的灵活务实,不论资排辈的干部任用方式,使得四大行成为其专业人才的"黄埔军校",至今这种情况仍在延续。另外,虽然国有四大行有一些遗留的官僚积习,但其稳定的收入、较小的压力、较高的福利水平还是有一定吸引力的。建议对四大国有商行感兴趣的同学把专业方向集中在商业银行经营管理、国际金融、货币政策等方向上。

(3) 国家开发银行、中国农业发展银行等政策性银行。政策性银行,如家开发银行、中国农业发展银行亦是毕业生就业的较佳选择,但其工作性质类似于公务员,金融业务并不突出,是靠政策吃饭的地方,对于个人职业生涯的益处相对于行业监管部门、商业银行来说还是较小的。目前这类单位的工资水平待遇等比商业银行好,而这也成为吸引毕业生眼球的亮点所在。

（4）证券公司（含基金管理公司）、信托投资公司、金融控股集团等风险性很大的金融公司。证券、信托、基金这三类企业均是靠风险管理"吃饭"的，存在行业系统风险因素，但一旺俱旺，赚钱相对较易，短期回报较高（风险亦大），且按真正的企业管理机制运行，如果想在专业方面有所发展，有所建树，在这一行业做是极佳选择，很多基金经理、投资银行经理人员都年薪过百万元。难点是学历要求在逐步提高，最低要求硕士学历，相对于银行等金融机构其个人投资管理、金融运营能力要求更高，如果对这些行业有兴趣，可以选择证券投资、金融市场、金融工程专业方向，如果是学财务管理、法律硕士专业（本科是金融经济）的，这也是不错的选择。最近信托业重新崛起，对于金融专业以及其他专业的毕业生来说亦是一个不错的选择，而其大投行的操作方略，又使其在人员使用上奉行精英路线，在投行业有一句话是"公司80%的利润是不到5%的员工所创造的"。上述三类企业当下用人思路是积极挖墙脚，在金融行业内人员流动性最强的当属这三类企业。有志于风险管理、终日奔波的精英人才不妨选择这个行业。当然，不能否认，这个行业给你的回报与投入相比还是成正比的。

（5）四大资产管理公司、金融租赁、担保公司。四大资产管理公司类似于政策性银行，目前其设立之初的目的和作用在逐渐消退。金融租赁、担保这个行业发展迅速，可以考虑进入，当然，如果有在银行、证券的从业经历，进入到这个行业中应该更有作为。

（6）保险公司、保险经纪公司，社保基金管理中心或社保局。保险公司可以参照对商业银行的分析，做上数年，有保险营销、风险管理经验之后，在国内股份制保险机构迅速成长、外资保险机构进入的契机下，还是大有可为的。保险精算专业是非常吃香的。社保中心以及财政审计部门等发展潜力小，稳定有余，灵动不足，追求稳健回报的同学不妨作为一个选择来考虑。

（7）上市（欲上市）股份公司证券部、财务部、证券事务代表、董事会秘书处等。在上市公司证券部的工作经历亦可，先天横跨证券产业两行，再要发展有立脚点。如果全程做过IPO筹备工作，对未来的职业生涯将更加有益，它对财务、产业分析能力要求较高，要加强这方面的学习。

（8）国家公务员序列的政府行政机构，如财政、审计、海关部门等；做高等院校金融财政专业教师；做研究机构研究人员。高校、研究所是有志于做学术的同学的首选。

二、保险学专业

保险是一个产业，是一个完整的体系，从险种的设计、保费的定制到保险的销售，每一个环节都需要保险人才参与其中。比如说保险学中的精算方向，对学生的数学能力要求非常高，此类人才也往往最奇缺。保险领域岗位诸如组训、培训讲师、核赔核保人员和资金运作人员、精算人员不仅人才需求大，而且工作体面，待遇优厚。保险学专业人才具体就业去向除了专门的保险企业外，还有中介企业、社会保障机构、监管机构、银行和证券投资机构、大型企业风险管理部门等，可谓条条大路通罗马。毕业生可到中外商业性保险公司从事保险业务的营销、经营管理，可到政府其他经济管理部门从事宏观保险管理工作，也可到外贸公司和其他企事业单位从事相关管理和研究工作。

（一）保险学专业就业前景

随着中国金融国际化进程的加快，中国的金融业加速了发展和扩张，金融市场发展迅速，尤其是银行、保险等金融企业等机构的迅速发展，需要大量保险方面的专业人才。近年来，保险业作为中国经济中最具活力和发展前景的行业之一，以远高于其他行业的速度（年均20%～30%）迅猛扩张。到2016年中国已经成为全球十大保险市场之一。

在我国，保险业被誉为21世纪的朝阳产业。我国巨大的人口基数及人口的老龄化有利于保险业市场的扩张，我国目前的保险深度及保险密度都很低，有很大的市场潜力，加之我国人均收入水平不断提高，为保险业市场扩大规模提供了良好的经济基础。

1. 保险行业被"妖魔化"

不少高考生报考保险学专业是看中它在经济学门类里，还有些同学是报考金融学类其他专业被调剂来的。保险学专业的学生也常抱怨自己的专业被人误解。一位大一的新生说："我说我学的保险学，我亲戚却说'这保险也用学啊？'"一位家长也曾对孩子说："邻居们一听说你是学保险的，都躲得远远的，怕向他们推销保险……"在生活中，我们常常会接到各类保险推销的电话，久而久之也将保险行业"妖魔化"了。

另外，大学毕业生在求职中也常遇到这种情况，即使不是保险学专业的，也会有很多保险公司打电话叫你去面试，且大多是做保险销售工作，就算你根本没往这些保险公司投过简历。这也很容易让人觉得保险行业门槛低。

实际上，保险业不光需要营销人员，更需要具有深厚理论素养的专业人才。保险学专业的学生在校期间可通过各种职业资格证的考试，来增加就业砝码。比如考取保险代理人、保险公估人、保险经纪人、注册会计师、精算师等相关资格证。

中国保险监督管理委员会副主席陈文辉认为，保险学专业学生应当是综合素质较强的复合型人才。他们不仅要懂得保险学专业知识，还必须具备相应的金融、证券、社会保障专业知识及技能，并兼备宏观经济、法律、财会等相关知识。这样的学生才能有较大的发展后劲儿。此外，保险学专业的学生还要具有市场和营销方面的经历，因为要成长为一个合格的高管，必须要有一定的营销管理经验。

2. 起点薪酬高

据教育部2011年公布的本专科专业就业状况显示，保险学专业的就业率区间处于"B+"阶段，该专业的平均就业率高于85%。"211工程"院校该专业毕业生的就业率高于95%。2012年保险学专业全国普通高校毕业生规模达4500～5000人。

学生毕业后，对口就业方向主要在各大保险公司、保险中介机构、保险监管机构、银行、证券公司、信托投资公司等各种金融机构，以及大中型企业风险管理部门、社会保障机构、政府部门，学生还可在教育、科研部门从事教学和科研工作。

据《2013中国大学生就业报考》统计，保险学在2012届毕业生半年后就业满意度较高的主要本科专业中，排名第三，就业满意度为68%，仅次于建筑学（74%）和学前教育（69%）；在2012届毕业生平均月收入的50个主要本科专业中，排名第六，学生毕业半年后的平均月收入为4253元。由此可见，保险学专业本科毕业生的薪酬起点较高。

3. 行业发展空间大

保险业在中国起步较晚，与发达国家70%～80%的投保率相比，中国目前20%左右的投保率意味着还有巨大的发展潜力。近年来,随着我国城镇居民对保险行业的逐步认识,各种商业保险被越来越多的人接受,成为人们生活中必不可少的一部分。保险学专业的毕业生就业前景和发展空间都很广阔。

在各大保险公司的人员构成上,包括保险内勤、保险理赔、保险精算师、保险代理人、保险经纪人、培训师、客户服务、保险产品开发,等等。这些保险从业人员又可以分为营销人员、专业技术人员和经营管理人员三类。不同层次的人员需要不同的学历和专业背景。保险营销人员,需要有一定的保险学专业知识,他们的学历不一定要求很高,但要具备营销技能。而设计优质的保险产品,就需要具有较高学历背景的专业技术人员。保险经营管理人员则需要学历较高并具备战略眼光、商业才能的专业人才。

据对外经济贸易大学保险学院对中外大型保险公司所做的发函征询调查显示,我国的主导保险企业都对高级保险学专业人才具有极大需求。就目前来看,保险精算更有前景。精算对数学要求会很高,而且国内精算师奇缺,一般要求通过北美或国内的精算考试,取得相关资格。

保险学专业毕业生就业情况良好。毕业生既可到中外商业性保险公司从事保险业务的营销、经营管理,也可到社会保障机构、中央银行、相关监管机构和政府其他经济管理部门从事宏观保险管理工作,还可到外贸公司和其他企事业单位从事相关管理和研究工作。

三、投资学专业

投资学主要是对资产投资策略进行分析评估。目前,我国实物投资高速增长,证券投资也为人们所普遍关注,社会对投资学专业的人才需求不断增加。在中国,投资学未来出路还是比较广泛的,比如投资银行、投资公司、私募等,出路较好,薪酬也不低。在经济学领域,投资策略起着举足轻重的作用。值得注意的是,做一名投资人要求具有深厚的知识底蕴、坚韧的毅力、细致耐心的脾气,重要的是,对国家政治生活和社会生活要有全面而深刻的了解。

投资作为拉动经济增长的重要手段,在我国国民经济当中发挥着重要作用。投资是现代人越来越熟悉的字眼。小到个人家庭生活,大到国家决策,现代经济社会生活中的很多方面,都有投资学的道理渗透其中。当投资被系统研究,成为一门科学,就能使投资者用起钱来更加充满理由。

投资学研究如何把个人、机构的有限资源分配到诸如股票、国债、不动产等(金融)资产上,以获得合理的现金流量和风险/收益率。其核心就是以效用化准则为指导,获得个人财富配置的优均衡解。新时期我国投资活动日益活跃,各种投资均呈现出复杂化与持续快速增长的趋势,社会对投资管理人才也有着旺盛的需求,投资学专业就业前景与前景都非常好。具体来说:

(1) 证券公司。证券公司是指依照《公司法》和《证券法》的规定设立并经国务院证券监督管理机构审查批准而成立的专门经营证券业务、具有独立法人地位的有限责任公司或者股份有限公司。在不同的国家,证券公司有着不同的称谓。在美国,证券公司被称作投资银行(Investment Bank)或者证券经纪商(Broker-Dealer);在英国,证券公司被称作商人银行(Merchant Bank);在欧洲大陆(以德国为代表),由于一直沿用混业经营制度,投资银行仅是全能银行(Universal Bank)的一个部门；在东亚(以日本为代表)，证券公司则被称为证券公司(Securities Company)。

目前，我国资本市场发展风起云涌，每年都会有许多公司需要上市 IPO，因此证券公司的发展机会还是很大的。当然，对于刚刚入职的年轻人，比较辛苦，有一定的压力。如果你具备较强的专业技术能力，做投顾、研发和承销，则有可能属于金领一代。

(2) 投资公司。投资公司是一种金融中介机构，它将个人投资者的资金集中起来，投资于众多证券或其他资产之中，如信托投资公司、金融投资控股公司、投资咨询顾问公司、大型企业财务公司等。其业务范围包括购买企业的股票和债券、参加企业的创建和经营活动、提供中长期贷款、经营本国及外国政府债券、基金管理等。投资公司数量众多，能吸引很大一部分人群就业，但是对金融市场、财务等相关知识要求较高。

(3) 基金公司。广义来说，基金包括证券投资基金和私募股权投资基金。人们平常所说的基金主要就是指证券投资基金。证券投资基金(Securities Investment Fund)是指通过发售基金份额募集资金，由基金托管人托管，由基金管理人管理和运作资金，为基金份额持有人的利益，以资产组合方式进行证券投资的一种利益共享、风险共担的集合投资方式，包括社保基金管理中心、养老基金等一系列基金组织。证券投资基金又分为公募和私募两种方式。目前，基金公司的工作越来越专业化，对专业知识要求较高，要求具备较强的计算机应用能力、数据处理能力和量化投资能力。

总的来说，以上证券、投资、基金公司都是以风险管理为基础的，存在一定的风险因素，因此他们的人才选拔起点相对比较高，通常情况下就是硕士研究生，百万年薪同样是一个很大的吸引力。如果要在这几个领域有所发展，那么可以适当提高自己的学历，同时加强自己在个人投资管理、金融运营能力上的知识、经验积累，在专业方向的选择上可以考虑证券投资、投资管理、资本市场、量化金融等方向。

(4) 商业银行。中国工商银行、中国建设银行、中国农业银行、中国银行等在内的国有银行以及招商银行等股份制商行、城市商业银行、外资银行驻国内分支机构，投资学专业的毕业生常有涉猎。目前，商业银行中，投资类业务占有越来越重要的地位，伴随着互联网金融的发展，投资的重要性进一步显现。稳定的收入、较好的工作环境、较高的福利水平，银行的工作经常给人很大的吸引力。目前各大银行均会对应届毕业生进行招考，投资学专业学生具有一定的优势。若有志于此，应加强商业银行经营管理、财务学、计算机、公文写作等方面的知识积累。

(5) 保险公司。保险公司是我国重要的金融机构，既有大型保险公司，也有一些中小型保险公司，还有一些社会保险机构。当前，保险资金的保值增值是保险公司的重要支柱，投资型保险占比越来越高。各保险公司也都在大力发展投资业务，对投资学专业学生来说是施展自身才华的舞台。

(6) 公务员、事业单位和政策性银行。这些单位以其稳定、压力小、福利待遇高吸引广大学生的就业。对于投资学专业学生而言，可以选择金融业相关委员会、证券监督机构以及与投资相关的部门进行报考，专业性更强，胜算更大。有志于此的学生，应加强自身的文字功底，增长公务员考试的相关科目、计算机等相关知识。目前，一般通过招考进入。

(7) 上市(或欲上市)股份公司证券部及财务部。这是投资学专业学生的一个不错选择,专业性强,待遇也很高。但是这样的职业对财务知识要求比较高,可能还会要求一定的经验,有志于证券、财务的同学可以把学习重点适当向财务倾斜一下。

(8) 高等院校金融、投资、财政专业教师、研究机构研究人员以及出版传播机构工作人员等。其中教师和研究机构研究人员岗位一般要求硕士以上学位,需要进一步深造。出版机构等岗位属于金融投资的边缘,可以适当考虑。

海阔凭鱼跃,天高任鸟飞。与投资相关的工作岗位和工作部门还有很多,具体要看学生的兴趣和自身能力素质的发展方向。我们希望,学生能量体裁衣,根据自身兴趣爱好和先天优势,选择适合自己的岗位和职业。

四、金融工程专业

从整体上看,金融工程专业这几年在报考方面比较热门,其职业前景普遍看好。但根据实际就业情况看,两极分化比较严重,知名院校的金融工程硕士,在校期间注重实践,同时研究功底比较深厚,刚出校门拿到 10 万元以上年薪者,不在少数。

中国金融市场正在走向国际化,对专业性很强的人才需求迫切。金融工程硕士就业人才的需求主要集中在高端市场,例如高校和大公司市场研究部门、基金工程、投资运作部门、证券公司、保险公司、信托投资公司等。

无论是本科毕业,还是硕士毕业,金融工程专业毕业生总体上的就业方向有经济分析预测、对外贸易、市场营销、管理等,如果能获得一些资格认证,就业面会更广,就业层次也更高端,待遇也更好,比如特许金融分析师(CFA)、基金经理、精算师、CPA、FRM 等。

(一)投资银行

金融是现代经济中最具魅力和变幻无穷的热门行业,种类纷繁的金融资产为人们提供了众多的投资与融资工具。投资银行作为连接货币市场与资本市场的重要通道,将进一步发展丰富和完善我国的直接融资手段。

在中国今天出现的全民炒股热中,各大投行也扮演了"催化剂"的角色。经过 100 年的风雨历程,如今投行正承担着证券发行与承销、证券交易经纪、证券私募发行等传统业务,企业并购、项目融资、风险投资、公司理财、投资咨询、资产及基金管理、资产证券化、金融创新等核心业务。

职位要求:专业方面,要求各位毕业生是系统学过金融、投资、法学、法律、金融资产组合管理等专业的金融人才。如果能同时具备人际沟通、客户管理等管理方面的知识,则更具有竞争优势。

另外,投行对于应聘者在经验方面的要求较高。投资银行设置的不少高端职位,一般都优先选择在同行业公司中具有实践经验的高级人才。

对于非"211"工程"985"工程院校的学生,进投行部确实是一件非常困难的事,我们给出的建议是分两步走:第一步,先进入金融行业积累经验,有些小公司会拿到一些关于并购、融资、发债之类的小项目,哪怕是项目边缘的职位尽可能去参加。第二步,工作一段时间后,再通过熟人引荐去投行部门,或者搞好猎头关系,通过猎头进入。当你起步不如别人的时候,永远不要冲着钱去,记住你去的目的只是积累经验。许多学生看不上小公司,眼高手低是行业大忌。需要的证书:由于上市融资都会涉及财务、法律、审计等问题,所以如果你具备其中任何一项能力,都会帮到你不少,比如CFA、CPA、ACCA、律师证等。

投行的工作非常辛苦,每周70~90个小时不等,有些甚至会超过100小时。毫无生活可言,更谈不上工作、生活平衡。出差是再普通不过的事,项目慢的一住就是几个月,项目快的几天后就回去。有人进去后受不了这样的强度离开,也有人乐此不疲。虽然毕业生如此狂热地追求这个职位,但这种没有生活的工作使得很少有人会在里面待一辈子。

(二)证券公司

自营部门是券商以自有资金进行投资获得收益的业务部门。由于是自有资金,因此券商对自营的亏损容忍度比一般的公募基金都要低,做亏损了则直接影响收入,受市场影响较大,收入波动也更大。因此这个部门在熊市时压力会很大,而且也不时有"黑天鹅"事件发生。目前券商自营部分为几个路数:方向性投资、量化、套保等,趋势是方向性投资规模渐小,量化等增大,未来权益互换、做市业务等新兴业务的兴起,人才需求会更多。

需要的证书:经济、金融、金融工程专业较为对口,提前考取证券从业资格,通过CFA一级或二级会比较有帮助。

(三)金融工程分析师

金融工程是以现代金融活动为研究对象,以金融创新为核心,综合运用以数理分析为中心的现代金融理论、工具、技术与方法,创造性地解决金融问题的一门新兴金融学科,具有较强的应用性与技术性。它把工程思维引入金融领域,综合地采用各种工程技术方法设计、开发和实施新型的金融产品,创造性地解决各种企业面临的金融问题。

专业要求:要求具有硕士及以上学历,有计算机专业和金融专业背景,可以熟练使用计算机,熟练掌握MATLAB、Excel等软件的复合型人才;能熟练掌握金融时间序列分析和随机分析理论;能熟练使用统计分析软件,如SPSS或Eviews等;熟悉Var、极值理论以及其他风险分析模型。

(四)基金经理

随着更多的基金项目和基金管理公司的产生,社会将需要众多的基金管理人才,基金经理就是这一行当中的高层次人才,其职责大致可分为:负责某项基金的筹措;负责基金的运作和管理;负责基金的上市和上市后的监控。

目前这方面的人才十分紧缺,其职业的前景看好。基金行业的职业经理人又以基金经理需求最大。要成为一名合格的基金经理并不容易。

职业要求:一般要具有硕士以上学历,有风险控制专业知识背景,还要具有较强的多学科、多行业分析判断能力,有敏锐的市场嗅觉,丰富的实践经验也是必需的。拥有CFA证书会有非常强的竞争力。

(五)金融信息化人员

现代金融业的发展离不开金融创新,而金融信息化是金融创新的原动力之一。从2000

年开始,我国各大商业银行陆续开始了业务的集中处理,利用互联网技术与环境,逐步开通了我们所熟知的网上金融服务,如网上银行、网上支付等。同时,银行安全与服务、电子支付、银行卡联通、CA认证等等专业词已经不再是离我们遥远的词语了,而这一切都归功于金融信息化。

专业要求:对于有经济类、管理类背景的研究生而言,他们所具备的理工科与金融专业双料背景显得不可多得。经过系统地学习电子商务专业、计算机科学与技术、电子科学与技术、信息工程、金融、财务管理等课程后,这些人才更具优势。另外,对于有志于从事金融信息分析的人士来说,具有良好的中、英文读写能力也是必需的,因为各大金融公司引进的国外人才,都需要熟练地使用英语与其进行沟通与交流。

（六）风险控制员

随着金融市场的开放,国际金融资本会因政治、经济和市场的变化而在国内外迅速流动,金融体系的风险意识在逐步增强。

专业要求:专业上倾向于学习金融数学、金融工程、数理统计及相关专业的硕士生。要求有金融控制敏感性,擅长理性分析,了解金融衍生产品定价理论和模型,掌握期货证券、金融及农产品等相关知识。对期货、证券市场有深入研究的专业人才,更具竞争优势。

近年来,为了有效地控制金融风险,基金公司、期货公司,都亟须一批专业人才。今后会有更多的公司需要精通风险控制的专业人士,这种人才会在将来更有发展前景。

目前我国这方面人才十分缺乏,各大公司会适当地从一些研究方向是期货的同学中优先选择一些同学来进行培养。

（七）信托、证券部门

信托、证券部门相对门槛较高,普遍更倾向于有经验的求职者,但每年也会有一些公司开放一定数量的应届生招聘名额。

信托人员入行一般都要先从助理做起,然后按照信托经理、高级信托经理的路径晋升,之后可能做到总监级别并负责业务工作。由于近几年监管部门对信托公司的管理越来越规范,此前信托公司工作半年到1年就能获得晋升的情况将逐步得到控制,规范之后,每一级的晋升速度一般为2~3年。证券部门与其类似。

职位要求:一是扎实的金融、基金知识;二是基于对市场的长期观察之后得出的投资经验;由于证券投资是高风险、高收益的投资,作为证券经纪人必须通过对证券市场价格变动趋势的研究,把握规律性,并结合影响证券价格的各种因素分析,逐步积累相当的投资经验,并具备熟练的业务操作能力。

近年来,我国股民数量直线攀升。这一庞大的投资群体已经为证券经纪人的崛起提供了巨大的市场。目前我国证券经纪人有证券业务员、佣金经纪人、中介经纪人、交易所中介经纪人之分。

（八）证券分析员、金融研究员

主要工作就是对证券市场、证券价值及变动趋势进行分析,向投资者或机构发布研究报告。

职位要求：系统学过证券分析、金融学等知识的硕士生，最好还了解会计财务、审计知识，且有良好的客户沟通表达和专业文字能力。

需要的证书：具有 CFA、CPA 之类的专业证书，通过中国证券业协会举办的证券分析师等专项业务资格考试会加分不少。

（九）资产负债管理师及助理

随着人们手中闲置资产的增加，越来越多的人选择了投资理财。为提高收益，需要有专业人士进行合理的资产配置，以实现资产的帕累托最优效应。让老百姓在专业人士的指导下享受"组合投资、分散风险"带来的理财好处，是目前资产负债管理师及助理要做的主要工作。

职位要求：资管业务未来将大有发展，尤其是未来券商会大量设立公募基金公司，人才需求是多元的，可以积极关注。专业方面要求系统学过财务管理、会计、金融、理财投资和资产管理组合等相关专业的人才。在这些专业中，对于研究企业债务管理、资产流量等专业方面的人才更是偏爱，因为他们在资产负债管理中更加专业化。

需要的证书：取得 CPA 或 ACCA 等相关资格证书，或参加过这些考试的管理会计专业知识者会被优先考虑。有心理学基础的人才能把握消费者的投资心理，把握消费者的消费预期，因此独具竞争优势。经济、金融、财务、金融工程专业都对口，提前考取证券从业资格，较早准备 CFA 考试并至少通过 CFA 一级会比较有帮助。

目前我国金融业的综合经营、交叉竞争格局正在形成，银行、保险、基金之间的业务交叉、相互竞争的格局已逐步形成，无论是进入寿险业还是商业银行，资产负债管理都是其中的一门必修课。

五、互联网金融专业

互联网金融专业的毕业生能够在第三方支付、P2P、众筹、互联网理财、互联网银行、互联网保险、互联网证券等领域就业，就业岗位主要有产品经理、互联网金融产品策划师、互联网金融产品运营师、投资/理财顾问、网络媒介工程师等。

六、数理金融专业

银行部门：产品创新部门、数据分析部门、风险管理部门。
证券公司：金融工程部门、量化投资部门、研发部门、风险管理部门、套利部门。
基金公司：各类分析岗位，尤其是对冲基金。
保险公司：产品创新、保险基金投资部门。
大型公司中投资部门、投资公司等。

第二节 金融学类相关专业证书

> 曾经有一个很好的大学生活放在我的面前,我没有珍惜。等到虚度过后才追悔莫及,人世间最痛苦的事莫过如此! 如果上天能够让我再上次大学,我会对大学生活说三个字:"规划它!"如果一定要在这个规划上加上一个时间,我会毫不犹豫地说:"现在!"
>
> ——来自一位大学毕业生的感悟

大学校园各种证书五花八门,关键是要选择最适合自身发展方向的,专业性强很重要。过硬的基础理论,加上熟练的实操经验,才能让你在求职路上如虎添翼。

大学期间的证书一般分为三类,分别是通识类证书、专业类证书、拓展类证书。通识类证书不分专业,属于大学教育基本证书,一般有语言类、计算机类等。专业类证书则需要结合自己的专业分不同领域去考试。拓展类主要是体现个人综合素质与能力的一些证书。

一、通识类证书

(一)英语证书

大学英语四、六级证书(CET-4,CET-6):极其重要。

专业八级:只有英语专业才有资格考,但很多职位要求,如翻译或者外籍主管的助理。

大学英语四、六级口语证书:证书不重要,能力重要,面试的表达重要。

英语中高级口译:含金量很高。

托福(TOFEL):只有少数企业会问到是否考过托福,但同时会担心你工作不久后,可能会出国。

雅思(IELTS):少数英联邦国家企业会注意到你考过雅思,但绝不是必要条件。

剑桥商务英语(BEC):证书说明了你的英语能力,还有你在大学里很好学,懒惰的同学不会去学,或者学了考不过的,这是企业关注的。

托业考试(TOEIC):鸡肋,有比没有好;没有培训,只是考试,企业不太关注。

小结:四、六级证书最重要,其他有比无好;至于口语,关键看面试时的表现。

(二)计算机证书

Office 操作是基本技能,不需要证书。

全国计算机二级证书:有些大城市申请户口时要用,是必要条件,如上海市。此外还有三级和四级。

其他如 ACCP、MCSA、CCNA 以及名目繁多的专项技能计算机证书,则与未来具体的工作选择相关,不是每个企业都会看重甚至知道这些证书的。

曾有人统计了约 5 万条招聘信息,18.6% 的招聘信息中提到了计算机,但提及具体证书的不到 0.1%。更多的描述是模糊的,例如"从事 Java 编程两年经验""熟悉电脑操作"。对很多同学来说,如果从大二开始学习 Java,到大四时可以算作三年经验了。

关于计算机技能的各种培训很多,但被企业认同的证书却不多,关键看实际操作技能。

（三）学校证书

包括奖学金证书、三好学生、优秀毕业生、优秀学生干部等。

奖学金证书非常重要,有的 HR 看不懂大家给出的各种复杂算法的 GPA,但一看是否有奖学金,就有一个大概印象了。奖学金证书被很多企业列为筛选简历的必要条件,没有奖学金,就没有面试机会。

学生干部经历非常重要,如果再有一个"优秀学生干部"的证书,就更能起到证明作用了。

三好学生、优秀毕业生等,在申请户口的时候可以加分,如上海市。

（四）毕业证、学位证、第二学位

这是最重要的证书,存在三点区别:一是名牌院校和普通院校的区别;二是热门专业和冷门专业的区别;三是专科、本科、研究生的区别。

专业背景是企业最最看重的,很多职位只给限定专业毕业的同学面试机会。

具有第二学位,跨学科辅修某些专业,使自己成为复合型人才,也是很多企业所看重的。

虽然说企业看重能力,而不是学历,但名牌大学、热门专业,就是一块有分量的敲门砖,进得门里才有机会展现能力。

二、专业类证书

金融类学科专业证书基本相近,很多证书同时涵盖金融保险投资等各个专业。一般分为从业类证书和执业类证书。

（一）从业资格证书

银行从业资格、证券从业资格、保险从业资格（分经纪、公估、代理三种,代理最容易）、期货从业资格等。

（二）执业类证书

(1) 理财类:金融理财师 AFP,国际金融理财师 CFP（AFP 的进阶版）。

(2) 保险类:寿险管理师、寿险理财规划师、员工福利规划师（这三个是同一考试的三个不同方向）,保险精算师 FIA、北美精算师 FSA。

（3）证券投资类：证券经纪人资格考试，注册金融分析师 CFA，国际注册投资分析师 CIIA，保荐人资格。

（4）风险类：金融风险管理师（FRM）。

（5）专业支持类：注册会计师 CPA，国际注册会计师 ACCA，国际注册内部审计师 CIA，法律职业资格证书（就是司法考试），注册资产评估师 CPV，房地产估价师，土地估价师……

拓展阅读　　　　　　　　高端金融类证书

1. 金融风险管理师（FRM）

风险管理涵盖众多领域，在日益复杂和全球一体化的金融市场和商品市场中，有效的管理和控制风险的作用越来越大，无论是投资银行、商业银行还是证券公司、保险公司，都对加强风险控制提出了更高的要求，而随之带来的结果就是：金融风险管理专业人才的需求急剧增加。金融风险管理师（Financial Risk Manager，FRM）就是针对金融风险管理领域的一种资格认证称号，该认证确定了专业风险管理人员应掌握的风险管理分析和决策的必要知识体系，由美国"全球风险协会"（GARP）组织考试并颁发证书。GARP是一个拥有来自超过130个国家3万多名会员的金融协会组织，主要由风险管理方面的专业人员、从业者和研究者组成。

证书含金量：FRM认证体系得到欧美跨国企业、监管机构及全球金融中心华尔街的认可，成为许多跨国机构风险管理部门的从业要求之一，目前，金融风险管理师的平均年薪已达15万元，通过FRM考证者被国内金融机构的认可度也越来越高。

考试内容：FRM进行全英文考试，考试只有一级，时间为5小时，全部是标准化试题，140道左右的多项选择题。考试内容包括市场风险衡量与管理、信用风险衡量与管理、操作与整体风险管理、法律、会计与伦理等，复习备考时间约为14周。每年11月中旬举行一次考试，在国内北京和上海设有考点。

报考条件：报考条件较为宽松，对报考者的学历、行业没有限制，在校大学生也可报考。目前在考人员主要有金融机构风险控制人员，金融单位稽核人员、资产管理者、基金经理人、金融交易员（经纪人）、投资银行业者以及商业银行、风险科技业者、风险顾问业者、企业财会与稽核部门、CFO、MIS、CIO等相关人员。其中大部分为服务于大型企业与金融业工作者为主。

证书获得：应考人员FRM考试分数线达标，在金融风险管理或贸易、投资管理、经济、审计等相关领域至少具有两年的工作经验，同时又是GARP会员方能被授予FRM资格证书。

考试费用：参加FRM认证考试的费用成本较高，每次考试收费不低于500美元，国内相关培训费用动辄万元人民币。

2. 注册金融分析师（CFA）

拥有全球金融第一考的CFA考试在国内的知名度已经很高了，它是证券投资与管理界的一种职业资格认证，由美国"投资管理与研究协会"（AIMR）授予。自CFA考试进入中国后，CFA每年的报考人数在成倍的增长。但是考生通过率很低，据了解CFA在全球的认证通过率是五分之一，在中国这个比例更低。

证书含金量：鉴于CFA考试的正规性、专业性和权威性，其资格在全球金融领域内受到广泛的认可，成为银行、投资、证券、保险、咨询行业的从业通行证。CFA证书持有者包括世界知名金融投资机构的高级工作人员，薪资也相当可观，CFA在美国年薪多在20万美元左右。

考试内容：CFA要求持有人建立严格而广泛的金融知识体系，掌握金融投资行业各个核心领域理论与实践知识，包括从投资组合管理到金融资产估价，从衍生证券到固定收益证券以及定量分析。考试以全英文的方式进行，须通过3个级别，每级考试时间为6小时。每年的6月、12月在全球近百个国家进行同步考试。中国考生可在上海、北京参加CFA考试。

报考条件：具有大学以上学历的相关从业人员。通过CFA高级水平考试者，还需要具备金融、投资、管理等领域至少3年以上的工作经验，同时又是AIMR的成员，才有资格获得CFA证书。

报考费用：CFA考试报名费约400至900美元不等，包括原版的教材资料费、培训费，平均考一次得花费两三万元。

3. 注册金融策划师(CFP)

随着国内理财热越来越旺，各行各业对理财专业化程度的需要也越来越高，理财意识的提高，呼吁着更多具备专业技能的理财师的出现。注册金融策划师(CFP)是目前国际上金融服务领域最权威的个人理财职业资格，它是由国际财务策划人员协会(IAFP)主办的，其人才培养方向是为客户进行理财的理财规划师，根据客户的资产状况与风险偏好，提供包括客户生活方方面面的全面财务建议，为他们寻找一个最适合的理财方式，以确保其资产的保值与增值。目前中国已经成立了金融理财师标准委员会，把CFP相关考试和标准引入到中国，它采用两级认证制度，即金融理财师(简称AFP)和国际金融理财师(简称CFP)，更切合中国本土特色。

证书含金量：CFP证书是目前世界上权威的理财顾问认证项目之一。对个人来说，CFP证书是理财专家的身份证明，更是获得高薪和高职的有力保证。在美国一个CFP年收入都在十几万美元以上，而在国内，金融理财规划师也能达到年薪50万元。目前我国保险业、银行业等领域的理财规划从业人员的年收入一般都在10万元以上，而如果拿到CFP证书，薪资还会上涨。随着WTO市场的开放，银行对于CFP的需求还会大大增加。

考试内容：CFP认证包括培训、专业考试、职业道德考核等几个步骤。其中，专业考试包括理财规划概论、投资计划、保险计划、税收计划、退休计划与职工福利、高级理财规划6个模块，且全部采用英文试卷。

报考条件：报考者需要具有一定的财经知识和英语基础，而且还要具备在银行、基金、保险、证券等相关金融行业的工作经历。

报考费用：目前CFP国内培训与考试费用一般在1.5万至2.5万元之间。

4. 保险精算师(FIA)

在中国属稀缺资源的精算师，其薪酬因所聘精算师成本和国际惯例不同也变得内外有别。如现在中国身价最高的精算师——平安保险公司的Steven Mile，据估计，他的身价至少为每年300万元,国内精算师的身价仅为50万至60万元。能否支付精算师高昂的薪水并且公平地雇用精算师,这是保险公司领导们经常讨论的问题,突破这一问题的瓶颈在于人们对精算师的认识。

职业描述:精算师是运用精算方法和技术解决经济问题的专业人士。精算师传统的工作领域为商业保险业,主要从事产品开发、责任准备金核算、利源分析及动态偿付能力测试等重要工作。

职业资格:1999年7月16日,中国举行首次精算师资格考试。考试分为准精算师和精算师两部分。考生通过全部9门课程考试后,将获得准精算师资格。获得准精算师资格的考生,通过5门精算师课程的考试并满足有关精算专业培训要求,答辩合格后,才能取得"精算师考试合格证书"。

职业现状:目前,国内已有40名学员获得了准精算师资格。据了解,上海10家人寿保险公司仅有精算专业人员30多人,远不能满足保险业发展的需求。专家认为,精算在中国发展存在的一个问题是能否支付精算师高昂的薪水并且公平地雇用精算师。另外,精算师在利用现有条件提高技能水平的同时,更应注重职业标准的维护。

职业趋势:精算师的诱人之处首先表现在精算师有较高的社会地位。有人说,按英国标准来讲,中国只有两个精算师,而按美国精算师学会的名单,中国尚不存在一个合格的精算师。事实上,中国有些具有不同资格的精算师,但整体水平仍需加强。据预测,我国未来5年急需5000名精算人才。

5. 注册会计师(CPA)

主考机构:中国注册会计师协会。

适合人群:准备在国内从事会计职业的高级人才。

考试内容:会计、审计、财务成本管理、经济法、税法。

考试费用:考试报名费10元,考务费55元/科。培训费用每科约为300元。

注册会计师考试成绩合格后,具有2年以上从事独立审计业务工作实践经验的人员,可申请取得职业资格证书,方有权签署审计报告。因此,该证书是取得执业资格必不可少的敲门砖,很多企业在招聘中高级财会人员时,明确要求具有CPA证书。

6. 注册国际投资分析师(CIIA)

该考试是由注册国际投资分析师协会(ACIIA)为金融和投资领域从业人员量身订制的一项高级国际认证资格考试。通过CIIA考试的人员,如果拥有在财务分析、资产管理和/或投资等领域3年以上相关的工作经历,即可获得由国际注册投资分析师协会授予的CIIA称号。自CIIA考试于2001年正式推出以来,全球已经有5000多人参加了终级考试,迄今为止,2800多名专业人士已经获得CIIA称号。随着各个区域和国家/地区协会的推广,CIIA考试将会吸引更多的专业人员参加,并扩大其在国际范围内的影响;一个更加广泛的全球CIIA联盟也将逐渐形成。

考试费用:注册费为800元/人(含一套指定教材),考试报名费为2500元/卷。

7. 财务顾问师(RFC)

财务顾问师和我国目前提出的理财规划师相近,但财务顾问师(RFC)是被世界各国认可的具有很高知名度的认证体系。其主要职责是帮助家庭和个人进行合理的消费、储蓄、投资、投保以及做未来财务规划。目前全球有3000多人取得了国际认证财务顾问师协会的认证资格(RFC),我国大陆的财务顾问师只有几十人,属于极短缺人才。财务顾问师由国际认证财务顾问师协会(IARFC)颁发IARFC资格证书。

8. 特许公认会计师(ACCA)证书

主考机构:特许公认会计师公会。

适合人群:准备出国进修或者准备进入大型跨国企业从事财务工作的人员,需要有一定英语基础。

考试内容:ACCA有14门考试科目,包括财务报表编制、财务信息与管理、公司法与商法、财务管理与控制、财务报告等。

ACCA证书在国际上得到广泛认可,被全球许多国家确定为法定的会计师资格,会员可从事审计、税务、破产执行及投资顾问等专业会计师的工作。同时,ACCA因其课程的全面性、完善性和综合性,而被誉为"财会专业的MBA课程"。对希望就职跨国公司财务部门的人员来说,参加ACCA学习,可大大提高财会专业英语水平,熟知相关的国际会计准则,并拥有优秀的财务背景和实务操作能力。

9. 特许财富管理师(CWM)

特许财富管理师(CWM)有别于先期进入中国的理财规划师(CFP),它们之间采取的是不同的定位,在市场的推行上不会发生什么矛盾或者冲突。特许财富管理师主要是通过掌握与个人理财相关的各种不同的金融产品的特点和科学的理财方法,为个人提供全方位的理财建议,根据客户的财产规模、收益目标、风险承受能力制定一套理财方案,根据金融市场的变化适时做出调整。目前在美国已有两万名金融人士获得此证书,他们主要分布在银行、保险、基金、证券、会计、独立理财顾问等行业。

10. 国际注册内部审计师(CIA)证书

主考机构:国际内部审计师协会。

适合人群:报考CIA需具有学士或学士以上学位、中级及中级以上专业技术资格、注册会计师证书或非执业注册会计师证书。特定专业高校师生也可报名。

考试内容:包括内部审计程序、内部审计技术、管理控制与信息技术、审计环境4个部分。

CIA得到世界各国普遍认可的内部审计职业认证。随着经济的快速发展,我国对高水平、专业化内部审计人员的需求越来越大。因此,通过CIA考试者往往备受用人单位的青睐。

(三)拓展类证书

1. 第二外语证书

掌握一门第二外语,将大大增加进入相关企业的机会。

时下比较热门的第二外语有:日语(世界500强中有87家日本企业)、法语(世界500强中有36家法国企业)、德语(世界500强中有35家德国企业)、韩语(世界500强中有13家韩国企业),其他如葡萄牙语、西班牙语、意大利语、阿拉伯语等,因为中国与南美国家的经济往来,与阿拉伯国家的石油合作前景看好。

另外,学习德语和法语,不仅有助于找工作,还可以在申请到德国或法国留学时起到作用。

2. 财务类证书

注册会计师(CPA):共5科。

注册金融分析师(CFA):需要相关方面3年以上工作经验,考证难度很高(考证费用2~3万元)。

特许公认会计师(ACCA):ACCA被称为"会计师界的金饭碗"。英国立法许可ACCA会员从事审计、投资顾问和破产执行的工作,有资格直接在欧盟国家执业。考试费用在2万元以内。

希望从事财务工作,或者以后要做职业经理人的同学,财务知识必不可少,财务类证书和财务知识能使你早日成功。

3. 其他专业资格证书

专业资格证书种类有很多,要看专业和行业情况,如律师资格证书,适用于未来立志于当律师的同学;CAD工程师认证证书(多用于机械、室内装饰、建筑行业);导游资格证书(根据国家规定,导游人员必须持证上岗);报关员证书(有证书才有资格);人力资源从业资格证书;国家司法考试证书;驾驶证(不是应聘司机才需要)。

4. 兼职实习证明

因为没有经验,所以才叫"应届生",所以工作才难找。但是,具有了相关的兼职实习经验,就成了"有工作经验"的应届生了,具有一定的优势。

参加一些知名企业的实习生计划,更有可能直接留在公司工作,如宝洁公司有80%的实习生留下来成为正式员工;GE和IBM公司可能会留下50%的实习生。

有相关企业兼职实习经历及证明,求职时极具优势。

5. 发表论文、专利证书

对于研究生来说,做过相关项目,撰写过有质量的相关论文,被EI/SCI收录,这些发表论文的证明,在寻求相关工作的时候会有极大的帮助。

另外,本科生或研究生在申请出国的时候,如果发表过高质量的论文,就更容易获得国外教授的青睐。

还有专利证书,在申请户口中起加分作用。专利申请分为发明、实用新型和外观设计三种类型,发明专利较难,但实用新型和外观设计专利还是非常容易申请的。拥有专利和申请专利都可以获得户口加分,而且企业对专利证书也很重视。

6. 竞赛获奖证书

大学里或者社会上的各种竞赛,获奖证书也非常受青睐。如一名同学大学里多次参加辩论赛获奖,被一家企业老总直接聘为总裁助理;西安交大一名同学,"挑战杯"获奖,直接获得了麻省理工学院(MIT)的金额奖金学;欧莱雅"全球商业策略竞赛"的获奖者,多数直接获得了在欧莱雅工作的机会;浙大一名同学大学四年不断参加各类编程比赛,累计赢得奖金20万美元,后被Top Coder聘为中国技术副总裁。通过参加竞赛锻炼能力,获得证书,找到工作的例子有很多。越来越多的岗位需要持证上岗,如果应聘时已拿到这些证书,会有极大的优势。

拓展阅读　　　　　　　　　**分月部分考试安排**①

一月考试表

(1) 法律硕士专业学位考试:初试一般为每年1月中旬左右,复试一般在5月上旬前结束。

(2) 中英合作金融管理/商务管理专业考试:12、13、14日,公共课与自学考试同时考,专业课考试时间在1月和7月。

(3) 自考统考:13、14日,作为四月、十月考试的补充,由省考办根据本省的具体情况决定。

(4) MBA联考:20日,工商管理硕士(Master of Business Administration,缩写MBA),是源自美国的硕士学位。

(5) 硕士研究生入学考试:初试一般为12月底进行。

二月考试表

LSAT(美国法律硕士研究生入学考试):10、12日。

三月考试表

(1) TEF法语:TEF(Test d'Evaluation de Francais)法语水平测试,是据法国驻华大使馆规定必须参加的法语水平测试。

(2) 国际物流师:每年的3、6、9、12月的第三个周日。

(3) PETS:三月的第二个周六、周日,PETS(Public English Test System),全国公共英语等级考试。PETS是教育部考试中心设计并负责的全国性英语水平考试体系,分5个级别。

(4) 项目管理师职业资格认证考试:24日。

四月考试表

(1) 速录师职业资格考试。

(2) 职称英语:中旬。

(3) J.TEST:15日,J.TEST是鉴定日语实际应用能力的考试,由东京日本语研究社所属的日本语检定协会在1991年创办。

(4) 注册咨询工程师(投资):20、21、22日。

(5) 自考统考:21、22日。

(6) 计算机等级考试。

五月考试表

(1) 营销师职业资格认证考试。

---

① 时间不完全固定,只是大致时间段。会有微调,具体请参照当年安排。

（2）人力资源师职业资格认证考试：5月的第二个周日。
（3）物业管理师。
（4）全国秘书职业资格考试：5月和11月各考一次。
（5）环境影响评价工程师：12、13日。
（6）监理工程师执业资格考试：12、13日。
（7）注册建筑师一级、二级：12、13、14、15日。
（8）物流师职业资格认证考试：全国试点阶段，考试时间由劳动部通知。
（9）全国会计专业技术资格考试：19、20日。
（10）调查分析师：21日。
（11）企业信息管理师：21日。
（12）计算机技术与软件专业技术资格（水平）考试：26日。
（13）土地登记代理人：26、27日。
（14）广告师考试：26～27日。
（15）银行从业资格考试。

六月考试表

（1）英语四六级考试：
CET-4考试时间：通常6月末（某周六）9:00～11:20。
CET-6考试时间：与CET-4同一天，15:00～17:20。
（2）GRE：9日，GRE是Graduate Record Examination的缩写，美国研究生入学资格考试。
（3）J TEST：10日。
（4）项目管理师职业资格认证考试：16日。
（5）质量专业技术人员资格考试：19日。
（6）注册税务师考试：22、23、24日。
（7）全新标准商务日语Jetro：6月30日开考。

七月考试表

（1）自考统考：7、8，作为4月、10月考试的补充，由省考办根据本省的具体情况决定。
（2）中英合作金融管理/商务管理专业：6、7、8日，公共课与自学考试同时考，专业课考试时间在1月和7月。

八月考试表

J Test：8月5日，新增的一次J test考试。

九月考试表

（1）理财规划师职业资格认证考试。
（2）LCCIEB秘书证书：教育部考试中心与英国伦敦工商会考试局（London Chamber Commerce and Industrial Examinations Board，略写为LCCIEB）签订协议，合作开展伦敦工商会考试局举办的职业资格证书考试。

(3) PETS:第二个周六、周日,PETS(Public English Test System),全国公共英语等级考试。PETS 是教育部考试中心设计并负责的全国性英语水平考试体系,分 5 个级别。

(4) 注册会计师全国统一考试:9 月下旬。

(5) 注册资产评估师考试:7、8、9 日。

(6) 价格鉴证师:7、8、9 日。

(7) 全国计算机等级考试(NCRE):9 日,全国计算机等级考试(National Computer Rank Examination,简称 NCRE)。

(8) 项目管理师职业资格认证考试:15 日。

(9) 国际商务师:15、16 日。

十月考试表

(1) 保险经纪人基本资格考试。

(2) TSE:16 日 TSE,Test of Spoken English,美国教育考试服务处为非英语国家的学生提供的英语口语熟练程度的考试。

十一月考试表

(1) 营销师职业资格认证考试。

(2) 人力资源师职业资格认证考试。

(3) 物业管理师。

十二月考试表

(1) 英语四六级考试:每年 12 月 18 号左右的一个周六,四级上午,六级下午。时间同六月份。

(2) 项目管理师职业资格认证考试:15 日。

(3) 公共关系职业认证:春季为每年 6 月 10 日之前,秋季为每年 12 月 10 日之前。

(4) 心理咨询师:一年有两次鉴定考核(五六月或十/十一月,具体日期以每年年初国家职业鉴定中心公布为准)。

(5) 导游资格考试:考试时间一般在 10 月至 12 月间。

(6) GRE(Graduate Record Examination,美国研究生入学资格考试):笔试,机考全年每个工作日。

(7) 托福 TOEFL(Test of English as a Foreign Language):具体时间尚未确定,每月都可参加考试。

第三节 金融学类报考研究生指南

考研,即参加硕士研究生入学考试,其英文表述是"Take Part in the Entrance Exams for Postgraduate Schools"。考研首先要符合国家标准,其次按照程序:联系学校、先期准备、报名、初试、调剂、复试、复试调剂、录取等方面依次进行。

硕士研究生入学考试的初试通常于上一年的12月底进行,复试通常于当年的3~5月份进行,具体日期各高等院校自行安排。

一、考研前期流程

考研的确是一件关系到大学生前程的事情,但是同学们也没必要考虑得太早,从大三开始考虑完全来得及,考虑太早,最后变化也快,这个时代节奏太快,计划赶不上变化,等到大三了,学业各方面都差不多稳定了,这时候再考虑,对自己未来的定位会更准确。究竟该不该考研?该考哪个学校?一些人甚至从大一大二就开始考虑这个问题了。确实对于这个大的问题,是否做,如何做,多花些时间来考虑是必要的。但在开始考虑这个问题时,你首先要知道的是考研的整个流程,它要经过哪些阶段,在什么时间要做什么事情,这些都要心中有数,以便及早安排,计划周详。

考研大致要经过以下过程。

1. 联系学校

确定具体的学校、专业,获得具体的考试信息。如果确定了要考研,确定了要报考的大致学校和专业范围后,要和学校联系,获得最新的招生信息,并最后确定下报考的学校和专业。这种获得有关专业方面信息的途径有以下几个:

(1)招生简章。一般在每年的7~8月份,由各个学校的研究生招生主管部门(研究生院和研究生处)公布。上面会列出:招生单位名称、代码、通讯地址、邮政编码、联系电话;招生的专业人数(有的以系、所、院、中心等整个具体招生单位为单位,有的具体到每一个专业);导师(有的不刊登,多属于集体培养);有的还会列出委培、自费等人数,但保送、保留学籍的名额一般不列出来(但这对于考生确实是非常关键的信息);考试科目;使用的参考书(很多学校也不列出,即使列出,经常列出的书目太多,或太少)。因此可以看出,大部分招生单位的招生简章上的信息对于考生来说是远远不够的,这些可以说都是最基本的信息,而关键的信息,却没有列出。

(2)系办印发的说明和专业课试题集。为了弥补招生简章的不足,应付考生不停地打电话询问一些有关信息,有的招生单位(一般都是具体的招生单位如系、院、所和中心等)特别公布一些说明,比如:历年报名人数、录取人数、录取比例、录取分数、参考书目等等,但保送人数、保留学籍人数仍无法公布,因为他们一般要到11月份研究生报名之前才能确定。

如果系里能公布最近几年的专业课试卷,那对于考生来说是莫大的福音了,要是没有看到以前的这些试题,复习准备无疑是盲人摸象。但遗憾的是,公布试题的单位相比较还是很少的,如何能找到专业课试题,就看个人的本事了。不过有一些考研的网站收集了不少专业课试题,为考生提供了很大的方便。

(3)导师。能和导师联系上,得到他的一些指点,无疑会如虎添翼。但这并不容易,因为导师一般都很忙,即使联系上也要注意沟通方式。还有一点很有意思,很多研究生反映,越是好的学校,和导师联系的必要性也越小。好的学校一般信息比较透明,暗箱操作比较少,出题也比较规范,很少有偏题、怪题。

（4）在读研究生。和导师相比，在读研究生要好找一些，能提供的信息也要更"实用"，说的话更实在一些。因此，如果想考研，尽量找到在读研究生咨询。

（5）各种平面媒体刊登的考研信息。

（6）网站。有很多考研的网站，能提供很多信息。

2. 前期准备

获得了充分的专业课信息，找到了完备的复习资料后，该踏实看书复习了。关于如何复习，每个人都有自己的方法，也有一些大家经过摸索共同认可的方法。至于具体如何复习，比如：何时开始复习，公共课如何复习，专业课如何复习，是否要上辅导班等等诸多问题，也许要分成若干文章分别予以论述，才能说得大概清楚。

3. 考研报名

考研报名包括网上报名和现场确认两个阶段。

网上报名一般在每年的 10 月，现场确认在每年 11 月，应届本科毕业生可提前报名，一般在 9 月，具体时间可看教育部通知。

网上报名填写报考信息时注意事项：

（1）考生只填报一个招生单位的一个专业。待考试结束，教育部公布进入复试基本分数要求后，考生可通过"中国研究生招生信息网"调剂服务系统了解招生单位的生源缺额信息并根据自己的成绩再填报调剂志愿。

（2）应试的外国语语种按招生单位的规定任选一种。

（3）同等学力的报考人员，应按招生单位要求如实填写学习情况和提供真实材料。

国家按照一区、二区确定考生参加复试基本分数要求，一区包括北京、天津、上海、江苏、浙江、福建、山东、河南、湖北、湖南、广东、河北、山西、辽宁、吉林、黑龙江、江西、重庆、四川、陕西等21省（市）；二区包括内蒙古、广西、海南、贵州、云南、西藏、甘肃、青海、宁夏、新疆等10省（区）。

报考地处二区招生单位且毕业后在国务院公布的民族区域自治地方就业的少数民族普通高校应届本科毕业生，或者工作单位在民族区域自治地方范围的少数民族在职人员考生（在网上报名时须如实填写少数民族身份，且申请为少数民族地区的定向或委托培养方式），方可按规定享受少数民族照顾政策。

已被招生单位接收的推免生，不得再报名参加统考。否则，将取消推免生资格，列为统考生。

现场确认程序：

（1）考生持本人身份证（现役军人持"军官证""文职干部证"等部队有效身份证件）、学历证书（普通高校和成人高校应届本科毕业生持学生证）和网上报名编号，由报考点工作人员核对，考生确认本人网报信息。

（2）考生按规定缴纳报考费（考生办理报考手续缴纳报考费后，不再退还）。

（3）报考点按规定采集考生本人图像信息。

二、考研初试

初试一般在每年的 12 月底进行。考试要持续 2 天，进行 4 门考试，每门考试 3 个小时，也有进行两天半的考试专业。考试地点一般在地市一级教育主管部门高招办设立的考点，或者招生的高校，考生在报名时可以选择这两种考点。

三、考研复试

复试一般在"五一"节前后，一般是等额面试，少数热门的专业会选择差额复试。对以同等学力资格报考的考生，学校一般还要书面测试本专业的核心课程。近两年一些重点院校在复试时需要进行英语口语测试，如清华大学、北京大学。但一般而言，绝大部分学校都是等额面试，可以说相对轻松，主要是考察考生对本专业的研究兴趣，了解其学习目标和学术规划以及对本专业的学术前沿问题的掌握情况等。面试的专业知识属于基础理论部分较多。接到复试通知后，在认真准备专业基础知识的同时，也要注意阅读导师组老师的相关研究论文，熟悉他们的研究方向，为面试加分。

四、考研调剂

在研究生招生工作中，由于招生计划的限制，有些考生虽然达到分数线，但并不能被安排复试或复试后并不能被录取，对这些考生，招生单位将负责把其全部材料及时转至第二志愿单位，这个过程即称为考研调剂。

1. 调剂程序

初试成绩符合复试调剂基本分数要求但在原报考单位没有复试资格，可以申请调剂。调剂复试的具体要求均以初试结束后教育部发出的当年硕士研究生录取工作通知的规定为准。原则上要求考生所选择调剂单位招生考试科目与原报考单位招生考试科目相同或相近。

对教育学、历史学、医学和农学学科门类（仅限于参加统考或联考的考生）的调入和调出，在考试科目要求方面可适当放宽。

2. 调剂渠道

调剂的主要渠道有三条：

第一条是网上渠道。不少大学的研究生部网页都有网上调剂信息登记系统，大家可以通过登录系统提出调剂申请，请注意，一定要准确、完整填写个人信息。首次登录时一般要靠准考证和身份证号码登录。在填写时还应注意：

（1）所填写的基本信息应与你原始报名信息卡一致。

（2）待4月份国家分数线下达后，符合该校调剂条件的考生，学院将与考生本人联系，请及时将调剂材料（原始报名材料）寄交所选择的学院。

第二条是电话渠道。调剂要尽早并且准确。一旦得出自己的分数可能达不到报考院校分数线的要求，除了上网查询并申请调剂外，还可以选定几所有可能录取自己的学校，向他们的研究生院打电话获得最新信息，并最好联系上该学院相关专业的导师，往往导师的肯定在这时能起到关键性的作用。

第三条是导师推荐。这条渠道要求你和报考专业的导师有比较良好的关系。

尽量不要坐着等学校来调剂你，调剂也是一个残酷竞争的过程，你晚去一步，位置就可能被人占了，一定要尽早行动，从速从早。

调剂复试工作按以下程序进行：① 招生单位应及时发布生源余缺信息；② 符合教育部调剂规定的考生，可在规定时间内登录"中国研究生招生信息网"填写调剂志愿；③ 招生单位遴选出参加复试的考生名单，并通知考生复试；④ 招生单位在规定时间内组织复试，并将复试结果通知考生；⑤ 接收调剂生的招生单位向第一志愿单位发函调考试档案，做最后审核，确定是否拟录取。

拓展阅读　　　　　　　　考研常见问题解答

1. 调剂知识

问：请您讲一下调剂的具体操作程序是怎样的？

答：通过了国家划定的初试分数线、具有复试资格而在第一志愿学校又没有复试机会的考生，可以把自己的相关资料和情况简介传达给相关专业生源不足的院校。经过考核，学校会为符合条件的考生发面试通知，并向考生的第一志愿学校发放调考试档案的"调档通知"，考生经复试合格后入学。

问：按国家规定，考生如果符合复试条件而不能在第一志愿院校参加复试的，考生档案应送至第二志愿院校或在省、自治区、直辖市内调剂。那么，在操作中这一规定是如何实现的？调剂的实现是以第一志愿学校还是以考生个人操作为主？

答：研究生入学考试与高考不同，考生的专业课试题由各校命题，考生档案也是分校放置，形成省市级规模的集散地有一定困难；用以存储考生档案的计算机软件对于考生第二志愿院校的有关情况比较模糊，同时各校分数线划定、复试时间不一，而第二志愿学校也存在一个生源问题，如果等第一志愿学校调剂可能会贻误时机，所以调剂的实现主要是以考生个人为主的。同时也提醒想要调剂的考生，一定要有主体意识，主动参与。

问：院校是如何接收调剂生的？考生是和研究生招生办公室联系还是和专业所在的院、系联系？

答：在接收调剂生的过程中，研招办主要负责接收考生的调剂申请并转到相关学院，由学院进行考核，发出复试通知，复试合格的考生再由学院报给研招办。如果考生知道学院或专业的空缺信息和联系方式，也可以直接与学院联系。

问：学校接受调剂生会不会收取费用？是不是所有的调剂生都是自费生？

答：能够调剂的考生都是符合国家复试条件的，在接受过程中与普通考生享受同等待遇，不会收取任何费用。是计划内名额还是计划外名额，主要取决于当年名额的分配与使用情况，并不是所有的调剂生都是自费生。

问：学校接受调剂生的具体标准是什么？校内调剂能否实现？

答：接受调剂生时各学校的具体标准因各学校的情况而异。一般而言，因为研究生入学考试中各学校的考题不同，所以在要求考生必须具有国家规定的复试资格外，一般要求入学考试的统考科目中两科与所调剂专业的考试科目完全相同，两科专业考试科目相同或相近。校内调剂一般是从一个专业调到另一个专业，如果符合上述条件也可能实现，但概率不是很大。

问：入学时，第一志愿考生和条件较好的调剂生优先权如何？

答：一般是首先考虑第一志愿考生。这与考生的研究方向定位、学校的考试科目设置、考生日后的学习和研究都是相关的。如果第一志愿考生不足，才考虑调剂。

问：您认为考生写调剂申请时有哪些问题需要注意？

答：首先，考生应在投寄调剂申请时减少盲目性。其次，在写调剂申请时应注意简洁明了，可以附带介绍一下自己的专业背景或学术成果。有的考生的调剂申请内容庞杂，甚至把懊悔自己在考研时状态不佳这样的话都写上了。对申请调剂者来说，最关键的是知道院校的空缺信息，并让院校知道自己的调剂要求。

问：院校的空缺信息如何公布？考生如何获得空缺信息？

答：如果院校在某些专业方面出现较大的空缺，会通过一些媒体公布相关信息，并查阅考生的调剂需求。有些院校如果常年某几个专业生源不足，也可能会和其他院校形成固定的调剂关系，这主要是基于专业设置相近、考试难度相近等原因，但也不拒绝个人考生的调剂申请。

2. 调剂技巧

（1）考生本人在报考时就应留意所报考的专业在全国有哪些单位招生，入学考试科目的招生专业在全国有哪些单位，以便调剂录取。

（2）知道自己的成绩达到分数线后要经常和所报考的招生单位研招办联系，尽早知道能否被录取的信息。若不能被录取就尽快与上述单位研招办联系，看哪个单位能接收你，若有中意的接收单位，应及时向该单位表明调剂意向，请该单位研招办及时发函与你的报考材料所在招生单位（一般是你所报考的第一志愿的研招办）取得联系，索取你的报考材料。在材料转寄期间，考生应该经常和两招生单位联系，了解材料寄发和接收情况。

（3）教育部确定的复试分数线，对报考边远八省区（内蒙古、新疆、宁夏、青海、甘肃、广西、云南、贵州）以及部分特殊学科专业考生的要求有所降低。考生应经常和研招办联系，尽早搞清教育部对复试分数线的确定情况，若自己的初试成绩未达到第一志愿的复试分数线，但达到了边远八省区的复试分数线，考生本人可以及时通过电话或邮政快件与有本专业招生的边远八省区的招生单位研招办取得联系，看他们是否愿意接收，若同意接收，就立即与原报考单位联系，按规定手续将报考材料转到接收你的招生单位的研招办。然后，按接收单位研招办要求的时间去参加复试。

3. 院校选择

硕士研究生招生单位包括两大系统：一是高等院校，二是专业研究单位。

高等院校大致分为几个档次：

第一类为名校。定位为国际知名的院校。如清华大学、北京大学、复旦大学等。

第二类为重点高校，即34所自主划线院校。

第三类为"211工程"和教育部直属的高校（除上面所提到的学校）。

选择研究单位时主要参照自己的竞争实力，另外再结合其他一些因素，例如单位所在地等等。

4. 专业规划

所谓"专业规划",指的是对自己所学的专业有比较清晰的认识,包括对未来职业方向的定位,以及在研究生求学过程中采取怎样的方法去接近自己想从事的职业。在这方面,有很多未雨绸缪的做法,比如,学习期间到相关行业实习,考取相关的职业证书,提前参加行业招聘会,听取业内知名人士的经验,向已经工作的师兄师姐取经等都是"专业规划"的表现形式。如果没有做好"专业规划",所学的专业知识和所取得的学位能发挥的作用就大打折扣,对未来的职业规划更是没有明确认识,甚至是与自己未来的计划南辕北辙。

在考研热的带动下,很多同学认为职业规划是临近毕业的事情,也似乎忽略了更之前的"专业规划",主要有以下三种表现:

盲点一:先考研,再择业。

许多同学都有这样的观点:就业形势严峻,先考研当个过度,反正学位高了,就算就业门槛提高,自己也有备无患!这部分同学大都是考研的"后知后觉"者,在大三甚至大四时候才开始着手准备,之前对考研没有清晰的认识,更别说选准研究生专业和方向了。对于考上研究生之后如何规划,更没有明确的规划。这类同学在报名的时候可能会选择比较热门的专业,比如金融、法律、计算机、通信、市场营销、企业管理、新闻学、广告学等,就业面广,比较实用,为的是今后容易就业;选择相对冷门的专业,比如,"985工程"高校招收研究生专业中报考人数比较少的专业,或者是基础学科和农林类学科等受国家优惠政策照顾的专业,为的是求稳求保,争取考上;选择本校本专业,掌握信息优势;选择西部地区高校,录取门槛相对较低……总之,考研的目的主要是"能上"或者"毕业后容易找工作"。这样一来,对于专业本身的认识放在了次要的位置,如果一时失利,往往也是争取调剂,考经济类、新闻类未果而被调剂到政治理论、教育学、历史学的人大有人在;目标是东部沿海的"985工程"高校,退而求其次到中西部地方大学的也比比皆是。这时候对于调剂后的专业是否适合自己没有太多的考虑,失去了找工作的时机,也没有对未来清晰地规划,形势更是逼迫自己不允许做更多的考虑,只能先读研再做打算。

盲点二:一味准备考研,忽略全面发展。

许多同学在进入本科学习阶段就立下誓愿一定要考研究生,提升自己的学位层次,考到一个自己心仪的学校,重新开始大学生活。有这样打算的同学往往从大二结束基础课程学习甚至大一刚一入学就着手准备了。不过由于种种原因还没有接触到就业市场,也没有对未来职业规划有清晰的认识,信息来源也只是师兄师姐的口口相传或者老师的倡导,对于自身全面发展的要求并不多。同样一所学校的新进研究生,有的同学在研究生阶段参加各种社团活动、社会实践,在研究生会或者团委担任各种职务;有的同学在社会上实习兼职或者创业打工赚取工作经验;有的同学早就着手准备考取各种相应职业资格,为日后工作打基础;有的同学跟随老师做课题,很早就酝酿发表文章的有关事宜……研究生以研究为主,但也要兼顾毕业之后的很多事情,结合自身的特点为将来继续研究或者走向职场做充足的准备。由于忽略了对自身全面发展的需要,特别是对专业和自身结合程度的认识,只能按部就班地完成课程或者完成老师布置的课题,所学的知识或者所经历的事情与未来自己想从事的行业方向差距较大,反而偏离了预期的打算。到毕业时,很多研究生还只能抱着简历"海投",至于用人单位希望招收什么样的人才和自己想从事什么样的工作依然不是很清晰。

盲点三：过分美化内心中的专业前景。

这类问题主要出现在"跨考"一族。由于不喜欢专业而希望换个专业，把希望寄托在考研上，这本无可非议。但没有找准方向，在对锁定目标尚未考察清楚的情况下就已经箭在弦上，造成了日后期望值降低。一些基础类学科的同学把目光放在应用型专业，希望进入跨国企业或者央企，但发现大型企业不仅在专业方面有所限制，对于外语水平、技术水平、综合素质都有要求，而且应用型专业的毕业生也相对较多，竞争异常激烈。许多参加金融联考、心理学联考的同学都把银行、心理咨询事务所作为就业目标，事实上涉足这些单位并非易事，烦琐的面试、高度程序化的录取过程都让人紧张万分。许多理工科的同学跨考文科，希望能够从高强度的计算和实验工作中解放出来，却发现自己的外语水平和交际能力成为未来发展的绊脚石。如果只是觉得换个专业就大功告成，很可能放松对自己的要求，也缺乏对专业有更清晰的认识，在临近职场的时候自乱阵脚。某个专业是不是适合自己，不能只用"实用主义"来衡量。机会要靠自己来创造，换专业之前就应该思考自己是否要从事与专业相关的工作，以及如何通过该专业的学习来获取接触工作的相关途径。

以上三点只是比较典型的忽略"专业规划"的情形，在考研之前缺乏对专业的详细考察，缺乏对自身和专业结合度的思考，缺乏考取专业后对职业发展的规划，都是没有做好"专业规划"的情况。考什么专业，考上之后如何继续弥补专业上的劣势以发挥自己的专业长项，这些都应该在报考前就有比较清晰的了解。做好"专业规划"，才能让专业的作用发挥得充分。

5. 关于复试

密切关注复试信息。考生要尽早登录报考学校网站，关注该校的复试办法，包括复试时间、地点、考官和复试细则等。中国人民大学研究生王粒权说，大部分学校的复试办法一般在国家复试分数线公布前后出台。考生可以参考报考学校的复试办法做相应准备。考生还要明确该校复试的指定书目，可向上届师兄师姐"取经"，或到所报考学校的网站论坛及研究生考试类的网站论坛搜集相关信息。

6. 面试细节应注意

（1）衣着简洁，注意礼貌。考研的学生绝大部分是"80后""90后"，而参加面试的老师都是20世纪六七十年代或更早年代出生的人，两类人年龄差距很大。因此，建议考生参加复试时，穿着打扮一定要含蓄、稳重，不要过于张扬和前卫，以免招致反感。

（2）复试时需要出示或上交一些手续，比如本科成绩单、准考证等，考生应认真阅读复试通知，准备妥善。

（3）虚心诚实，切忌不懂装懂。如果考生一时不能理解考官的问题，一定不要不懂装懂地解释。考官既然问了那个问题，表明他们已有自己的想法了。换句话说，考生靠蒙是不能过关的。这时，考生可坦诚告诉考官自己不知道。不过，这并不是最佳方法。最佳的方法是在告诉考官不懂之后，尝试着对问题进行自己的分析和理解，这样老师会感觉这个学生虚心诚实、善于思考。

7. 具体规定

（1）招生单位对考生初试成绩进行登记、统计和测算分析后，根据教育部制定的复试基本要求和录取原则,结合本校(院、所)情况拟定复试标准。复试标准须由主管研究生工作的校(院、所)长组织有关人员审定,并报所在省(市、自治区)高校招生办和主管部门备案。

招生单位根据拟定的复试标准,将符合复试资格的考生的有关情况,以及接受推荐优秀应届本科毕业生免初试考生的情况,提供给系(研究室),由系(研究室)在征求有关指导教师意见的基础上,经过认真研究后,提出复试名单。最后由校(院、所)长召开有关会议审批确定复试名单。对于初试成绩符合国家教委复试基本要求,招生单位拟不复试录取的考生,应及时将其全部材料转寄第二志愿单位。对于不符合国家教委复试要求的考生材料不得转寄其他招生单位。

对于个别初试成绩未达到教育部制定的复试基本要求的考生,招生单位拟对其进行复试的,需上报所在省(市、自治区)高校招生办审批。少数招生单位经国家教委批准,可自行审批。

个别考生(不含同等学力考生),初试成绩突出,同时招生单位对其课程学习、实验技能和科研能力等情况比较了解,认为确有培养前途的,经指导教师提出,系、校(院、所)批准,可以不复试。

对于同等学力考生须全面、严格复试。应加强对本科主干课程和实验技能的考查,其中笔试科目不少于两门。

(2)复试名单确定后,招生单位应向考生所在单位函调人事档案和本人现实表现等材料,全面审查其政治情况。

(3)根据复试名单通知考生进行复试。复试前由招生单位组织有指导教师参加的复试小组,根据专业要求和考生具体情况,确定复试内容、复试试题和复试形式(口试、笔试或实践环节的考核等,一般以口试为主)。

五、考研录取

复试通过后,学校将发函到你的档案所在单位,将你的档案调往学校,审查没有重大问题后(主要是政治性问题),将会发放录取通知书,将你所有的关系(包括组织、户口、工资关系)转往学校(委培培养除外)。接到录取通知书,按照上面的报名时间,一般在9月初,你就可以赶往心仪已久的学校了。一般通知书上会要求考生按规定的几天准时报到。

六、考研种类

(一)学位等级

按攻读学位等级的不同,分为攻读硕士学位研究生(简称"硕士生")和攻读博士学位研究生(简称"博士生")两级。

（二）学习方式

按学习方式的不同，分为脱产研究生和在职研究生。

（1）脱产研究生是指在高等学校和科研机构进行全日制学习的研究生。

（2）在职研究生是指在学习期间仍在原工作岗位承担一定工作任务的研究生。专业课要完成学校规定的学习计划，并参加考试取得相应的学分。还必须通过国家专门设计的英语、政治及专业全国统考，合格后可以申请学位。学习、考试、答辩均需交纳一定费用，一般全部下来在数万元左右。只有经过国家教育部批准的少数重点大学招收学位生，机会不多，而且必须征得工作单位的同意。随着学位管理的加强，通过这条途径来获取学位的难度越来越大了。一般最终能够通过答辩、取得学位的比例并不高。

多数研究生招生单位只面向本单位职工招收在职研究生，有的单位面向本地区、本系统的职工招收在职研究生。

（三）渠道划分

按在学期间提供经费的渠道不同，分为国家计划招收研究生、委托培养研究生（简称"委托生"）和自费研究生。

1. 国家计划招收研究生

国家计划招收研究生又分为非定向研究生和定向研究生（简称"定向生"）。

（1）非定向研究生

国家计划招收的研究生的培养经费由国家提供，其中非定向研究生毕业时应服从国家就业指导，实行由本人选报志愿、招生单位推荐、用人单位择优录用的双向选择就业制度。由国家和学校提供全部学费，住宿费需要自己承担，转户口和档案关系。

（2）定向研究生

定向培养研究生，是指在招生时即通过合同形式明确其毕业后工作单位的研究生，其学习期间的培养费用按规定标准由国家向培养单位提供。

凡属研究生国家招生计划服务范围的用人单位，即高等学校，以基础研究为主的科研机构，国家重点企业（由国家教委会商有关部门确定），由财政拨款的文化、医药卫生等公益事业单位，党和国家机关以及人民解放军均可要求定向培养研究生。除上述范围外的用人单位不得定向培养研究生，只能由用人单位提供培养费用，进行委托培养。培养单位或其主管部门均不得自行扩大定向培养用人单位的范围。

定向生在录取前，考生工作单位、录取学校、考生本人三方必须签署定向培养协议，档案、人事、户口、工资关系仍留在原工作单位，毕业后按合同规定到定向地区或单位工作。

定向生的形式：第一，由用人单位推荐为本单位定向培养的在职人员参加研究生入学考试；第二，从参加全国统考的在职人员中选定；第三，从推荐应届大学本科毕业生为硕士生的人员中选定。采取上述三种形式的定向生，招生工作由招生单位负责，按国家教委规定的标准进行初选，并提出录取名单，经与用人单位协商（第二、第三种形式的定向生还须征得考生本人同意），签订合同后，由招生单位发出录取通知书。采取第一种形式的在职人员被录取为研究生后,其学习期间不转工作关系,享受原工资福利待遇;采用第二、第三种形式被录取为研究生后,其待遇与脱产研究生相同,即在学期间享受国家规定的生活补助费。定向生的用人单位还可向定向生提供部分生活补助。

定向培养研究生合同管理的内容:定向培养研究生一律采取合同制办法。招生的高等学校与用人单位之间、用人单位与研究生之间必须在录取前按照规定要求,分别签订定向培养合同,并办理公证。合同未签订前,培养单位不得向定向培养研究生发出录取通知书。

单位之间合同的内容应包括:招生专业、招生人数、考生姓名、培养要求、研究生学习期间的待遇及管理、合同有效期限、违约责任,以及其他双方认为必要的内容。

用人单位与研究生之间合同的内容应包括:研究生学习的专业、毕业后的工作安排和最低服务年限、用人单位提供研究生学习期间的待遇、合同有效期限、违约责任以及其他双方认为必要的内容。

2. 委托培养研究生

(1) 委托培养研究生的概念及其与国家计划招收的研究生的区别

高等学校招收委托培养研究生是我国研究生招生计划和毕业生分配制度的一项重要改革。它对鼓励高等学校挖掘潜力,培养更多的研究生,更好地满足社会对高级专门人才的需要,起了积极作用。

高等学校招收委托培养研究生一律实行合同制。委托单位与培养单位之间、委托单位与委托生之间应分别签订委托培养合同。委托生的培养费用由委托单位提供,毕业后到委托单位工作。委托生在学期间和毕业后享受与国家计划内硕士生相同的待遇。

委托培养研究生和国家计划招收的研究生之间的主要区别:培养费用的来源和毕业分配的办法不同。

委托培养研究生的培养经费由委托单位提供,毕业之后回委托单位工作;国家计划招收的研究生,其培养经费由国家提供,其中非定向生毕业时实行在国家计划指导下,由本人选报志愿,招生单位推荐,用人单位择优录用的就业制度,而定向生按合同规定毕业后到定向地区或单位工作。

(2) 委托培养研究生合同管理的基本内容

高等学校招收培养研究生一律实行合同制。委托单位与培养单位之间、委托单位与委托培养的研究生之间应分别签订委托培养合同。

委托单位与培养单位之间的合同,应包括招生专业、招生人数、培养要求、委托培养研究生在学习期间的待遇及管理、毕业分配办法、培养费用数量及拨付办法、合同有效期限以及委托合同者应承担的责任等主要内容。

委托单位与委托培养的研究生之间的合同,应包括委托培养志愿、学习专业、在学习期间的待遇、毕业分配办法、在委托单位最低工作年限、合同有效期限及违反合同者应承担的责任等主要内容。

为了维护合同的严肃性,应办理公证手续。

(3) 委托培养研究生的形式

① 从招生单位招收的研究生中选定。② 由委托单位推荐本单位在职人员参加招生单位研究生的入学考试。③ 试行由委托单位招生录取(招生的学科、专业必须有学位授予

权),由招生单位培养的办法。

采取第一、第二种形式的委托生,整个招生工作由招生单位负责,按规定标准录取,并提出初选名单,经与委托单位研究同意(第一种形式的委托生还须征得考生本人同意),并签订合同后,由招生单位发出录取通知书。采取第三种形式的委托生,由委托单位按其录取标准提出初选名单,经招生单位指导教师、教研室、系(所)审查同意,并经研究生院院长审核批准,在征得本人同意后,由招生单位与委托单位联合发出录取通知书,或由委托单位录取后,转入招生单位。

3. 自费研究生

自费研究生,即自筹经费研究生。经费自筹,计划外研究生收费标准根据国家相关文件而定,入学时要转户口和档案关系。计划外研究生同样需要参加国家的考试,考试内容与计划内研究生相同。考试成绩超过国家规定的最低分数线但不能计划内录取的考生,可以及时向所报考的院(系、所、中心)教务办公室申请计划外录取。教学安排与计划内研究生相同,修满学分、论文通过可以得到与计划内研究生同样的毕业证书和学位证书。

(四)专业划分

按照专业和用途的不同,分为普通研究生和特殊类研究生。

1. 普通研究生

根据我国的有关规定,普通硕士教育以培养教学和科研人才为主,授予学位的类型主要是学术型学位。

我国学术型学位按招生学科门类分为哲学、经济学、法学、教育学、文学、历史学、理学、工学、农学、医学、军事学、管理学等12个大类,可细分为88个一级学科、300多个二级学科,同时还有招生单位自行设立的760多个二级学科。普通硕士的招生考试主要是年底的全国硕士研究生统一入学考试(简称"统考"),被录取后,获得研究生学籍。毕业时,若课程学习和论文答辩均符合学位条例的规定,可获毕业证书和学位证书。

2. 特殊类研究生

特殊类研究生,即专业学位研究生。我国经批准设置的专业学位已达15类。专业学位教育是我国研究生教育的一种形式。区别于一般意义上侧重理论、学术研究的研究生教育,专业学位教育旨在针对一定的职业背景,培养高层次、应用型人才。

(1) 专业学位和通常所说的"硕士、博士学位"的异同

我国于1981年实施《中华人民共和国学位条例》,最初以培养教学和科研人才为主,授予学位的类型主要是学术型学位。就研究生的学位而言,就是大家通常所说的硕士、博士学位。20世纪90年代初,为了加速培养经济建设和社会发展所需要的高层次应用型专门人才,设置了专业学位。

专业学位的职业指向性非常明确。国务院学位委员会第十四次会议审议通过的《专业学位设置审批暂行办法》规定,专业学位为具有职业背景的学位,为培养特定职业高层次专门人才而设置。

专业学位分为学士、硕士和博士三级,但大多只设置硕士一级。各级专业学位与对应的我国现行各级学位处于同一层次。专业学位的名称表示为"××(职业领域)硕士(学士、博

士)专业学位"。

(2) 专业学位教育的学习方式

专业学位教育的学习方式比较灵活,大体可以分为在职攻读和全日制学习两类。

比较简单的区分办法是:招收在职人员、以业余时间学习为主的专业学位考试通常在每年的10月份进行,名为"在职人员攻读硕士学位全国联考",简称"联考";招收全日制学习学生的专业学位考试与每年年底举行的"全国硕士研究生统一入学考试"(简称"统考")一起举行。

(3) 专业学位的招生条件

专业学位招生条件的最大特点是,要求报考者有一定年限的工作经历,一般要求本科毕业,有的专业要求报考者具有学士学位。绝大多数专业学位要求在职人员报考需经所在单位或相应管理部门的同意,有的甚至要求所在单位推荐等。但也有例外,比如工程硕士专业学位中的软件工程领域也面向应届大学毕业生招生。

(4) 专业学位的招生考试

专业学位的招生考试有10月份的"联考"和年底的"统考"。两大国家级别的考试都有规定的考试科目,各专业学位的考试科目有所不同。对此,教育部和国务院学位办每年都会在发布报名信息时公布相关方案。联考以外的科目,由各招生单位自行命题、阅卷,其中有的考试是与联考科目同时进行的。

(5) 专业学位的招生名额

不管是10月"联考"的,还是年底"统考"的,招生单位的招生名额都必须报上级主管部门审批。

相对来说,10月"联考"的招生名额更加宽裕些,有的甚至是由招生单位自定。但由于要保证教育质量,因此拥有自定招生名额权利的招生单位并不会来者不拒,而是根据自身的教育资源和生源情况来确定招生名额。

另外,有的专业学位招生对于来自某些领域的学生有一定的招生额度限制,比如公共管理硕士,《关于2004年招收在职人员攻读硕士学位工作的通知》明确规定,非政府部门人员的录取比例一般不超过本校当年录取限额的20%。"统考"的招生名额则是被纳入高校每年的研究生招生总计划中的。

(6) 专业学位的录取分数线的划定

10月"联考"的录取工作由各招生单位自行组织,录取分数线由各招生单位自行划定,统一公布。各招生单位根据考生入学考试成绩(含面试)择优录取。

12月"统考"的录取工作,则是先由国家教育部划定统一的复试分数线(按地区和专业),参加招生单位组织的复试的人员绝大多数是过线者。

(7) 专业学位教育证书

由于攻读方式不同,大多数专业学位教育只授予学位证书,没有学历证书(以下简称"单证"),但也有例外,例如工商管理硕士、法律硕士、临床医学硕士和博士、建筑学学士和硕士等;也存在既有学位证书,又有学历证书的"双证"情况。大体来说,"统考"生是"双证","联考"生是"单证"。

(五)自主划线

自主划定分数线是2002年才开始的。国家出台这个政策的原意,是让学校可以自主地选择人才进行培养。

具体方式为:具有全国研究生入学考试自主划定分数线资格的高校根据报考自己学校考生的情况和计划招生的人数来确定初试的分数线,将划定的分数线上报教育部备案,而不用参考国家统一划定的分数线。其他不具有自主划定分数线资格的高校,复试分数线的划定方法为:教育部的国家线出来后,以国家线为依据,上涨一定分数予以通过。

一般而言,自主划线的学校的分数线都会先于国家线而出,且基本上都会高于国家线。不排除有个别学校个别专业会低于国家线的情况。

延伸阅读　　　　　　　　　34所自主划线院校

北京大学	浙江大学
清华大学	中南大学
复旦大学	武汉大学
同济大学	西北工业大学
东北大学	北京师范大学
天津大学	电子科技大学
南开大学	中国人民大学
湖南大学	北京理工大学
中山大学	华南理工大学
四川大学	中国农业大学
重庆大学	上海交通大学
吉林大学	大连理工大学
山东大学	西安交通大学
兰州大学	华中科技大学
东南大学	哈尔滨工业大学
南京大学	北京航空航天大学
厦门大学	中国科学技术大学

延伸阅读　　　　　　　　金融学硕与金融专硕的对比

表3.1　金融学硕与金融专硕的对比

种　类	学制类型	学制	导师制	考试科目	课程设置
金融学硕士	学术型硕士	3年	校内导师	政治、英语一、数学三、经济学	重点是基础教育、素质教育和专业教育,偏重理论知识的掌握和学习
金融硕士	应用型硕士	2年	校内导师＋社会导师	政治、英语一/二、经济类综合能力联考/数学三、金融学综合	多偏重于实务,学习的目的是解决实际工作中的问题

延伸阅读　金融学科类考研专业分类

　　金融学科现在是个很热门的学科。金融学专业主要研究现代金融机构、金融市场以及整个金融经济的运动法律,具体研究内容包括:关于银行与证券、保险等非银行金融机构的理论与实务,关于货币市场、资本市场与国际金融市场的理论与实务,关于金融宏观调控及整个金融经济的理论与实务,以及关于金融管理特别是金融风险管理的理论与实务。该专业主要有以下几个研究方向:货币银行学、金融经济(含国际金融、金融理论)、投资学、保险学、公司理财(公司金融)。

　　金融学科考研专业有以下几个研究方向:

1. 货币银行学

　　主要研究的是跟银行及国家货币政策相关的问题,这里的银行包括中央银行和商业银行等。

　　热度分析:2006年以来,借助人民币汇率对美元升值效应,各家银行纷纷推出本、外币理财新产。之前就备受关注的银行业持续加温,成为热点。

　　人才培养:货币银行学方向培养能在银行系统及其他金融机构、学校和研究单位从事金融经济管理和本专业教学、研究工作的德才兼备的高等专门人才。

　　就业方向:该专业就业方向主要是在银行系统、学校和科研单位从事金融业务和管理工作,多在金融教学、研究领域就业。随着我国证券市场的不断完善,进入工商企业和上市公司成为许多金融人才的就业方向。

2. 金融经济(含国际金融、金融理论)

　　具体研究马克思、凯恩斯和斯密及当代著名经济学家所阐述的金融学原理;研究虚拟经济与实际经济的关联与影响;研究金融发展与经济增长之间的关系,分析金融政策的期限结构和动态反馈机制,以及各国银行制度与法规比较等。

　　热度分析:截至2017年3月末,我国全口径外债余额为99201亿元(等值14387亿美元),不包含港澳台地区外债。许多新兴的名词如外汇储备增速、开放资本项目管制、国有银行股改、股票印花税都涉及重要的金融经济理论问题。

　　人才培养:本专业培养适应21世纪经济建设和科学技术进步需要的具有较宽厚的经济理论知识、扎实的金融学专业基础和实践操作能力,熟练掌握国际金融理论知识和国际结算、外汇交易、国际金融投融资等业务技能,能胜任银行、证券、保险、基金等外资金融机构和跨国公司投融资部门工作的应用型金融管理专业人才。

　　就业方向:该方向就业范围比较广泛,与其他各个方向都有交叉的地方。毕业生主要去向是外向型投资银行、证券公司、保险公司、基金管理公司和商业银行等外资金融机构,以及中资金融机构的涉外部门、跨国公司投融资部门和政府经济管理部门等。

3. 投资学

　　投资学主要包括证券投资、国际投资、企业投资等几个研究领域。

　　热度分析:中国股市经历牛市后,人们对投资学的兴趣也随之高涨,其实投资不仅仅是证券投资,其范围极广泛。国家发展、企业盈利、个人获利,都离不开投资。

　　人才培养:该专业培养具有金融、证券、期货、保险、营销、企业管理等领域的必备基础知识和专门技能的高级应用型人才。

就业方向：一般来说，投资学专业的毕业生主要有以下几个毕业去向：第一，到证券、信托投资公司和投资银行从事证券投资；第二，到企业的投资部门从事企业投资工作；第三，到政府相关部门从事有关投资的政策制定和政策管理；第四，到高校、科研部门从事教学、科研工作。需要说明的是，应届毕业生的第一份工作一般都是一线的操作员，因为没有任何单位会让一个没有工作经验的员工进入管理层，即使是基层管理岗位。

4. 保险学

保监会将保险学专业的教学模式分为"西财模式""武大模式"和"南开模式"，其对应的大学分别是西南财经大学、武汉大学和南开大学。而保险业的"黄埔军校"则是位于湖南长沙的保险职业学院。

热度分析：在我国，保险业被誉为21世纪的朝阳产业。首先，我国巨大的人口基数以及人口的老龄化有利于保险业市场的扩张；其次，我国目前的保险深度及保险密度都很低，有很大的市场潜力；第三，人均收入水平的不断提高，为保险业市场扩大规模提供了良好的经济基础。保监会《中国保险业发展"十三五"规划纲要》预计，未来5年我国保险业务收入年均增长15%左右。未来许多险种将受到关注：银行保险、航意险、交强险、健康险、体育保险、房贷险、农业保险、高管责任险。

人才培养：保险学专业主要是为适应我国保险业对保险学专业人才的需求而开设的，其核心课程有保险学、人身保险、财产保险、风险管理、保险精算、再保险等。大多数学校都要求学习金融、会计、投资等经济课程，构架一个宽泛的经济知识背景。有的学校还补充市场营销、法律知识等相关知识，诸如保险营销、国际经济法、国际贸易与国际商法等。

就业方向：许多人误以为保险学专业就业就是卖保险，实际上保险营销只是保险业中一部分工作，其他工作诸如组训、培训讲师、核赔核保人员和资金运作人员、精算人员。毕业生主要到保险公司、其他金融机构、社会保险部门及保险监管机构从事保险实务工作，也可到高等院校从事教学和研究工作。此外，还有中介企业、社会保障机构、政府监管机构、银行和证券投资机构、大型企业风险管理部门等也需要该方向的毕业生。比较热门的职业有保险代理人、保险核保、保险理赔、保险精算师（FIA）等等。

5. 公司理财（公司金融）

又称公司财务管理、公司理财等。一般来说，公司金融学会利用各种分析工具来管理公司的财务，例如，使用贴现法（DCF）来为投资计划总值做出评估，使用决策树分析来了解投资及营运的弹性。

热度分析：公司理财近年创下多个之最，即贷款之最（E. On）、并购之最（Hospital Corporation of America）、证券化之最（Lloyds TSB Arkle）以及全球第一大IPO交易（中国工商银行）。公司理财相比其他方向历史较短但发展很迅猛。

人才培养：学生在掌握现代公司金融的理论知识和实务后，可为企业进行金融市场的融资、投资与风险管理服务。学生具备创新、管理和应用能力后，可努力成为现代公司金融管理的高级专门人才。

就业方向:该专业毕业生可选择各类公司从事融资、投资工作,可在商业银行、证券公司、基金管理公司等金融机构从事实务工作,也可以在金融监管机构、政府部门从事经济管理工作,或进一步深造后从事教学科研工作。

就目前来说,金融专业在中国的就业主要有以下几个领域:

(1) 基金公司:基金公司现在非常需要能做基金绩效评估、风险控制、资产配置的人才。

(2) 证券公司:证券公司现在正处在一个艰难的时期,同时也在通过集合理财产品设计等寻求生存的机会。

(3) 银行:最传统的银行也在起着微妙的变化。现在各大银行的总行正在着手建立内部风险管理模型,急需这方面的人才,可由于银行用人制度比较僵化,真正有水平的人未必能进去做这个事情。银行内部的另外一个重要部门——资金部,也需要金融专业的人才,他们一方面在银行间债券市场操作,是未来固定收益证券这一块的主力,同时也是未来大有发展空间的公司债券市场、抵押支持债券这些金融专业产品的设计主力。

拓展阅读　　　　　　　金融硕士择校"连连看"

一看:自己喜欢的城市

很多同学在本科填报学校的时候并没有做太多的考虑,有些是因为分数的原因限制了填报的范围,有些是因为尊重家长的指导自己没有太大的选择自由,有些则是因为自己对很多学校也不太了解,并且对于自己的兴趣爱好还没有十分确定,等等。到了研究生阶段,有了新的选择的机会,同学们可就要认真对待了,选择一个自己喜欢的城市读研,会让自己心情更加愉悦,也会更快地进入角色,提高读研的效率。

二看:地方经济发展水平

考虑到金融专业的特点,报考金融专硕的同学应该尽量选择经济较发达地区,例如津京唐地区、环渤海经济圈、沪宁杭地区、珠江三角洲等。这些地方经济发展较好,表现出很大的活力,给金融行业也提供了很大的空间。北京是金融政策的制定中心,上海是金融运行中心,是很多金融专硕考研的首选。其次,选择其他省会城市的高校也是不错的选择,在本地区内会有很大的影响力,金融政策的制定、形式的分析更符合本地的发展实际,读研的性价比也会非常的高。

三看:报考院校就业情况

目前,金融专硕应届生招生还没有毕业生就业情况可以参考,但是就业率和行业领军公司入职人数是院校实力最有力的证明,在院校之间进行比较的时候完全可以参考学硕的就业情况。一般来说,名校和高质量的教学水平是高就业率的保证。例如,中国人民大学、中央财经大学、对外经贸大学、上海财经大学、中南财经政法大学等一批金融强校,每年都承担着大量优秀金融人才的输出重任。

四看:报考院校资源优势

金融专硕在读期间实行双导师制,学校一个导师,校外一个导师,导师资源非常重要。

如果能够选择到一个在金融行业有一定学术地位或者手头掌握有很多资源的导师,这对以后的就业有很大的帮助。金融专硕的双导师制能够满足专硕培养的需要,但是不同的学校的社会辐射和资源分配是不一样的,好的学校将会有更大的机遇和平台。

五看:报考院校的实际考试难度

选择学校的时候既要根据自己的喜好,又要冷静地分析一下目标院校的实际考试难度。名校不一定是最难考的,一般的院校也不一定是最简单的。大家要认真分析目标院校的考试科目、参考书目、历年真题、招生人数、大致的报录比,以及复试的考察方式、差额复试比例、复试权重等等相关的重要信息,遇到不明白的问题要及时与权威的辅导专家联系,不要一味地听信传言,感觉好考或是难考,要有科学理性的分析。金融专硕仍处于起步阶段,可参考的备考经验较少,因此得信息者得天下,正确全面地收集信息有助于高效的复习。

六看:专业基础和知识水平

报考金融专硕的同学本科大多是学经济类、管理类的,也还有一些是数学或者其他专业的。因此,大家在选学校的时候就要首先学会了解自己,可以借助外界的帮助测评一下自己的英语、数学、专业课的基础,然后再根据复习时间做出适合自己的院校选择。比如,有同学数学的基础不太好,建议你最好选择考察经济类综合能力联考的学校,来确保自己考研成功。

拓展阅读　　　　　保险学专业考研介绍

1. 保险学专业硕士和保险学术硕士

保险学专业考研分为专业硕士和学术硕士两种,专业硕士和学术学位处于同一层次,培养方向各有侧重。专业硕士主要面向经济社会产业部门专业需求,培养各行各业特定职业的专业人才,其目的重在知识、技术的应用能力。(专业硕士)保险是经济学领域下的专业学位专业,保险硕士专业学位英文名称为"Master of Insurance"(简称MI)。此学位是为适应我国社会经济发展对保险专门人才的迫切需求,完善保险人才培养体系,创新保险人才培养模式,提高保险人才培养质量,特别设置的。

保险学专业硕士是专业学位硕士(简称"专硕"),保险学学术硕士是学术型硕士(简称"学硕"),虽处于同一层次,但有差异,二者初试科目不同,但培养目标、学费、学制等都不一样。保险专业硕士和保险学术硕士的区别主要体现在以下几个方面:

(1)学硕按学科设立,偏重理论和研究,培养大中专教师和科研人员。

(2)专硕以专业实践为导向,重视实践和应用,培养在专业和专门技术上的高层次人才。

(3)学硕的学制比专硕要长半年至1年。专硕与学硕的初试科目也不同,如专硕一般考英语二(比英语一要容易)。

其他差异具体查看招生学校的硕士研究生招生简章和专业目录。

2. 保险硕士招生情况

招收保险学专业硕士的学校逐年增加,如表3.2所示。在考察一所学校的实力时,应注重以下几个方面的指标:院士以及各类著名学者的数量;博士生导师的数量;重点学科的数量(重点学科越多,说明办学水平越高)。学校建立的时间;学校的位置(越发达地方录取分数越高,填报人数越多,一些位于北京、上海等地的高校录取分数线相对较高)。对于保险专业的学生来说,选择一个好的学校,读研无论是为了以后更好的就业,还是对保险学术进一步深造无疑是一块敲门砖。

表3.2 招收保险专业硕士学校一览表

省、市、区	学 校
北京市	北京工商大学,中国人民大学,中央财经大学,首都经济贸易大学,对外经济贸易大学
河北省	河北大学,河北经贸大学
上海市	复旦大学,华东师范大学,上海财经大学
浙江省	浙江工商大学,浙江财经大学
山东省	山东大学,中国海洋大学,青岛大学,山东财经大学
四川省	四川大学,西南财经大学
河南省	郑州大学,河南大学
湖北省	武汉大学,中南财经政法大学
安徽省	安徽财经大学
湖南省	湖南大学,中南大学
天津市	南开大学,天津财经大学
吉林省	吉林大学,东北师范大学
江苏省	南京财经大学,东南大学
江西省	江西财经大学
辽宁省	辽宁大学,东北财经大学
重庆市	西南大学
福建省	厦门大学
广东省	中山大学,广东财经大学
广西壮族自治区	广西大学
云南省	云南财经大学

根据最近几年一些保险院校硕士招生状况(表3.3),其中"老四所"财经院校每年招收的人数较多,且对于保险学专业研究的方向也不只是单一的保险学,且实力较强。倘若自己在本科阶段专业课以及公共基础课较好,选择这几所学校未尝是个不错的选择,当然要根据自身的实际状况而定,做到量力而行。仅从招收人数来看,选择招收人数多的学校可以大大增加被录取的概率,每年招收人数少或者没有的学校直招的可能性较大,对于跨校考研的学生来说,不具有优势。

表 3.3　7 所大学近 7 年招生情况表

	2010 年	2011 年	2012 年	2013 年	2014 年	2015 年	2016 年
西南财经大学 （保险学硕＋保险专硕）	55	94	99	82	75	90	86
东北财经大学	未公布	未公布	15	15	未公布	未公布	未公布
中南财经政法大学 （保险学硕＋保险专硕）	14	24	32	28	28	27	31
中央财经大学	59	88	99	77	88	88	76
上海财经大学 （保险学＋精算会计）	20	5	3	3	2	2	2
中国人民大学 （保险学＋精算会计）	0	17	18	19	15	11	14
南开大学 （保险学＋精算＋保险）	32	26	38	38	36	37	21

国外不少大学也招收保险学专业研究生，大多以各种项目形式，如表 3.4 所示。

表 3.4　招收保险学专业研究生的国外大学

国家	项目名称	项目名称	学位类型	学制
美国	宾夕法尼亚大学沃顿商学院 Wharton School, University of Pennsylvania	Insurance and Risk Management	MBA	2
美国	伊利诺伊州立大学研究生院 Graduate School, Illinois State University	Insurance	MBA	2
美国	德克萨斯大学圣安东尼奥分校研究生院 Graduate School, University of Texas——San Antonio	Information Assurance	MBA	2
澳大利亚	新南威尔士大学研究生院 Graduate School, The University of New South Wales	Actuarial Studies	Master (course)	1.5
澳大利亚	新南威尔士大学研究生院 Graduate School, The University of New South Wales	Actuarial Studies (Extension)	Master (course)	2
澳大利亚	新南威尔士大学研究生院 Graduate School, The University of New South Wales	Actuarial Studies	PhD	4

续表

国家	项目名称	项目名称	学位类型	学制
加拿大	滑铁卢大学研究生院 Graduate School, University of Waterloo	Actuarial Science	Math	2
加拿大	滑铁卢大学研究生院 Graduate School, University of Waterloo	Actuarial Science	Math	4
意大利	的里雅斯特大学研究生院 Graduate School, University of Trieste	NSURANCE AND FINANCE: MATHEMATICS AND MANAGEMENT	PhD	3
法国	法国高等商业经济管理学院 School of Business Economics and management	Banque et Assurance	MSc	2

课后实践

1. 结合本专业的就业方向，查阅相关资料，熟悉各方向的人才需求特点。
2. 请给你自己订一个目标：四年将计划拿到多少证书？是否考研？怎么选择？

第四章 金融学类专业拓展资料

> 未来的文盲将是那些没有知识和不会更新知识的人。成年人被淘汰的最主要原因是学习能力下降。
>
> ——彼得·德鲁克

第一节 金融学类专业图书及网络资料

一、国外金融学的经典教材

1. 弗雷德里克·S·米什金的《货币金融学》(中国人民大学出版社)

本书是货币政策与货币理论的经典入门教材。作者弗雷德里克·S·米什金(Frederic S Mishkin)是哥伦比亚大学研究生学院研究银行和金融机构的教授,国家经济研究局的助理研究员;自1976年于美国麻省理工学院获经济学博士学位以来,他曾先后执教于美国芝加哥大学、西北大学、普林斯顿大学和哥伦比亚大学。他还是中国人民大学的名誉教授。1994~1997年,他担任过美国纽约联邦储备银行研究部执行副主席和主任,是联邦公开市场委员会的助理经济学家。

米什金教授的主要研究领域为货币政策及货币政策对金融市场和总体经济的影响。他先后出版了十几本书,包括《金融市场和机构》(第4版)(Addison Wesley,2003)、《通货膨胀指标制度:国际经验和教训》(Princeton University Press,1999)、《货币、利率和通货膨胀》(Edward Elgar,1993)、《理性预期在计量经济学中的运用:对政策无效性和有效市场模型的检验》(University of Chicago Press,1983)。另外,他还在《美国经济评论》《政治经济学杂志》《经济学季刊》《金融杂志》《货币经济学杂志》等学术刊物上发表了学术论文100余篇。

2. 兹维·博迪和罗伯特·莫顿的《金融学》(中国人民大学出版社)

本书从更广阔的视野上关注金融学的一般原则及其在金融领域各方面的应用,在金融投资方面有独到见解。著名经济学家保罗·萨缪尔森对该书做出评注:

每年,都会有大量新版教科书问世,这不足为奇。就好比威利·萨顿回答法官他为什么要抢银行时说:"因为那儿有钱。"但是,一本创新的卓尔不群的新作要每隔十年才能出现,它将开创新的教学模式和教学方法。人们向来对博迪和莫顿合著的《金融学》期许甚殷,而该书也证明了这种等待是值得的。好的教科书,如同美酒,需要更长时间的酝酿。

与此同时，罗伯特·莫顿获得了1997年度的诺贝尔经济学奖。他的获奖是必然的，只是时间早晚的问题，因为莫顿一直被称为现代金融理论界的牛顿。博迪和莫顿从麻省理工学院毕业之后，组成了一个效率极高的小组。作为他们的老师，我为他们的青出于蓝而胜于蓝深感快慰。现代专家所需要的金融学已经远远超越了那些为华尔街带来革命性使用的金融工具的范畴，如期权和其他潜在衍工具的定价。当然，无论从产践还是从理论的角度看，这一切都是非常重要的。但在本书中，主流经济学中的制造、资本预算、个人理财和理性财务得到了更充分的阐释，这是教学上的伟大突破。

我不禁为自己遗憾："当我是学生的时候，到哪里去找这么好的教材呢？"不管怎样，未来的路还很长，这些富有创意的老师现在所播下的种子，必将为未来的学生带来丰硕的果实。

3. 兹维·博迪等《投资学》(机械工业出版社)

《投资学》是由三名美国知名学府的著名金融学教授撰写的优秀著作，是美国最好的商学院和管理学院的首选教材，在世界各国都有很大的影响，被广泛使用。自1999年《投资学》第4版以及2002年的第5版译著被引进中国以后，在国内的大学里，本书同样得到广泛应用和热烈反响。此为本书的第6版，作者在前5版的基础上，根据近年来金融市场、投资环境的变化和投资理论的最新进展做了大幅度的内容更新和补充，还充分利用了网络资源为使用者提供了大量网上资料。

作者兹维·博迪是波士顿大学管理学院的金融与经济学教授。他拥有麻省理工学院的博士学位，并一直在哈佛大学和麻省理工学院讲授金融学。博迪教授在一流的专业期刊上发表过有关养老金财务和投资战略等大量文章。他的著作包括《快乐投资：平安实现你一生中财富目标的方法》以及《养老金财务基础》等。博迪教授是综合财务有限公司的经理人，这是一家特别的投资银行和金融工程公司。他同时还是养老金研究顾问委员会的成员。

4. 威廉·夏普等《投资学》(中国人民大学出版社)

由诺贝尔奖金获得者、著名投资大师、美国斯坦福大学商学院金融学教授威廉·F·夏普(William F. Sharpe)等编著的《投资学》(第5版)，是投资学方面的一部经典名著，被世界各国许多大学和管理学院作为高年级本科生、研究生和MBA的基本教材。本书共有26章，其内容包括：证券投资环境与投资过程；有价证券的价值分析与资产组合；各种投资工具的投资价值；投资风险和特性分析；市场分析与投资管理。根据近年来国际投资的迅速发展，本书增加了国际证券和国际证券市场的内容，并对掉期、抵押等衍生金融工具做了充分介绍。为了使读者能循序渐进地掌握所学内容，作者精心安排了针对不同读者的大量思考题与练习题，并附有部分练习答案和词汇表等参考资料。

该书的特点是金融投资学的理论与实践为一体，为读者提供了完整的投资学理论框架，以及建立在此框架上的证券和证券市场实用知识，不仅对投资学的基本概念、基本原理和基本方法做了透彻的介绍，而且还就投资者在实践中如何运用这些理论和方法做了详尽的阐述。

该书主要作者之一威廉·F·夏普(William F. Sharpe)是美国斯坦福大学商学院著名的金融学教授。他在洛杉矶的加利福尼亚大学获得经济学学士、硕士和博士学位。他曾在许多权威性专业杂志上发表过论文，如《金融分析家》《商业》《金融》《金融和数量分析》《投资组合管理》《管理科学》等。夏普博士曾任美国金融学会前主席，他因创立资本资产定价模型理论于 1990 年获得诺贝尔经济学奖。

5. 斯蒂芬 A·罗斯等《公司理财》（机械工业出版社）

公司理财的教学和实践从未像今天这样富有挑战性和令人振奋。在过去的十多年，我们目睹了金融市场的变革和金融工具的创新。在 21 世纪的最初几年，我们仍然经常看到金融报刊报道，诸如接管、垃圾债券、财务重组、首次公开发行、破产和衍生金融工具等信息。此外，对"实际期权"（第 21 章和第 22 章）、私募权益资本与风险资本和股利消失等产生新的认识。全球的金融市场也未曾像今天这样一体化。公司理财的理论和实践在快速地变化，因此教学必须与之保持同步发展。

这些变化和发展给"公司理财"这一课程的教学提出了新的任务。一方面，日益变化的财务和金融使得"公司理财"的教学内容难于迅速更新。另一方面，教师必须在纷繁变化的潮流中去伪存真，精选具有意义的永久题材。我们解决这个问题的办法是集中关注现代财务理论的基本原理，并将这些原理与实例结合起来阐述，同时，越来越多的实例来自国外。由于许多新生局限于书本知识，因此他们认为"公司理财"是一门综合各种不同的论题于一体的课程。事实上，跟本书前几版一样，我们的目标就是要以某些综合和十分直观的动作过程来展示公司理财。

该书可作为工商管理硕士(MBA)及其他专业研究学习公司理财初级课程的教科书，也可以作为管理学院本科生学习公司理财中级课程的教科书。当然，某些教授也会发现这本书可以作为理财专业本科生的初级教材。

6. 约翰·赫尔《期货与期权入门》（中国人民大学出版社）

本书是金融衍生工具的入门读物。著名金融学家约翰·C·赫尔(Johrl C. Hull)的《期权期货入门》（也作《期货与期权市场导论》）是国际知名商学院采用得最为广泛的金融衍生产品教材之一，全面而系统地讲解了衍生产品市场的机制、衍生产品的运用及其定价原理。作为一本基础性的金融衍生产品教材，该书基本包括了作者的另一本中级教材《期货、期权与其他衍生品》中的基础理论。

该书通俗易懂，不要求学生具有很强的数理背景，从而能够更好地满足广大商学院和经济学院本科生、研究生的学习需要。此外，希望加深对期货与期权市场了解的金融界从业人员也会从本书中受益匪浅。

作者约翰·C·赫尔是加拿大多伦多大学教授，Bonharm 金融中心主任。他是国际公认的衍生品权威，其有关金融衍生产品的教材和著作被翻译成多种文字，并在全世界广泛流行。Hull 教授是 8 家学术杂志的联合编辑，曾任北美、日本和欧洲多家金融机构的顾问。他曾获得多项教学奖励，包括多伦多大学享有盛誉的诺斯洛普弗莱奖(Northrop Erye award)。除多伦多大学外，Hull 教授还曾在约克大学、哥伦比亚大学、纽约大学、格菲尔德大学、伦敦商学院任教。

7. 约翰·赫尔《期权、期货和其他衍生品》（华夏出版社）

该书曾被誉为华尔街人手一册的"圣经"，主要介绍了期货市场及期货合约套期保值应用、远期和期货价格、利率期货、股票期权价格的性质、数值方法、新型期权等内容。区别于该领域其他书的特点是它对所有衍生证券（不仅仅是期货和期权）的定价提供了一致的方法。这本书假设读者已经学过金融、概率和统计方面的基本课程，但不解期权、期货、互换等。因此,在学习该书的课程(在北美,许多大学金融方面课程的名称可能并不一定与本书书名相同,但通常使用本书作为指定的或主要的参考书)之前,学生不一定需要选修投资学的课程。

二、金融学科名著

1. 金融机构类

《华尔街巨人》,[美]华尔街日报编辑部,海南出版社。
《沃尔特·瑞斯顿与花旗银行》,[美]费利普·L·茨威格,海南出版社。
《摩根财团》,[美]罗恩·彻诺,中国财政经济出版社。
《高盛文化》,[美]里莎·埃迪里奇,华夏出版社。
《投资商资本主义》,[美]迈克尔·尤辛,海南出版社。
《挑战风险》,[美]多米尼克·卡瑟利,商务印书馆。
《机构投资与基金管理的创新》,[美]大卫·史文森,中国人民大学出版社。
《反传统营销》,[美]查理·詹瑞特,海南出版社。
《大交易》,[美]布鲁斯·瓦瑟斯坦,海南出版社。
《悲观博士考夫曼论货币价值》,[美]亨利·考夫曼,海南出版社。

2. 传记、小说类

《贼巢》,[美]詹姆斯·斯图尔特,国际文化出版公司。
《一个美国资本家的成长》,[美]罗杰·洛文斯坦,海南出版社。
《股票作手回忆录》,[美]爱德温·李费佛,海南出版社。
《一个华尔街瘾君子的自白》,[美]詹姆斯·J·克拉默,中信出版社。
《玛莎的公司》,[美]克里斯托弗·拜伦,中信出版社。
《门口的野蛮人》,[美]布赖恩·伯勒,机械工业出版社。
《营救华尔街》,[美]罗杰·罗文斯坦,上海远东出版社。
《客户的游艇在哪里》,[美]费雷德·施维德,海南出版社。
《24天:安然垮台真相》,[美]丽贝卡·史密斯,约翰·R·埃姆什威勒,上海远东出版社。

3. 全球市场

《世纪大拍卖》,[英]克里斯蒂娅·弗里兰,中信出版社。
《时运变迁》,[美]保罗·沃尔克,[日]行天丰雄,中国金融出版社。
《蒙代尔经济学文集》,[加]蒙代尔,中国金融出版社。
《开放社会》,[美]乔治·索罗斯,商务印书馆。
《在不确定的世界》,[美]罗伯特·鲁宾,中国社会科学出版社。

4. 大师作品

《战胜华尔街》,[美]彼得·林奇,上海财经大学出版社。
《彼得·林奇的成功投资》,[美]彼得·林奇,约翰·罗瑟·查尔德,机械工业出版社。
《安德烈·科斯托拉尼最佳金钱故事》,[匈]安德烈·科斯托拉尼,海南出版社。

《漫步华尔街》,[美]伯顿·麦基尔,上海财经大学出版社。
《风险投资家环球游记》,[美]吉姆·罗杰斯,上海人民出版社。
《金融炼金术》,[美]乔治·索罗斯,海南出版社。
《证券分析》,[美]本杰明·格雷厄姆,戴维·多德,海南出版社。
《聪明的投资者》,[美]本杰明·格雷厄姆,江苏人民出版社。
《价值再发现:走近投资大师本杰明·格雷厄姆》,[美]珍尼特·洛尔,机械工业出版社。
《巴菲特:从100元到160亿元》,[美]沃伦·巴菲特,中国财政经济出版社。
《投资革命》,[美]彼得·伯恩斯坦,上海远东出版社。
《与天为敌》,[美]彼得·伯恩斯坦,清华大学出版社。
《怎样选择成长股》,[美]菲利普·费舍,海南出版社。
《非理性繁荣》,[美]罗伯特·希勒,中国人民大学出版社。
《金融新秩序》,[美]罗伯特·希勒,中国人民大学出版社。
《共同基金常识》,[美]约翰·鲍格尔,百家出版社。
《国际九大投资基金经理访谈录》,史振邦,学林出版社。
《投资智慧论语》,[美]彼得·克拉斯,机械工业出版社。

5. 技术分析类

《股市趋势技术分析》,[美]罗伯特·爱德华,约翰·迈吉,东方出版社。
《江恩:华尔街四十五年》,[美]江恩,中国财政经济出版社。
《艾略特名著集》,[美]小罗伯特·普莱切特,机械工业出版社。

6. 社会心理学、金融行为学、管理学和社会学

《非同寻常的大众幻想与群众性癫狂》,[英]查理斯·麦基,中国金融出版社。
《经济过热、经济恐慌及经济崩溃》,[美]查理斯·P·金德尔伯格,北京大学出版社。
《泡沫的秘密》,[美]彼得·加伯,华夏出版社。
《乌合之众》,[法]古斯塔夫·勒庞,中央编译出版社。
《成事在天》,[美]纳西姆·尼古拉斯·塔勒波,中国经济出版社。
《风险规则》,[美]罗恩·顿波,安德鲁·弗里曼,中国人民大学出版社。
《金融心理学》,[挪威]拉斯·特维德,中国人民大学出版社。
《就业、利息和货币通论》,[英]凯恩斯,商务印书馆。
《银元时代生活史》陈存仁,上海人民出版社。

三、金融学科名人网络信息[①]

这里选定的一些金融经济学者的个人主页,既有较大的信息量,又有一定的学术参考价值。

1. http://www.people.hbs.edu/mjensen/

哈佛商学院工商管理学教授詹森(Michael C. Jensen)的个人主页。詹森教授1985年

---

① 由于某些技术原因或者网络问题,可能会有部分网址发生迁移或打不开的情形,本书只提供一个索引。

加盟哈佛商学院,之前系罗彻斯特大学商学院金融学教授和工商管理学教授。詹森教授的主要研究方向为公司金融理论,其学术贡献主要有三方面:一是说明代理成本如何影响到一个组织的形式;二是强调组织中决策控制权与决策管理权的区别,而非传统上误以为的经营权与管理权的分离;三是阐述组织如何利用特殊知识影响组织的形式。詹森教授一生著述颇丰,先后发表了50多篇学术论文,著有《组织战略的基础》(Foundations of Organizational Strategy)和《企业理论:治理,剩余索取权和组织形式》(Theory of the Firm: Governance, Residual Claims, and Organizational Forms),主持编写了《现代公司金融理论》(The Modern Theory of Corporate Finance)和《资本市场理论研究》(Studies in the Theory of Capital Markets),并于1973年创办《金融经济学杂志》(Journal of Financial Economics),属金融经济学领域的两份顶级期刊之一。1994年又与人合作创办了社会科学电子出版公司并任公司主席,投身于科学著作的电子出版事业。詹森教授传播科学思想不遗余力,将其发表的主要学术论文挂在网上,与大家一同分享。

2. http://gsbwww.uchicago.edu/fac/eugene.fama/research/

芝加哥大学商学院著名金融学教授法玛(Eugene F. Fama)的个人主页。法玛教授的主要研究领域是投资学理论与经验分析、资本市场中的价格形成、公司金融等。法玛最主要的贡献是提出了著名的"有效市场假说"。该假说认为,相关的信息如果不受扭曲且在证券价格中得到充分反映,市场就是有效的。有效市场假说的一个最主要的推论就是,任何战胜市场的企图都是徒劳的,因为股票的价格已经充分反映了所有可能的信息,包括所有公开的公共信息和未公开的私人信息,在股票价格对信息的迅速反应下,不可能存在任何高出正常收益的机会。在公司金融理论方面,法玛在20世纪70年代末提出"经理市场竞争"作为激励机制的开创性想法。法玛认为,即使没有企业内部的激励,经理们出于今后职业前途的考虑,以及迫于外部市场的压力,也会同样努力工作。在这里,你可以免费下载法玛教授所著的两本专著:《金融学基础》(Foundations of Finance)和《金融理论》(Theory of Finance)。这两本书虽然写于20世纪70年代,但你千万别以为已经过时了。其实,直到今天,这两本书仍为金融学博士生必读的经典教材。

3. http://gsbwww.uchicago.edu/fac/richard.thaler/research/

芝加哥大学商学院行为科学与经济学教授 Richard H. Thaler 的个人主页。Thaler 教授1974年获得美国罗彻斯特大学经济学博士学位,指导老师是 Sherwin Rosen,主要研究领域是行为经济学、行为金融学与决策心理学。在行为金融学方面,Thaler 教授研究人的有限理性行为对金融市场的影响,并做出了很多重要贡献。其个人主页上有一些已公开发表的研究论文及工作论文可以下载。

4. http://gsbwww.uchicago.edu/fac/raghuram.rajan/research/

芝加哥大学商学院金融学教授 Raghuram Rajan 的个人主页。Rajan 教授1991年获得 MIT 的博士学位,主要研究领域为公司金融、组织理论及金融机构监管等。在其个人主页上,有大量有关银行学、国际金融、组织、权力与企业理论等方面的研究论文可供下载。

5. http://gsbwww.uchicago.edu/fac/steven.kaplan/research/

芝加哥大学商学院金融学教授 Steven Neil Kaplan 的个人主页。Kaplan 教授1988年获得哈佛大学商业经济学的博士学位,主要研究领域为风险资本、公司治理、杠杆收购、企业购并、电子商务、公司金融等。其研究论文值得一看。

6. http://gsbwww.uchicago.edu/fac/douglas.diamond/research/#papers

芝加哥大学商学院著名金融学教授 Douglas W. Diamond 的个人主页。Diamond 教授 1980 年获得耶鲁大学经济学博士学位,主要研究领域为不完全信息条件下的金融理论、债务融资、投资银行、银行监管与储蓄保险等。

7. http://gsbwww.uchicago.edu/fac/john.cochrane/research/Papers/

芝加哥大学商学院金融学教授 John H. Cochrane 的个人主页。Cochrane 教授 1986 年获得加州大学柏克利分校经济学博士学位,主要研究领域为金融学、宏观经济学和货币经济学等,著有《资产定价》一书。

8. http://home.uchicago.edu/~rmyerson/

芝加哥大学经济学教授 Roger Myerson 的个人主页。Myerson 教授 1976 年获得哈佛大学应用数学博士学位,对博弈论有深入的研究,著有《博弈论:矛盾冲突分析》(*Game Theory:Analysis of Conflict*)及《经济决策的概率模型》(*Probability Models for Economic Decisions*)。对《经济决策的概率模型》一书感兴趣的读者可在这里下载该书的英文手稿。

9. http://www.src.uchicago.edu/~pach/

芝加哥大学经济系教授 Pierre-André Chiappori 的个人主页。Chiappori 教授 1981 年获得巴黎大学经济学博士学位。其可下载的工作论文中有关合约理论和保险的文章非常棒。

10. http://www.stanford.edu/~duffie/

斯坦福大学商学院金融学教授 Darrell Duffie 的个人主页。Duffie 教授 1984 年获得斯坦福大学博士学位,主要研究领域为证券市场、金融风险管理、资产定价、期权、利率模型、信用风险模型与固定收益定价。其学术贡献主要在不完全资产市场一般均衡理论方面,Duffie 的研究成果为金融创新和金融工程的发展提供了重要的理论支持。Duffie 从理论上证明了金融创新和金融工程的合理性及其对提高社会资本配置效率的重大意义。此外,Duffie 应用动态的方法研究了资产定价理论。

11. http://fudenberg.fas.harvard.edu/

哈佛大学经济学教授 Drew Fudenberg 的个人主页。Fudenberg 教授 1981 年获得 MIT 的经济学博士学位,主要研究领域是动态经济学和博弈论,与人合著《博弈论》和《博弈学习理论》。

12. http://post.economics.harvard.edu/faculty/hart/hart.html

哈佛大学经济系主任、经济学教授哈特(Oliver Hart)的个人主页。哈特教授 1974 年获得普林斯顿大学经济学博士学位,研究领域涉及微观经济理论、数理经济学、企业理论与组织、合约理论、企业的财务结构、法学与经济学。哈特在企业理论上做出过突出贡献,他与格罗斯曼(Grossman,1986)以及与穆尔的论文(Moore,1990)奠定了当代企业理论的基础,并为企业理论确立了一个基于合约理论的分析框架。他的《企业、合约与财务结构》(1995)已是企业理论的经典教科书。此外,哈特是不完全合约理论的开创者之一,至今仍是该领域的领军人物之一。哈特教授个人主页上的研究论文值得我们特别关注。

13. http://post.economics.harvard.edu/faculty/laporta/laporta.html

哈佛大学经济系副教授 Rafael La Porta 的个人主页。Porta 教授 1994 年获得哈佛大学经济学博士学位,研究领域涉及公司金融和资产定价,尤其注重研究企业融资模式与当地金融体制之间的关系。其个人主页上有近20篇研究论文可全文下载。

14. http://www.people.hbs.edu/jlerner/

哈佛商学院投资银行学教授Josh Lerner的个人主页。Lerner教授毕业于耶鲁大学,其研究领域主要集中于风险资本组织的结构及其将科学发现转化为商品的作用;同时也考察知识产权保护尤其是专利保护对高科技企业竞争战略的影响。

15. http://dor.hbs.edu/fi_redirect.jhtml?facInfo=pub&facEmId=gbaker

哈佛商学院工商管理学教授George P. Baker的个人主页。Baker教授已经出版了一些有关经理激励、杠杆收购、组织经济学及企业所有权结构与管理等方面的著作和论文。近期的工作主要侧重于经理绩效的考核及其在激励机制设计方面的作用、组织的结构与绩效等。

16. http://post.economics.harvard.edu/faculty/shleifer/shleifer.html

哈佛大学经济学教授施莱弗(Andrei Shleifer)的个人主页。施莱弗教授1986年获得MIT的博士学位,现任美国艺术与科学学院院士、计量经济学会会员。施莱弗教授的研究领域涉及公司金融、资本市场、宏观经济学、转型经济学和俄罗斯经济。作为一个俄裔经济学家,施莱弗更关注俄罗斯的经济改革问题。施莱弗认为,私有化之后的俄罗斯之所以落到权贵资本主义控制国家的地步,根本原因是法治的缺失,因此施莱弗认为,法治是解决俄罗斯经济问题的关键。施莱弗教授1999年获美国经济学会的克拉克奖章(Clark Medal),2000年获《金融杂志》(Journal of Finance)授予的关于公司金融和组织的詹森奖(Jensen Prize)。

17. http://post.economics.harvard.edu/faculty/stein/stein.html

哈佛大学经济系教授Jeremy C. Stein的个人主页。Stein教授1986年获得MIT的经济学博士学位。研究方向是行为金融和股票市场效率、期权定价、公司投资与融资决定、风险管理、企业资本分配及货币政策等。在其个人主页上,有若干研究论文可供下载,包括那篇为即将出版的《金融经济学手册》(Handbook of the Economics of Finance)而作的《代理、信息和公司投资》(Agency, Information and Corporate Investment)。

18. http://post.economics.harvard.edu/faculty/feldstein/feldstein.html

哈佛大学经济学教授马丁·费尔德斯坦(Martin Feldstein)的个人主页。费尔德斯坦1967年获得英国牛津大学博士学位。主要研究领域为公共经济学、税收、社会保险和宏观经济学。其个人主页上有大量研究论文可供浏览或下载。

19. http://post.economics.harvard.edu/faculty/barro/barro.html

哈佛大学经济学教授巴罗(Robert J. Barro)的个人主页。巴罗教授1970年获得哈佛大学经济学博士学位。研究方向为经济增长及宏观经济学。巴罗教授是当今世界最具影响力的经济学家之一。由于他在宏观经济学、经济增长、货币理论与政策等领域所做出的卓越贡献,被推选为美国艺术与科学学院院士(1988年)、美国国会预算局学术顾问委员会委员(1996年)、美国经济学会副主席(1998年)。巴罗已被世界经济学界公认为未来的诺贝尔奖得主。巴罗不仅在理论上卓有建树,其通俗文章亦魅力超凡,被聘为美国《华尔街日报》特约撰稿人和《商业周刊》专栏作家。

20. http://post.economics.harvard.edu/faculty/campbell/campbell.html

哈佛大学应用经济学教授康贝尔(John Campbell)的个人主页。康贝尔教授1984年获得耶鲁大学博士学位,其研究兴趣集中在金融市场的计量经济学、资产定价、利率的期限结构、经济波动中的总消费。他着重研究了股票和债券的均衡模型、投资者的长期投资组合选择、金融市场的风险共享函数。由于康贝尔在计量经济学的杰出贡献,曾多次获奖。与人合著的《金融市场的计量经济学》一书获 1997 年度保罗·萨缪尔森奖。在康贝尔教授的个人主页上有一些新近的论文,其中包括他为《金融经济学手册》撰写的《基于消费的资产定价》(Consumption-Based Asset Pricing)。

21. http://aida.econ.yale.edu/~shiller/

耶鲁大学经济学教授希勒(Robert J. Shiller)的个人主页。希勒教授研究兴趣广泛,主要研究方向为行为金融学、宏观经济学、房地产理论、统计学,以及公众关于市场的态度、观点与价值取向等。其最突出的贡献是开创了金融学的一个新领域——行为金融学。希勒教授将其他领域特别是心理学研究的前沿学术成果应用到经济学中,以解释投机泡沫的出现。他的《非理性繁荣》一书中分析了自 1982 年以来的股票市场的泡沫现象。

22. http://cowles.econ.yale.edu/faculty/tobin.htm

诺贝尔经济学奖获得者、耶鲁大学经济学教授托宾(James Tobin)的个人主页。托宾教授 1947 年获得哈佛大学博士学位,于 2002 年 3 月不幸去世。其个人主页上有大量可下载的学术论文。

23. http://cowles.econ.yale.edu/faculty/geanakoplos.htm

耶鲁大学经济系教授 John Geanakoplos 的个人主页。Geanakoplos 教授 1980 年获得哈佛大学经济学博士学位,是著名经济学家阿罗(Kenneth Arrow)的高足。研究兴趣是经济理论,主要教授数理经济学和微观经济理论。

24. http://www.econ.yale.edu/~sm326/

耶鲁大学经济系教授 Stephen Morris 的个人主页。Morris 教授 1991 年获得耶鲁大学经济学博士学位,主要教授微观经济理论和博弈论课程。

25. http://welch.som.yale.edu/

耶鲁大学金融学教授 Ivo Welch 的个人主页。Welch 教授已公开发表的学术论文及工作论文均可在其个人主页上下载。同时你只需免费注册,即可下载 Welch 教授著的《A First Course in Finance》。

26. http://www.princeton.edu/~ariel/

以色列特拉维夫大学教授、普林斯顿大学经济系教授 Ariel Rubinstein 的个人主页。Rubinstein 教授 1979 年获得以色列希伯莱大学经济学博士学位,主要研究领域为博弈论。其个人主页在经济学界备受赞誉。

27. http://www.princeton.edu/~pbolton/

普林斯顿大学经济系教授 Patrick Bolton 的个人主页。Bolton 教授 1986 年获得伦敦经济学院经济学博士学位。主要研究领域为产业组织、合约理论、公司金融及应用经济理论。在其个人主页上,有一些优秀的工作论文可供下载,如 Bolton 教授与人合作为《金融经济学手册》一书撰写的《公司治理与控制》,与 Philippe Aghion 合写的《不完全社会合约》等。同时还可以下载 Bolton 教授公开发表在《欧洲经济评论》《制度与理论经济学杂志》《乔治城法学杂志》《转型经济学》等期刊上的学术论文。

28. http://www.princeton.edu/~dixitak/home/

普林斯顿大学经济系教授迪克西特(Avinash K. Dixit)的个人主页。迪克西特教授1968年获得MIT的经济学博士学位,主要教授博弈论课程,同时研究国际贸易政策的策略行为。其著的《策略思维》及《不确定条件下的投资》均有中文版。

29. http://www.princeton.edu/~rbenabou/

普林斯顿大学经济学与公共事务教授Roland J. M. Benabou的个人主页。Benabou教授1986年获得MIT的博士学位。他与Jean Tirole教授合写的有关经济学与心理学方面的文章(主页上可下载)可以查阅。

30. http://finance.wharton.upenn.edu/~allenf/

美国宾夕法尼亚大学沃顿商学院著名的金融学和经济学教授艾伦(Franklin Allen)的个人主页。艾伦教授于1980年获得牛津大学经济学博士学位,其指导老师是诺贝尔经济学奖获得者、牛津大学经济学教授James Mirrlees。艾伦教授主要研究公司金融、资产定价、比较金融体制和金融危机等。著有《金融创新与风险分担》和《比较金融体制》,均由MIT出版社出版发行。艾伦教授同时还将自己写的几十篇论文(包括已公开发表的和未发表的论文)和为近20本书撰写的部分章节全部挂在网上,供免费浏览或下载。

31. http://emlab.berkeley.edu/users/rabin/

加州大学伯克利分校经济学教授Matthew Rabin的个人主页。Rabin教授1989年获得MIT的经济学博士学位。Rabin因对行为经济学的基础理论做出开创性贡献而获得2001年美国经济学会的克拉克奖章(Clark Medal)。

32. http://www.sims.berkeley.edu/~hal/

加州大学伯克利分校经济学教授Hal R. Varian的个人主页,Varian教授1973年获得加州大学伯克利分校的经济学博士学位。他公开发表了许多论文,主要涉及经济理论、产业组织、金融经济学、计量经济学和信息经济学等。他还著有《中级微观经济学》和《微观经济分析》,这两本教材已被译成22种文字在全球发行。近期的研究主要侧重于信息技术经济学和信息经济,并与人合著《信息规则》一书,现已成为商业战略领域的畅销书。在其个人主页上,有大量的为普罗大众撰写的经济学文章,也有一些学术性的研究论文,他写的《怎样利用业余时间建立经济模型》(How to Build an Economic Model in your Spare Time)值得一读。

33. http://www.hss.caltech.edu/~trp/trp.html

加州理工学院人文社科部的经济学与政治科学教授Thomas R. Palfrey的个人主页。Palfrey教授1981年获得加州理工学院社会科学博士学位,研究领域涉及信息经济学、博弈论、机制设计、执行理论、实验经济学与政治科学、产业组织及社会选择理论等。在其个人主页上,有一些工作论文可供下载,包括Palfrey教授为《博弈论手册》撰写的《执行理论》(Implementation Theory)。

34. http://www.hss.caltech.edu/~jledyard/Ledyard.html

加州理工学院人文社科部的经济学与政治科学教授John O. Ledyard的个人主页。Ledyard教授1967年获得美国普渡大学经济学博士学位。这里有一些新近的研究论文可供下载。其最有名的论文当属与Thomas R. Palfrey教授合写的载于《计量经济学》杂志的A

Characterization of Interim Efficiency with Public Goods。

35. http://www-1.gsb.columbia.edu/faculty/jstiglitz/

2001年诺贝尔经济学奖获得者、美国哥伦比亚大学经济学与金融学教授斯蒂格利兹(Joseph E. Stiglitz)的个人主页。斯蒂格利兹教授1967年获得MIT的经济学博士学位。他创立了一门新的经济学分支学科——信息经济学,探讨了非对称信息的市场效应,最早提出了诸如"逆向选择"与"道德风险"之类的关键概念,如今这些概念已成为理论家和政策分析家的标准工具。同时他还在宏观经济学与货币政策、发展经济学与贸易理论、公共财政与公司金融、产业组织理论与福利经济学、收入分配等领域做出了重大贡献。斯蒂格利兹教授的工作有助于解释市场不能有效运作的缘由,以及政府的选择性干预是如何改进市场绩效的。

36. http://www.columbia.edu/~ram15/index.html

美国哥伦比亚大学经济系教授蒙德尔(Robert Mundell)的个人主页。蒙德尔教授1956年获得MIT的经济学博士学位。他因对不同汇率体制下的货币政策和财政政策以及最优货币区域的分析所做出的杰出贡献而获得1999年度的诺贝尔经济学奖。在其个人主页上,可下载蒙德尔所著的《国际经济学》。

37. http://www.ausubel.com/larry/

美国马里兰大学经济学教授Lawrence M. Ausubel的个人主页。Ausubel教授1984年获得斯坦福大学博士学位。研究方向为微观经济理论与博弈论、拍卖与讨价还价、产业组织、信用卡市场与银行学、管制及法学与经济学。在其个人主页上,有许多有关拍卖、讨价还价及信用卡市场方面的研究论文,论文大都是与Peter Cramton, Raymond Deneckere, Paul Milgrom等教授合作的产物。

38. http://econ.lse.ac.uk/staff/cxu/index_own.html

伦敦经济学院经济学讲师许成钢的个人主页。许成钢1991年获得哈佛大学的经济学博士学位,主要研究与教学领域为法律与金融。他在发展经济学、合约理论、东亚金融等方面颇有建树。

39. http://ezinfo.ucs.indiana.edu/~erasmuse/

美国印第安纳大学商业经济学与公共政策系教授Eric Rasmusen的个人主页。Rasmuse教授1984年获得MIT的经济学博士学位,指导教师是MIT的经济学教授Franklin Fisher,主要教授商业经济学、经济学与公共政策、博弈论、博弈论与产业组织、实证产业组织等课程。在Rasmusen教授个人主页上,可免费下载其著的《博弈论与信息》(第3版)英文手稿。

40. http://www.cob.ohio-state.edu/fin/faculty/stulz/

美国俄亥俄州立大学金融经济学研究中心主任René M. Stulz的个人主页。Stulz 1980年获得MIT的经济学博士学位,研究方向为公司金融、银行学、国际金融、风险管理和投资等。Stulz现任美国金融学会副会长,同时还是《金融经济学手册》的主编之一。

41. http://econ.bu.edu/weiss/papers.htm

该网站主载波士顿大学经济学教授Andrew M. Weiss的已公开发表的研究论文,包括那篇和Stiglitz合作的题为《不完全信息市场条件下的信贷配给》的著名论文,均可全文下载。

42. http://faculty.london.edu/dgromb/Research/research.html#largeshareholders

伦敦商学院金融学教授 Denis Gromb 的个人主页。Gromb 教授 1994 年获得经济学博士学位,指导教师系大名鼎鼎的 Patrick Bolton。尔后又到比利时布鲁塞尔自由大学做了一年的博士后研究员,主要研究领域为公司金融和组织经济学。其个人主页上的研究论文可下载。

43. http://www.econ.rochester.edu/Faculty/Greenwood.html

美国罗彻斯特大学经济系教授 Jeremy Greenwood 的个人主页。Greenwood 教授 1983 年获得罗彻斯特大学经济学博士学位。主要研究领域为宏观经济学。主要教授国际金融和宏观经济学等课程。Greenwood 教授公开发表在各种经济学期刊上的学术论文及部分工作论文都可在其个人主页上找到。

44. http://faculty.insead.edu/vives/

世界顶尖的国际商学院——欧洲工商管理学院(INSEAD)的经济学与金融学教授 Xavier Vives 的个人主页。Vives 教授 1983 年获得加州大学伯克利分校的经济学博士学位,指导教师系诺贝尔经济学奖获得者 Gerard Debreu 教授。在其个人主页上,有部分公开发表的论文可供下载。

45. http://home.ust.hk/~davidli/

清华大学经济管理学院教授、香港科技大学经济学副教授、经济发展研究中心副主任李稻葵(David D. Li)的个人主页。李稻葵教授 1992 年获得哈佛大学经济学博士学位,研究领域涉及应用经济理论、转型经济学、中国经济、公司金融及国际经济学。他在世界一流刊物上发表多篇学术论文,并经常为中国和美国报刊撰写专栏文章,探讨亚太地区的经济问题。

四、各种网络资源

1. 研究型网站

金融经济学网站(www.finweb.com),提供金融、经济学方面的资料,包括论文、期刊、数据等。

神奇经济数据库(www.economagic.com),集中了大量世界各国的宏观经济时间序列数据,主要供计量经济学家使用。

国民经济研究局(www.nber.org),世界著名的研究机构,提供讨论稿、数据,中国研究人员可以免费下载。

经济政策研究中心(www.cepr.org),世界著名的研究机构,有许多讨论稿,部分可以免费下载。

普林斯顿大学 PlinyFisk 经济学和金融图书馆(www.princeton.edu/~econlib/),提供经济学、金融方面的论文、数据、经济学和金融学网站等。

期刊大全(www.jstor.org),收集了部分期刊的电子版,只有会员机构的研究人员可以进入,但可试用其演示数据库 Blackwell 出版社出版的期刊(www.blackwellpublishers.co.uk/asp/listofj.asp)。

思想图书馆(www.idealibrary.com/servlet/useragent? func=showHome)，包括 Academic Press，ChurchillLivingstone，W. B. Saunders 和 BailliereTindal 出版的期刊和百科全书。

社会科学研究网(www.ssrn.com)，包括社会科学方面的论文，有 5 个专业研究网，涉及会计、经济、金融和法律。

金融教员目录(www.cob.ohio-state.edu/~fin/findir)，收录全球 180 个学校前 50 名学校的金融教师名单。

金融和经济研究人员黄页(www.welch.som.yale.edu/dir)，搜索经济和金融人员的地址。

2. 数据网

耶鲁大学社会科学数据库(statlab.stat.yale.edu/SSDA/ssda.html)。

美国统计署(www.census.gov)。

美国劳动统计署(www.bls.gov)。

美国健康统计中心(www.cdc.gov/nchs/default.htm)。

美国社会保障管理局(www.ssa.gov)。

政治和社会研究大学联合会(密歇根大学)(www.icpsr.umich.edu)。

密歇根调查研究中心(www.isr.umich.edu/src/research.htm)。

经济学和老龄人口中心(加州大学：伯克利)(arrow.qal.berkeley.edu)。

老龄研究(政策研究中心：美国)(www-cpr.maxwell.syr.edu/aging.htm)。

外国劳动统计(stats.bls.gov/flshome.htm)。

《计量经济学》杂志数据库(qed.econ.queensu.ca/jae)。

世界银行数据库(www.worldbank.org/data)。

货币、汇率数据(www.wiso.gwdg.de/ifbg/currency.html)。

欧盟(europa.eu.int/index.htm)。

经济合作与发展组织(OECD)(www.oecd.org)。

世界银行(www.worldbank.org)。

3. 期刊

《金融经济学》杂志(www.jfe.rochester.edu)。

《金融和数量分析》杂志(www.depts.washington.edu/jfqa)。

《金融中介》杂志(www.apnet.com/www/journal/jf.htm)。

《商务和经济统计》杂志(www.amstat.org/publications/jbes/index.html)。

《应用计量经济学》杂志(www.jae.wiley.com/jae)。

《经济研究评论》杂志(www.exeter.ac.uk/restuds/Home.html)。

《金融和推测学》杂志(www.finasto.uni-bonn.de/journal/index.html)。

4. 学会

美国经济协会(www.vanderbilt.edu/AEA/JOURNAL OFECONOMIC)。LITERATURE 和 JOURNAL OF ECONOMICPERSPECTIVES 杂志的出版单位。

美国金融学会(www.afajof.org/)是《金融》杂志的出版单位。

西方金融协会(www.gsm.cornell.edu/wfa/index.html)。

美国会计协会(www.rutgers.edu/Accounting/raw/aaa),是著名的《美国会计协会季刊》的出版单位。

金融研究学会(www.sfs.org/),为金融从业人员和学术研究人员提供关于学术理论和研究信息。

国际金融管理协会(www.fma.org/index.htm)。

欧洲金融管理协会(www.odu.edu/~efma/)。

商业和经济新闻(www.bloombergwww.bloomberg.com)。

《商业周刊》(www.businessweek.com/)。

CNBC(www.cnbc.com/)。

《经济学家》(www.economist.com/)。

CNNfn 金融市场价格(www.cnnfn.com/markets/index.html)。

YAHOO 金融市场价格(quote.yahoo.com/)。

《金融时报》(www.ft.com/index.htm)。

《福布斯》(www.forbes.com/)。

《财富》(www.pathfinder.com/fortune/)。

《纽约时报》(www.nytimes.com/)。

《华尔街日报》(www.wsj.com/)。

5. 金融市场

CBS 市场观察(cbs.marketwatch.com/news/newsroom.htx)。

YAHOO 金融(quote.yahoo.com/)。

纽约联邦储备银行(www.ny.frb.org/pihome/mktrates/)。

投资指南(www.investmove.com/)。

证券专家(www.stockmaster.com/)。

CNN 金融市场(www.cnnfn.com/markets/index.html)。

普林斯顿大学(Brian Doyle www.princeton.edu/~bmdoyle/open.html)。

耶鲁大学(www.econ.yale.edu/~corsetti/wami/wami.html)。

AykutKibritcioglu(dialup.ankara.edu.tr/~kibritci/oem.html)。

6. 著名经济学家个人网站

Paul Krugman(web.mit.edu/krugman),国际经济学。

Nouriel Roubini(www.stern.nyu.edu/~nroubini/asia/AsiaHomepage.html),亚洲金融危机专题网站。

Brad DeLong(econ161.berkeley.edu/)经济史。

Nicholas Economides(www.stern.nyu.edu/networks/site.html)网络。

Samuel Brittan(www.samuelbrittan.co.uk/),《金融时报》专栏作家。

Steve Suranovic(www.internationalecon.com/),国际经济学(供学生学习用)。

Ed. Yardeni(www.yardeni.com/welcome.asp),经济和金融。

国外经济金融出版公司的网址(http://www.oswego.edu/~economic/publishers.

htm)。

Wiley 出版公司(http://www.wiley.com/)。

Investorwords(http://www.investorwords.com/),在线投资学字典。

7. 国内外机构网站

中国人民银行(www.pbc.gov.cn)。

中国保险监督管理委员会(www.circ.gov.cn)。

中国银行业监督管理委员会(www.cbrc.gov.cn)。

中国证券监督管理委员会(www.csrc.gov.cn)。

国家外汇管理局(www.safe.gov.cn)。

国家统计局(www.stats.gov.cn)。

中国票据网(www.zgpjw.com)。

中国货币网(www.chinamoney.com.cn)。

中国债券信息网(www.chinabond.com.cn)。

金融时报金时网(www.financialnews.com.cn)。

国研网(www.drcnet.com.cn)。

中经网(www.cei.gov.cn)。

中宏网(www.macrochina.com.cn)。

中国财经报刊数据库(www.cnnewspaper.com)。

国家图书馆(www.nlc.gov.cn)。

中国银行(www.bank-of-china.com)。

中国工商银行(www.icbc.com.cn)。

中国建设银行(www.ccb.com.cn)。

中国农业银行(www.abchina.com)。

交通银行(www.bankcomm.com)。

招商银行(www.cmbchina.com)。

国家开发银行(www.cdb.com.cn)。

花旗银行(www.citibank.com)。

美联储(www.bog.frb.fed.us)。

英格兰银行(www.bankofengland.co.uk)。

世界银行(www.worldbank.org)。

国际货币基金组织(www.imf.org)。

上海证券交易所(www.sse.com.cn)。

深圳证券交易所(www.szse.com.cn)。

香港联合证券交易所(www.sehk.com.hk)。

伦敦证券交易所(www.londonstockex.co.uk)。

东京证券交易所(www.tse.or.jp)。

美国纳斯达克市场(www.nasdaq-amex.com)。

新加坡国际金融交易所(www.simex.com.sg)。

伦敦国际金融期货及期权交易所(www.liffe.com)。
芝加哥商业交易所(www.cme.com)。
美国证券交易所(www.amex.com)。
纽约股票交易所(www.nyse.com)。
芝加哥证券交易所(www.chicagostock.com)。

8. 个人网站

凯恩斯(http://econ161.berkeley.edu/Economists/keynes.html)。
蒙戴尔(http://www.robertmundell.net/)。
保罗·克鲁格曼(http://www.wws.princeton.edu/%7Epkrugman/)。
布兰德·迪龙(http://www.j-bradford-delong.net/)。
厉以宁纵论经济(http://all.163.com/stock/hunter/special/2001000040.htm)。
吴敬琏个人主页(http://www.china-review.com/fwsq/wjl.asp)。
胡景北个人主页(http://www.hujingbei.net/)。
林毅夫个人主页(http://www.china-review.com/fwsq/jlin.asp)。

9. 其他

中国金融资源总库(http://finance.yrzjw.com/zky.asp)。
中国金融网(http://www.zgjrw.com/)。
华尔街日报(http://online.wsj.com/public/us)。
金融时报(http://www.ft.com/)。
经济学家(http://www.economist.com/)。
国际货币基金组织(http://www.imf.org/)。
世界银行(http://www.worldbank.org/)。
国际清算银行(http://www.bis.org/index.htm)。

五、国外部分大学金融专业学习课程设置

1. 宾州大学沃顿商学院金融专业课程设置

(1) Corporate Finance(公司财务)。
(2) Monetary Economics(货币经济学)。
(3) Business Economics(商业经济学)。
(4) Advanced Corporate Finance(高级公司财务)。
(5) Investment Management(投资管理)。
(6) Speculative Markets(投机市场)。
(7) Security Analysis(证券分析)。
(8) Multinational Corporate Finance(跨国公司财务)。
(9) Real Estate Investment: Analysis and Financing(房地产投资:分析和融资)。
(10) Urban Real Estate Economics(城市房地产经济学)。
(11) International Finance(国际金融)。

(12) International Banking(国际银行业)。

(13) Urban Fiscal Policy(城市财政政策)。

(14) Fixed Income Securities(固定收益证券)。

(15) International Housing Comparisons(国际住房供给比较)。

(16) Funding Investments(基金投资)。

(17) Behavioral Finance(行为金融)。

(18) Venture Capital and Private Equity(风险资本与私人权益)。

(19) Supervised Study in Finance(金融监控研究)。

(20) Financial Analysis(财务分析)。

(21) Macro economic Analysis and Public Policy(宏观经济分析和公共政策)。

(22) Speculative Markets(投机市场)。

(23) International Finance(国际金融)。

(24) Investment Management(投资管理)。

(25) Real Estate Investment：Analysis and Financing(房地产投资：分析和融资)。

(26) Urban Real Estate Economics(城市房地产经济学)。

(27) Fixed Income Securities(固定收益证券)。

(28) Advanced Corporate Finance(高级公司财务)。

(29) Security Analysis(证券分析)。

(30) Urban Fiscal Policy(城市财政政策)。

(31) Multinational Corporate Finance(跨国公司财务)。

(32) International Banking(国际银行业)。

(33) Funding Investments(基金投资)。

(34) Behavioral Finance(行为金融)。

(35) Venture Capital and Private Equity(风险资本与私人权益)。

(36) Advanced Study Project in Finance(金融中的高级研究项目)。

(37) Independent Study Project in Finance(金融独立研究项目)。

(38) Financial Economics(金融经济学)。

(39) Financial Institutions(金融机构)。

(40) Introduction to Empirical Methods in Finance(金融学中的实证方法介绍)。

(41) Continuous-Time Financial Economics(持续期金融经济学)。

(42) Intertemporal Macroeconomics and Finance(跨期宏观经济学和金融学)。

(43) Corporate Finance(公司财务)。

(44) International Finance(国际金融)。

(45) Empirical Research in Finance(金融领域的实证研究)。

(46) Behavior Finance(行为金融)。

2. 波士顿大学管理学院金融学专业课程设置

(1) Money，Financial Markets，and Economic Activity(货币、金融市场与经济活动)。

(2) Investment Analysis and Portfolio Management(投资分析与投资组合管理)。

(3) Corporate Financial Management(公司财务管理)。

(4) International Finance(国际金融)。

(5) Futures,Options,and Financial Risk Management(期货、期权和金融风险管理)。

3. 美国佛罗里达大学工商管理学院财务管理专业课程设置

(1) Principle of Macroeconomics(宏观经济学原理)。

(2) Principle of Microeconomics(微观经济学原理)。

(3) Composition(写作)。

(4) Calculus(微积分)。

(5) Humanities(人类学)。

(6) Introduction to Financial Accounting(财务会计入门)。

(7) Introduction to Statistics(统计学入门)。

(8) Physical/Biological Sciences(物理学/生物学)。

(9) Introdution to Managerial Accounting(管理会计入门)。

(10) Introduciton to Computer Programming and Software Pkgs(计算机编程与软件入门)。

(11) Principle of Management(管理学原理)。

(12) Statistics for Business Decisions(商务决策统计)。

(13) Business Finance(企业财务)。

(14) Principle of Marketing(市场学原理)。

(15) Debt and Money Markets(债务与货币市场)。

(16) Equity and Capital Markets(股本投资与资本市场)。

(17) Managerial Economics(管理经济学)。

(18) Operations Management(经营管理学)。

(19) Legal Environment of Business(商务法律环境)。

(20) Financial Management(财务管理)。

4. 美国佛罗里达大学工商管理学院保险学专业课程设置

(1) Humanities(人类学)。

(2) Physical Sciences(物理学)。

(3) Principle Macroeconomics(宏观经济学原理)。

(4) Biological Sciences(生物学)。

(5) Composition(写作)。

(6) Principle Microeconomics(微观经济学原理)。

(7) Calculus(微积分)。

(8) Introduction to Financial Accounting(财务会计入门)。

(9) Introduction to Statistics(统计学入门)。

(10) Introduction to Managerial Accounting(管理会计入门)。

(11) Introduction to Computer Programming and Software Pkgs(计算机编程与软件入门)。

(12) Principle of Management(管理学原理)。

(13) Statistics for Business Decisions(商务决策统计)。

(14) Business Finance(企业财务)。

(15) Principle of Marketing(市场学原理)。

(16) Legal Environment of Business(商务法律环境)。

(17) Operations Management(经营管理学)。

(18) Equity and Capital Markets(股本投资与资本市场)。

(19) Risk and Insurance(风险与保险)。

(20) Managerial Economics(管理经济学)。

(21) Risk Management(风险管理)。

(22) Debt and Money Markets(债务与货币市场)。

5. 哥伦比亚大学商学院金融与管理专业课程设置

(1) The Global Economic Environment(全球经济环境)。

(2) Managerial Economics(管理经济学)。

(3) Corporate Finance(公司财务)。

(4) Capital Markets and Investments(资本市场与投资)。

(5) International Business(国际商务)。

(6) Economics of Strategic Behavior(战略行为经济学)。

(7) Media and Information Management(媒体与信息管理)。

(8) Cost-benefit Analysis(成本利润分析)。

(9) Taxes and Business Strategy(税收与商业战略)。

(10) Economics of Health Care and Pharmaceuticals(医疗和制药经济学)。

(11) Management of Information, Communications and Media Resources(信息、通讯和媒体资源管理)。

(12) Media Economics(媒体经济学)。

(13) Business Strategies for Emerging Markets(新兴市场的商业战略)。

(14) Economic Analysis of Media Industries(媒体产业的经济分析)。

(15) Strategic Management of Media(媒体战略管理)。

(16) Advanced Corporate Finance(高级公司财务)。

(17) Debt Markets(债务市场)。

(18) Options Markets(期权市场)。

(19) Advanced Derivatives(高级衍生产品)。

(20) Security Analysis(证券分析)。

(21) Real Estate Finance(房地产金融)。

(22) Investment Banking(投资银行)。

(23) Financial Markets and the Economy(金融市场与经济)。

(24) Money Markets:Domestic and International(国内与国际货币市场)。

(25) International Banking(国际银行业)。

(26) Emerging Financial Markets(新兴金融市场)。

(27) Real Estate Capital Markets(房地产资本市场)。

(28) Environmental Finance(环境金融)。

(29) Institutional Fund Management(基金公司管理)。

(30) Financial Risks in Emerging Markets(新兴市场的金融风险)。

(31) Customer Financial Management(消费者金融管理)。

(32) Internet Financial Management(网络金融管理)。

(33) Behavioral Finance(行为金融学)。

(34) Corporate Governance(公司控制)。

(35) International Finance(国际金融)。

(36) Emerging Markets and the Multinational Enterprise(新兴市场与跨国企业)。

(37) European Financial Markets(欧洲金融市场)。

(38) Global Capital Markets and Currencies(国际资本市场与通货)。

(39) International Real Estate Investment(国际房地产投资)。

(40) Growth, Productivity and Technology(增长、产出与技术)。

6. 美国哈佛大学文理学院经济专业课程设置

(1) Microeconomics(微观经济学)。

(2) Macroeconomics(宏观经济学)。

(3) Development Economics(发展经济学)。

(4) Public Economics(公共经济学)。

(5) Econometrics(计量经济学)。

(6) International Monetary Economics(国际货币经济学)。

(7) Managerial Economics(管理经济学)。

(8) International Trade and Finance(国际贸易与金融)。

(9) Financial Market(金融市场)。

(10) Public Finance(财政学)。

(11) Capital Market(资本市场)。

(12) Corporate Finance(公司财务)。

(13) International Trade and Investment(国际贸易与投资)。

(14) International Trade Policy(国际贸易政策)。

(15) International Finance(国际金融)。

(16) Financial Institutions and Markets(金融机构与市场)。

(17) Financial Economics(金融经济学)。

(18) International Financial and Macroeconomic Policy(国际金融与宏观经济政策)。

(19) Economic Growth(经济增长)。

(20) Political Economics(政治经济学)。

(21) International Corporate Finance(国际公司财务)。

(22) International Economics(国际经济学)。

7. 美国加州大学洛杉矶分校经济学专业课程设置

(1) Principles of Economics(经济学原理)。

(2) Microeconomic Theory(微观经济学理论)。

(3) Macroeconomic Theory(宏观经济学理论)。

(4) Introduction to Econometrics(计量经济学入门)。

(5) Pricing and Strategy(定价与战略)。

(6) History of Economic Theory(经济理论史)。

(7) Theories of Economic Growth and Development(经济增长与发展理论)。

(8) Public Finance(公共金融)。

(9) Mathematical Finance(数理金融)。

(10) Labor Economics(劳动经济学)。

(11) Trade Unions and Professional Associations(交易单位与专业协会)。

(12) Money and Banking(货币与银行)。

(13) Monopoly and Competition(垄断与竞争)。

(14) Economic Analysis of Laws and Legal Institutions(法律与合法机构的经济分析)。

(15) Organization of the Firm(企业组织)。

(16) International Trade Theory(国际贸易理论)。

(17) International Finance(国际金融)。

(18) Mathematical Methods in Economics(经济学的数学方法)。

(19) Microeconomics:Theory of the Firm and Consumer(微观经济学:企业与消费者理论)。

(20) Macroeconomics:Dynamics and Growth Theory(宏观经济学:动态与增长理论)。

(21) Probability and Statistics for Econometrics(概率与统计)。

(22) Economics of Uncertainty,Information,and Games(不确定经济学、信息经济学、博弈论)。

(23) Monetary Economics(货币经济学)。

(24) Topics in Monetary Economics(货币经济学专题)。

(25) Econometrics:Single Equation Models(计量经济学:单一方程式模型)。

(26) Economic History of the U. S. (美国经济史)。

(27) Economic History of Western Europe(西欧经济史)。

(28) Labor Economics(劳动经济学)。

(29) Industrial Organization,Price Policies,and Regulation(产业组织、价格政策与管制)。

(30) Workshop:Business Organization(商业组织研讨会)。

(31) Topics in International Economics(国际经济学专题)。

(32) General Equilibrium and Finance(总均衡与金融)。

8. 美国加州大学戴维斯分校经济学专业课程设置

(1) Microeconomics(微观经济学)。

(2) Macroeconomics(宏观经济学)。

(3) Intermediate Microeconomics(中级微观经济学)。

(4) Intermediate Macroeconomics(中级宏观经济学)。

(5) Analysis of Economic Data(经济数据分析)。

(6) Economics History(经济学史)。

(7) Economic Development(经济发展)。

(8) Comparative Economic Systems(比较经济制度)。

(9) Public Economics(公共经济学)。

(10) Financial Economics(金融经济学)。

(11) Monetary Economics(货币经济学)。

(12) Econometrics(计量经济学)。

(13) International Economics(国际经济学)。

(14) Managerial Economics(管理经济学)。

(15) Futures and Options Markets(期货与期权市场)。

(16) Financial Management of the Firm(企业财务管理)。

(17) Personal Finance(个人理财)。

(18) Investments(投资学)。

(19) Business Law(商事法)。

(20) Fundamentals of Business Organization(商业组织原理)。

(21) Fundamentals of Marketing Management(市场管理原理)。

(22) Real Estate Economics(房地产经济学)。

9. 耶鲁大学经济学专业课程设置

(1) An Introduction to Economic Analysis(经济分析入门)。

(2) Introductory Economics(经济学入门)。

(3) The Theory of Resource Allocation and its Applications(资源配置理论及其应用)。

(4) Microeconomic Theory(微观经济学原理)。

(5) Macroeconomic Theory(宏观经济学原理)。

(6) Theory of Income Determination and Monetary and Fiscal Policy(收入决定与货币、财政政策理论)。

(7) Mathematical Economics:General Equilibrium Theory(数理经济学:总均衡理论)。

(8) Mathematical Economics:Game Theory(数理经济学:博弈论)。

(9) Macroeconomic History and Policy(宏观经济史与政策)。

(10) Game Theory(博弈论)。

(11) Econometrics and Data Analysis(经济学与数据分析)。

(12) Introduction to Probability and Statistics(概率与统计入门)。

(13) Econometrics(计量经济学)。

(14) Applied Econometrics(应用经济学)。

(15) European Economic History(欧洲经济史)。

(16) American Economic History(美国经济史)。

(17) Economic History of Latin America(拉丁美洲经济史)。

(18) Economics and Psychology(经济学与心理学)。

(19) Industrial Organization(产业组织)。

(20) Labor Economics(劳动经济学)。

(21) Financial Theory(金融理论)。

(22) Financial Markets(金融市场)。

(23) Public Finance(公共财政)。

(24) International Trade Theory and Policy(国际贸易理论与政策)。

(25) International Monetary Theory and Policy(国际货币理论与政策)。

(26) Economics of Developing Countries(发展中国家经济学)。

(27) Economic Development in Africa(非洲经济发展)。

(28) Economics of Natural Resources(自然资源经济学)。

(29) Economic Development of Japan(日本经济发展)。

(30) Investment Analysis(投资分析)。

(31) The Theory and History of Money and Financial Institutions(货币、金融机构理论与历史)。

(32) The Economics of Corporate Control(公司控制经济学)。

(33) Antitrust Law and Economics(反托拉斯法与经济学)。

(34) Corporate Finance(公司财务)。

(35) Economics of Population(人口经济学)。

(36) Economic Problems of Latin America(拉丁美洲经济问题)。

(37) Economics of Aging(年龄经济学)。

(38) Economic Problems of Africa(非洲经济问题)。

(39) Topics in American Economic History(美国经济史专题)。

(40) Topics in International Economics(国际经济学专题)。

(41) Auction Markets and Incentive Regulation(拍卖市场与激励管制)。

(42) Economic Development of India and South Asia(印度及南亚的经济发展)。

(43) Economics of Technology(技术经济学)。

(44) Empirical Topics in Macroeconomics and Finance(宏观经济学与金融学的实证专题)。

(45) Urban Economics(城市经济学)。

(46) The United States Banking System(美国银行体系)。

(47) Topics in Economic Policy(经济政策专题)。

(48) Directed Reading(定向阅读)。

(49) General Economic Theory:Microeconomics(微观经济学)。

(50) General Economic Theory:Macroeconomics(宏观经济学)。

(51) Advanced Microeconomic Theory(高级微观经济理论)。

(52) Topics in Game Theory(博弈论专题)。

(53) Advanced Macroeconomics(高级宏观经济学)。
(54) Mathematical Economics Ⅰ(数理经济学Ⅰ)。
(55) Mathematical Economics Ⅱ(数理经济学Ⅱ)。
(56) Microeconomic Theory Workshop(微观经济理论研讨会)。
(57) Student Workshop in Macroeconomics(微观经济学学生研讨)。
(58) Macroeconomics Workshop(宏观经济学研讨会)。
(59) Economic Analysis(经济分析)。
(60) Econometrics Ⅰ(计量经济学Ⅰ)。
(61) Econometrics Ⅱ(计量经济学Ⅱ)。
(62) Econometrics Ⅲ(计量经济学Ⅲ)。
(63) Econometrics Ⅳ:Time Series Econometrics(计量经济学Ⅳ:时间序列计量经济学)。
(64) Econometrics Ⅴ(计量经济学Ⅴ)。
(65) Applied Econometrics:Microeconomics(计量经济学应用:微观经济学)。
(66) Statistics and Econometrics(统计学与计量经济学)。
(67) Econometrics Workshop(计量经济学研讨会)。
(68) General Economic History:Western Europe(西欧经济史)。
(69) Economic Development of Japan(日本经济发展)。
(70) Economic Policies in Latin America(拉丁美洲经济政策)。
(71) General Economic History:United States(美国经济史)。
(72) Topics in Economic History(经济史专题)。
(73) Workshop in Economic History(经济史研讨会)。
(74) Industrial Organization(产业组织)。
(75) Labor Economics(劳动经济学)。
(76) Financial Economics(金融经济学)。
(77) Public Finance(公共财政)。
(78) International Economics(国际经济学)。
(79) International Economic Analysis(国际经济分析)。
(80) International Trade(国际贸易)。
(81) International Finance(国际金融)。
(82) Economic Development(经济发展)。
(83) Economics of Agriculture(农业经济学)。
(84) Economics of Technology(技术经济学)。
(85) Economics of Natural Resources(自然资源经济学)。
(86) Workshop on Environment and Natural Resources(环境与自然资源研讨会)。
(87) Trade and Development Workshop(贸易与发展研讨会)。
(88) The Economics of Population(人口经济学)。
(89) International Political Economy(国际政治经济)。
(90) Political Economy(政治经济)。

(91) Independent Reading and Research(独立阅读与研究)。

延伸阅读　　　　　　　　经济学说史上的第一

《经济论》(色诺芬)——最早提出"经济"概念
《赋税论》(威廉·配第)——西方最早的赋税理论专著
《英国得自对外贸易的财富》(托马斯·孟)——重商主义的"圣经"
《布阿吉尔贝尔选集》(布阿吉尔贝尔)——重农主义的先声
《休谟经济论文选》(大卫·休谟)——货币数量论的早期范本
《商业性质概论》(理查德·坎蒂隆)——经济学说史上的首部纯理论专著
《经济表》(弗朗斯瓦·魁奈)——首次图解的宏观经济学
《关于财富的形成和分配的考察》(安·罗伯特·雅克·杜尔哥)——重农学派的巅峰之作
《国民财富的性质和原因的研究》(亚当·斯密)——创建了经济学科学体系
《人口原理》(托马斯·罗伯特·马尔萨斯)——人口学的奠基之作
《政治经济学概论》(让·巴蒂斯特·萨伊)——供应学派的理论先导
《政治经济学及赋税原理》(大卫·李嘉图)——经济学史的第二座高峰
《政治经济学新原理》(西蒙·德·西斯蒙第)——首次系统论述经济危机
《孤立国》(冯·杜能)——第一部区位理论名著
《论财富的分配和赋税的来源》(理查德·琼斯)——地租理论的经典
《政治经济学的国民体系》(弗里德里希·李斯特)——历史学派第一部理论专著
《政治经济学原理》(约翰·斯图亚特·穆勒)——古典经济学的"终结篇"
《经济和谐论》(克洛德·弗雷德里克·巴师夏)——自由主义经济学的旗帜
《资本论》(卡尔·马克思)——马克思主义政治经济学的核心
《国民经济学原理》(卡尔·门格尔)——奥地利学派的理论基石
《政治经济学理论》(威廉姆·斯坦利·杰文斯)——数理经济学派的开山之作
《纯粹经济学要义》(莱昂·瓦尔拉斯)——一般均衡理论的"发源地"
《资本与利息》(欧根·冯·庞巴维克)——首提时差利息论
《经济学原理》(阿尔弗雷德·马歇尔)——现代西方经济学的"奠基石"
《利息与价格》(克努特·维克塞尔)——瑞典学派理论大成之作
《财富的分配》(约翰·贝茨·克拉克)——边际效用论"美国版"
《有闲阶级论》(托尔斯坦·凡勃伦)——制度学派代表作
《经济发展理论》(约瑟夫·熊彼特)——首提创新理论
《福利经济学》(阿瑟·塞西尔·庇古)——福利经济学诞生的标志
《区域贸易与国际贸易》(贝蒂·俄林)——国际贸易理论的首个完整体系
《制度经济学》(约翰·罗杰斯·康芒斯)——法国经济学制度学派的经典
《就业、利息和货币通论》(约翰·梅纳德·凯恩斯)——"一本拯救资本主义的名著"

《社会主义经济理论》(奥斯卡·兰格)——首提"市场社会主义"理论
《货币均衡论》(冈纳·缪尔达尔)——宏观理论的经典之作
《价值与资本》(约翰·理查德·希克斯)——宏观经济学首次微观化
《通向奴役的道路》(弗里德里希·冯·哈耶克)——自由主义宣言
《经济学》(保罗·安东尼·萨缪尔森)——全球最畅销的经济学教科书
《经济增长理论》(威廉·阿瑟·刘易斯)——关于经济发展问题的首部巨著
《丰裕社会》(约翰·肯尼思·加尔布雷思)——西方最受欢迎的20本畅销书之一
《经济成长的阶段》(华尔特·惠特曼·罗斯托)——经济现代化理论代表作
《资本主义与自由》(米尔顿·弗里德曼)——货币学派的经典
《改造传统的农业》(西奥多·威廉·舒尔茨)——创立了农业经济学
《投入产出经济学》(华西里·列昂惕夫)——首次提出投入产出分析法
《产业组织》(乔治·约瑟夫·施蒂格勒)——产业经济学的经典
《各国的经济增长》(西蒙·史密斯·库兹涅茨)——经验统计学的典范
《财富与贫困》(乔治·吉尔德)——里根革命的"理论依据"
《经济学》(约瑟夫·斯蒂格利茨)——经济学教科书的第四座里程碑
《经济学原理》(格里高利·曼昆)——创两项吉尼斯世界纪录的经济学教科书
《公司金融理论》(让·梯若尔)——公司金融理论"定本"
《贫穷的终结》(杰弗里·萨克斯)——首倡"临床经济学"

第二节 金融学类本科专业教学质量国家标准[①]

为全面落实教育规划纲要,促使金融学类专业高等教育适应社会主义现代化建设对人才培养的要求,教育部高等学校金融学类专业教学指导委员会制定并推行《金融学类本科专业教学质量国家标准》。该标准是金融学类本科专业人才培养的基本要求,将在全国范围内作为设置本科专业、指导专业建设、规范专业发展、评价教学质量的重要依据。在满足国家标准的基本要求之外,各高校应根据自身定位和办学特色,积极推进教育改革与创新,不断提高我国金融学科建设与发展的整体水平。

---

① 此为阶段性成果修订第4版,由教育部高等学校金融学类专业教学指导委员会秘书处于2014年3月3日发布。

一、前言

（一）学科意义

金融是现代经济运行的核心。金融在资源配置中起关键作用，金融政策是国家调节宏观经济的重要杠杆，金融运行状况关系到一国经济运行的稳定和效率，影响国家经济安全。经济金融全球化的客观形势和国内金融改革发展的伟大实践，都对我国金融高等教育和专业人才培养提出新的要求。既能立足中国，又能面向世界，能在东西方两个文化平台上自由转换的金融人才的培养成为当务之急。

（二）概述

金融学类专业以市场经济中的各类金融活动为研究对象，这些金融活动主要包括货币流通和信用活动、金融市场运行、金融机构经营管理、金融宏观调控以及整个金融体系的结构和功能等。金融学类专业隶属于经济学学科门类，相关专业主要包括工商管理类、法学类、数学类、心理学类、计算机类等。

（三）人才培养特色

金融学类专业的人才培养须立足中国实际，面向现代化、面向世界、面向未来。通过教育改革和创新，提高办学水平和质量。培养高层次、高技能、复合型、国际化的金融人才。满足社会经济发展对金融人才多样化、多层次的需求。

二、适用专业范围

（一）学科代码

0203。

（二）适用范围

本标准适用于金融学类本科专业，包括金融学（020301K）、金融工程（020302）、保险学（020303）、投资学（020304）4个基本专业，以及金融数学（020305T）、信用管理（020306T）、经济与金融（020307T）3个特设专业。

三、培养目标

金融学类本科专业人才培养的基本目标为：热爱祖国和维护社会主义制度；具备健全人格与心理素质；富有创新精神和意识；系统地掌握金融专业知识；能够在金融机构、政府部门和企事业单位胜任金融相关工作或者能够在国内外教育科研机构继续攻读更高学位的合格后备人才。

在满足基本培养目标的同时,各高校还应结合学校特色和社会需求,对实际开设的专业制定相应的培养目标。综合性大学应当充分发挥学科优势,以培养厚基础、宽口径、复合型、国际化人才为主要目标。财经类院校应注重专业技能训练,地方院校应紧密结合当地经济和金融发展的实际情况,以培养社会急需的应用型金融人才为主要目标。

各高校应根据培养目标制定培养方案。每4年对培养目标和方案进行评估、修订,并向金融学类专业教学指导委员会汇报备案。

四、培养规格

(一)学制与学位

基本学制为四年。可在四年制模式基础上实行弹性学制,但修业年限不得低于三年。

实行学分制的学校,金融学类本科专业学生毕业时应取得不少于140学分。对于学分构成的要求是:课堂教学不少于130学分,非课堂教学不少于10学分;课堂教学中的必修课不少于90学分,选修课不少于40学分;选修课中,专业选修课不少于20学分,跨学科任意选修课不少于20学分。

未实行学分制的学校,应在折算后满足上述学分要求。课堂教学可按照16~18学时折算1学分,集中实践环节可按照1~2周折算1学分,毕业论文等环节可参照实行学分制学校的相关规定。

完成专业培养方案规定的课程和学分要求,考核合格,准予毕业。符合规定学位条件的,授予经济学学士学位。

金融学类专业人才培养要符合高等教育一般规律,引导学生在系统掌握专业知识的基础上,更好地将知识转化成为能力,将能力内化成为素质。

(二)知识要求

(1)工具性知识。熟练掌握一门外语,具备较强的外语阅读、听、说、写、译的能力;熟练使用电子计算机从事业务工作;熟练运用现代信息管理技术进行专业文献检索、数据处理、设计模型等;熟练使用专业数据库从事专业论文以及研究报告写作等。

(2)专业知识。牢固掌握本专业基础知识、基本理论与基本技能。既要掌握经济学、管理学的基本原理,也要充分了解金融理论前沿和实践发展现状,熟悉金融活动的基本流程。

(3)其他相关领域知识。金融学类专业人才还应当了解其他相关领域知识,形成兼具人文社会科学知识、自然科学知识、工程与技术科学知识的均衡知识结构。

(三)能力要求

(1)获取知识的能力。能够掌握有效的学习方法,主动进行终身教育和终身学习;能够应用现代科技手段进行自主学习;适应金融理论和实践快速发展的客观情况,与时俱进。

(2) 实践应用能力。能够在金融实践活动中灵活运用所掌握的专业知识,能够对各种国内外的金融信息加以甄别、整理和加工,从而为政府、企业、金融机构等部门解决实际问题提供信息支持和对策建议;能够运用专业理论知识和现代经济学研究方法,具备一定的科学研究能力。

(3) 开拓创新能力。既要有创新意识,也要有创新能力和创业能力。能够学以致用,创造性地解决实际金融问题。具有专业敏感性,能够把握金融发展的趋势,在激烈的市场竞争和国际竞争中敢于创新、善于创新。

(4) 其他能力

具有一定的口头和书面表达能力、沟通交流能力、组织协调能力、团队合作能力,以及适应瞬息万变的金融市场所必需的其他能力。

(四)素质要求

(1) 思想道德素质。努力学习马克思主义基本原理、毛泽东思想、邓小平理论、"三个代表"重要思想、建设中国特色的社会主义理论和科学发展观等重要理论思想,确立在中国共产党领导下走中国特色社会主义道路、实现国家繁荣昌盛的共同理想和坚定信念。

树立爱国主义和国际主义思想,具有团结统一、爱好和平、勤劳勇敢、自强不息的精神。

遵守宪法、法律和法规,遵守公民道德规范,遵守《高等学校学生行为准则》,遵守学校管理制度,具有良好的道德品质和文明习惯。

树立诚信意识,履约践诺,知行统一,培养良好的职业操守和职业道德,具备社会责任感和人文关怀意识。

(2) 身心素质。具有健康的体魄,体育达标,具有良好的心理素质、较强的自我控制和自我调节能力。

(3) 科学文化素质。具有一定的科学知识与科学素养;具备一定的文学、艺术素养和鉴赏能力;对传统文化与历史有一定了解。

(4) 专业素质。具有金融专业思维和较强的学科意识,熟悉国家有关金融的方针、政策和法律法规,了解国内外金融发展动态。

五、课程体系

(一)课程体系总体框架

金融学类本科专业课程体系包括理论课程、实践教学环节和毕业设计(论文)三个部分(见图4.1)。其中,理论课程包括通识类课程、公共基础类课程、专业基础类课程和专业核心类课程。专业核心类课程包括专业必修课程和专业选修课程。实践教学包括社会调查与社会实践、专业实践,鼓励学生利用课余时间开展社会调查活动,参加大学生创新创业训练项目,提高学生认识社会和服务社会的能力。专业实践包括专业类实验、专业类实训和专业类实习。

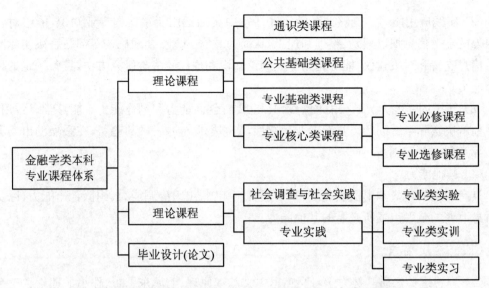

图 4.1　金融学类本科专业教育内容与知识体系框架图

（二）课程设置

1. 理论课程(表 4.1)

表 4.1　金融学类本科专业理论课程设置

课程性质	学分要求	知识领域	指定课程	建议选开课程
通识类	≥32 其中： 英语类≥12 数学类≥12	人文社会科学 自然科学	近代史纲要 逻辑学 法学基础 大学英语 数学分析（或微积分） 高等代数（或线性代数） 概率论与数理统计 计算机基础与应用	根据实际情况在此基础上另行安排其他课程
公共基础类	≥12	政治思想 品德修养 身心素质	马克思主义基本原理 毛泽东思想和中国特色社会主义理论体系概论 形势与政策 思想道德修养与法律基础 体育 国防教育（军事训练） 心理健康教育	根据实际情况在此基础上另行安排其他课程

续表

课程性质	学分要求	知识领域	指定课程	建议选开课程
专业基础类	≥20 其中： 金融学≥4	经济学 管理学	政治经济学 宏观经济学 微观经济学 计量经济学 统计学 会计学 财政学 金融学	管理学原理、财务报表分析、经济法、审计学、管理会计、发展经济学、制度经济学、数理经济学、经济学说史、产业经济学、信息经济学、系统工程、管理心理学、组织行为学、项目管理、市场营销、国际经济学等
专业核心类	专业必修课 ≥26		"6＋X"模式	
	专业选修课 ≥20		根据特色培养目标自行安排备选课程	
任意选修类	≥20		根据特色培养目标自行安排备选课程，鼓励学生跨学科任意选修兴趣课程	

(1) 通识类课程

通识类课程涉及人文社会科学领域和自然科学领域的知识。人文社会科学知识主要包括哲学、历史、文学、法学、外语等。自然科学知识主要包括数学、计算机与信息科学及其他理工知识。通识类课程总学分不少于32学分。其中，英语类课程合计不少于12学分，数学类课程合计不少于12学分。

金融学类本科专业学生应当至少完成以下通识类课程：近代史纲要、逻辑学、法学基础、大学英语、数学分析（或微积分）、高等代数（或线性代数）、概率论与数理统计、计算机基础与应用。

各院校可根据实际情况在此基础上另行安排其他课程。

(2) 公共基础类课程

公共基础类课程包括三个方面：政治思想、品德修养和身心素质。公共基础类课程总学分应不少于12学分。

金融学类本科专业学生必须完成的公共基础类课程包括：马克思主义基本原理、毛泽东思想和中国特色社会主义理论体系概论、形势与政策、思想道德修养与法律基础、体育、国防教育(军事训练)、心理健康教育。

各院校可根据实际情况在此基础上另行安排其他课程。

(3) 专业基础类课程

专业基础类课程是为开设专业核心类课程奠定基础的课程。专业基础类课程总学分应不低于 20 学分。

金融学类本科专业学生应至少完成以下 8 门专业基础类课程：政治经济学、宏观经济学、微观经济学、计量经济学、统计学、会计学、财政学、金融学。其中,金融学课程不低于 4 学分。

各院校可根据实际情况在此基础上另行安排其他课程。建议开设的其他专业基础类课程包括但不限于：管理学原理、财务报表分析、经济法、审计学、管理会计、发展经济学、制度经济学、数理经济学、经济学说史、产业经济学、信息经济学、系统工程、管理心理学、组织行为学、项目管理、市场营销、国际经济学等。

(4) 专业核心类课程

专业核心类课程分为专业必修课和专业选修课,合计应不少于 46 学分。

金融学类本科专业学生应当完成不少于 26 学分的专业必修课。专业必修课程采取"6+X"模式。"6"是指金融学类本科专业学生必须完成的 6 门专业必修课,"X"是指各院校根据办学特色为学生另行安排的其他专业必修课程。6 门课程中,2 门为所有金融学类本科专业应统一开设的专业必修课程,4 门为根据专业特色分别要求开设的专业必修课程。

金融学类本科专业学生还应完成不少于 20 学分的专业选修课程。各院校可以根据特色培养目标自行为学生提供备选课程菜单。

2. 实践教学环节

金融学类本科专业应注重培养学生的实验技能、实践能力、科研能力、创业能力等。教学方案中应设置实验教学内容,建立相应的实践教学环节。实践教学环节包括社会调查与社会实践,以及专业实践。其中,专业实践包括专业类实验、专业类实训和专业类实习等多种形式。

(1) 专业类实验

专业类实验是指在部分专业课教学当中,将能够和需要通过实验教学讲授的内容在实验室中完成。金融学类本科专业的专业核心类课程中涉及技能性教学内容的,应当在实际教学过程中逐渐融入实验教学(见表 4.2)。条件允许的院校应当尽量提高专业类实验课的课时。

(2) 专业类实训

专业类实训是依托实务部门所开展的实践教学活动,是校内实验课程教学的延伸。各院校应鼓励金融学类本科专业学生开展科研创新活动,通过在实务部门的观察调研,开展专业问题研究。学生可以申报校级、省市和教育部设立的大学生科研创新基金,开展创新项目研究。金融学类本科专业学生在校级以上各种科研大赛中获奖的,可以获得相应学分,或折抵相关任选课或非课堂教学课的学分。

表 4.2 专业类实验教学建议

专业名称	课程	建议实验内容
金融学 金融工程 保险学 投资学 金融数学 信用管理 经济与金融	证券投资学 商业银行业务与经营 公司财务 国际金融学 投资银行学 金融统计分析 国际结算 理财规划 衍生金融工具和金融数值计算等课程 多元统计分析 实证金融分析 时间序列分析	证券投资分析技能 商业银行综合业务技能 企业投融资实务技能 外汇投资、外汇风险管理技能 投资银行业务技能 统计软件应用 国际结算技能实验 理财技能 金融工具模拟设计技能 统计软件应用 金融数据挖掘技能 金融市场数据处理
保险学	人身保险业务技能 财产保险业务技能 保险精算实务 保险信息管理业务技能 国际风险管理与保险技能	
信用管理	征信管理技能 信用评级技能 企业信用管理技能 金融机构信用管理技能	

(3) 专业类实习

专业实习建议安排在第三学年以后,连续实习时间应不少于 4 周。实习过程要求有完整的实习记录,学生在实习后需完成一份不少于 3000 字的实习报告。

3. 毕业设计(论文)

金融学类本科专业部分课程在教学过程中要训练学生的论文写作能力,将论文写作纳入课程成绩考核当中。学生在修完所有规定课程后,必须完成一篇不少于 8000 字的毕业论文。有条件的院校应进行论文查重。论文合格,方可毕业。

(1) 选题要求

本科毕业论文选题既要结合专业,发挥专业优势和研究兴趣,又要紧密结合社会主义市场经济发展实际,还要有一定的理论意义和应用价值。学生选题要考虑自身的专业基础和实际研究能力,导师结合学生的基本专业水平进行开放式选题,并加以认真指导。选题要符合金融学类本科专业培养要求。

(2) 内容要求

在内容上,毕业论文(设计)应能体现学生的如下能力:① 综合运用专业知识的能力。论文(设计)应体现学生对所学专业基础知识和基本技能的运用能力,可以运用所学知识独立完成论文(设计),并有创新意识和创新能力。② 运用现代经济学研究方法的能力。学生能够正确阅读和理解外文资料,恰当地引用和分析资料,科学掌握和合理运用现代经济学分析工具。③ 逻辑分析与归纳总结的能力。学生对自己所提出的观点或得出的结论,能够逐个进行论述,并且阐明它们之间的关系,有自己的观点和见解,主次分明。

(3) 指导要求

学生论文(毕业设计)应由具有科研、教学工作经验的拥有讲师以上职称的教师指导。导师一经确定,不得随意更换。指导教师对学生应严格要求,加强对学生的指导。指导教师既要充分发挥学生的主动和创新精神,又要因材施教,培养学生独立分析问题和解决问题的能力。

六、教学规范

(一)教学过程规范

1. 教学大纲与教案的编写要求

各学校应根据本标准确定各个专业的培养方案,教学大纲应与培养方案配套,一经确定,教师在教学过程中不得擅自调整,考试内容不得超出教学大纲范围。

教师应按照教学大纲认真撰写教案和讲稿、编辑或选用多媒体课件,做好教学准备工作。了解学生的先导课程及学习程度,选用科学有效的教学方式方法,做好与相关课程的衔接工作。

2. 教学方法运用要求

各高校应制定政策和创造条件,鼓励教师运用多种教学方法进行教学,以保证最佳教学效果。

3. 教材选用要求

金融学类本科专业在教材选择上应遵循下列要求:

(1) 专业课程(包括专业基础类课程和专业核心类课程)应优先选用曾获得省、部级优秀教材奖的教材,或获得国家规划教材立项、省部级精品教材立项的教材;选用教材应在近五年内修订过。

(2) 部分专业课程也可以选用从国外引进的优秀教材,或由国际知名专家、学者编写的、经过多次修订的教材;选用教材应在近五年内修订过。

(3) 部分专业核心类选修课程,可以选用教师自编教材;没有成型教材的,要求教师编写书面讲义。

4. 课程辅导要求

根据课程内容需要,可以适时开设习题课和讨论课。教师应以个别答疑为主,重视因材施教;对共同性问题应当组织集体辅导。

5. 课程考核要求

各学校应根据课程的性质和具体情况,制定课程考核要求。鼓励采用灵活多样的考核方式,除期末考试外,可采用作业、设计、调研报告、课堂讨论等形式。

(二)教师行为规范

各高校应制定教师行为规范,并严格考核。基本要求如下:服从工作安排,承担教学任务;不得擅自停课、缺课、调课、请人代课,特殊情况应报请相关部门同意;严格遵守上课时间,不得迟到、早退;课堂教学中应做到衣着得体,言谈大方,举止有度;重视与学生的交流,认真履行"传道、授业、解惑"的教师职责。

七、师资队伍

(一)师资队伍结构

开设金融学类本科专业的院校,专业生师比不应高于20∶1。专业基础类课程和专业核心类课程聘请校外教师的数量原则上不应超过专职教师总数的10%,理论课程聘请校外教师授课的课时数不应超过10%。

(1)学历结构。各院校应该着力优化教师队伍的学历结构。一方面可新增高学历教师,另一方面也鼓励教师在职攻读高一层次的学位。讲授专业基础类课程和专业核心类课程的教师,必须全部具有硕士以上学位,具有博士学位的教师比例应不低于40%。

(2)学缘结构。各院校在新招聘师资时应在同等条件下尽量录用非本校学缘的人才,鼓励本校毕业生到他校任教。同时,采取积极措施鼓励本校教师到他校攻读学位或进修学习。最后学历为本校的教师比例不应超过50%。

(3)职称结构。具有高级专业技术职称的教师比例不低于35%。

(二)教师背景与水平要求

(1)教师背景。师资队伍应具有良好的金融学类专业教育背景,知识结构合理,能够满足金融业和金融教育发展的要求。有过金融业从业经历的教师比例应不低于10%。应聘请一定数量的金融业界专家参与教学工作。

(2)教师水平要求。具有一定专业科学研究能力,在相关学科领域有一定的科研成果。具有良好的沟通能力、语言表达能力和分析思考能力。对学生和社会有强烈的责任感和使命感。在教学过程中,能够紧密结合学生未来的学术发展和就业需要安排教学内容。

(3)教师发展规划。各院校应按照"培养与引进并重"的原则积极引进高水平教师,在充分发挥学科带头人骨干作用的同时,着力培养年轻教师,有效整合师资力量,稳定教师队伍,发挥教师潜力,形成科学合理的教师发展与激励机制,全面推进教师队伍建设,争取建立起一支职称结构、学历结构和年龄结构均衡合理的专业教师队伍。

八、教学条件

(一)为学生和教师提供充足的信息资源

开设金融学类专业时,学校图书馆应有数量充足且大致覆盖金融学类专业的图书、刊物和资料。学校图书馆应当拥有金融学类专业教学和科研所需的数字化资源,并且能够提供简便畅通的检索和获取服务。

(二)为教学提供良好的教学设施与实习基地

学校基础实验室座位数量充足。单个专业实验室的座位数不得少于金融学类专业一个自然班的学生人数。本专业实验室的生均固定资产净值不少于学生当年学费标准的50%。

金融学类专业的学生实习需要有稳定的实习基地。实习单位以金融机构为主，政府部门、企事业单位为辅。

（三）保证充足的教学经费投入

金融学类本科专业的教学四项经费包括业务费、教学差旅费、体育维持费、教学仪器设备维修费等，占学费收入的比例应不低于25%。

教学经费投入的增长至少要与学费收入增长同步。

九、教学效果

（一）教学成果

各高校应重视培养模式的改革与创新、课程建设、教材建设和教学方法改革与创新，并将教学成果定期向教指委报备。对于成效显著的教学创新成果，教指委将及时向其他培养单位通报并创造条件加以推广。

（二）课堂教学效果

建立定量评价与定性评价相结合、学生评价、同行评价等多主体共同参与的课堂教学效果评价指标体系。

主要指标应包括：教师按时上、下课，教师在课程开始时就向学生明确课程的教学目标、教学内容、考核方式，教师选择的教材适合课程的学习，教师讲解清楚、深入浅出、启发性强，教师对课程重点、难点内容突出讲解，教师授课能够根据课程内容理论联系实际，教师注重培养学生的学习兴趣和自我学习能力，教师鼓励学生质疑、提问、研讨，教师合理安排与课程相关的阅读文献或作业，教师对学生作业情况予以反馈，教师对教学工作认真负责等。

教学效果评价结果应当作为教学工作考核、年终考核、教学奖励以及评优、职称评聘的依据。

（三）生源与就业

各高校应根据自身学科优势制订相应的生源战略与招生政策，以吸引优质生源，确保可持续发展；按照师资规模、教学条件合理确定招生规模；以社会需求为导向，保证教学质量，提高毕业生就业率。

十、质量保障体系

（一）质量保障目标

各高校应当以本标准为基础建立质量保证目标系统，该系统应覆盖上述培养目标、培养规格、课程体系、教学规范、专业教师队伍、教学条件、教学效果六项指标。

（二）质量保障规范与监控

各高校应当围绕各质量保障目标要求，制定质量保障实施规范，建立信息反馈机制和调控改进机制，开展经常化和制度化的质量评估，确保对教学质量实施全过程有效监控，保证教学质量的持续提高和专业人才培养目标的充分实现。

十一、名词释义

- 通识类课程：在高等教育阶段，大学生均应接受的具有共同内容的教育课程。通常分属若干学科领域，内容较为宽泛，目的在于培养学生健全的人格和良好的公民素质。
- 公共基础类课程：各专业学生共同必修的课程，包括三个方面：政治思想、品德修养和身心素质。此类课程不一定同所学专业有直接联系，但它对于培养德、智、体全面发展的人才和为进一步学习提供方法论方面不可或缺。
- 专业基础类课程：为专业课学习奠定必要基础的课程，是学生掌握专业知识和技能必修的重要课程。
- 专业核心类课程：与所学专业有直接联系，旨在传授专业核心知识和基本技能，包括专业必修课和专业选修课。
- 专业实践：与所学专业有直接联系的实践教学环节，包括专业类实验、专业类实训和专业类实习。
- 专业类实验：在部分专业课教学过程中，借助专业实验手段完成部分教学环节。
- 专业类实训：依托实务部门所开展的实践教学活动，是校内实验课程教学的延伸。
- 专业类实习：学生在与所学专业相关的实务部门从事短期或长期工作，借以增进对课堂讲授的专业知识的认识。

课后实践

1. 请利用课余时间阅读一到两本经济学名著，并在本课程结束后写出读书笔记。
2. 请查阅资料，尝试给一位国内外经济学家发送邮件，也许这就是你敲开经济学殿堂的钥匙。
3. 请认真阅读本专业培养方案，并查阅其他高校同类专业培养方案，比较差异，谈谈你对这个培养方案的认识。

附录一　铜陵学院金融学类专业人才培养方案

金融学专业人才培养方案
（2017年修订）

一、专业方向

金融学专业为四年制、全日制本科专业，面向地方经济发展，培养符合银行、金融管理部门、互联网金融部门、金融资产公司、其他企事业单位等领域各相关金融岗位所需要的应用型金融人才。本专业以货币银行为主要培养方向，兼顾投资证券、理财等。

二、培养目标

培养德、智、体、美全面发展，适应我国社会主义市场经济建设，掌握金融学科的基本理论和基本知识，熟悉金融法规和相关政策，了解金融学的理论前沿和发展动态，掌握银行业经营与营销基本知识，了解"互联网＋"形式下新型金融业态发展，具有处理银行与金融管理等方面业务的技能，具备良好的经济、管理素质，能在银行、互联网金融部门、金融资产公司、金融管理部门和其他企事业单位从事银行业务、金融管理工作或教学科研工作，具有创新精神和较强实践能力的应用型金融专门人才。

三、培养要求

本专业培养基础知识实、实践能力强、综合素质高、社会责任感强，有一定创新和创业能力的应用型金融人才。毕业生应具备以下基本素质：

1. 思想政治素质

掌握马克思主义基本原理、毛泽东思想、邓小平理论和"三个代表"重要思想，深入落实科学发展观，坚持四项基本原则，具有良好的政治素质和高尚的社会道德。

2. 专业技能素质

（1）掌握经济学和管理学的基本理论、基本知识。

（2）熟悉商业银行、金融管理等方面的理论与实务，掌握相关的金融定性和定量分析方法。

（3）熟悉国内金融管理的方针、政策和法规及金融运行的国际惯例和规则，了解金融学的理论前沿和发展动态。

3. 文化素质

熟练掌握一门及以上外语，具有较强的语言文字表达能力和人际交往能力；掌握文献检索、资料查询及运用现代信息技术获取信息的基本方法，具有一定的科研能力。

4. 身心素质

具有健康的体魄,达到国家大学生体质健康标准。具有良好的心理素质,心理健康,沟通和协调能力较强。

四、能力分析表(见附表1)

附表1　能力分析表

综合能力	专项能力	能力要素	课程与实践
基础素质与能力	政治素质	热爱祖国,遵纪守法、掌握马克思主义基本原理、毛泽东思想、邓小平理论和"三个代表"重要思想,深入落实科学发展观,坚持四项基本原则,具有良好的政治素质和高尚的社会道德	思想道德修养与法律基础、马克思主义基本原理、毛泽东思想和中国特色社会主义理论体系概论、中国近现代史纲要、入学教育和军训、形势与政策等
	人文素质	具备人文知识,理解人文思想,掌握人文方法,遵循人文精神	大学语文、公益劳动、社会实践、毕业教育等
	分析运算能力	具备数据分析处理能力、较强的运算能力	高等数学、线性代数、概率论与数理统计、数学建模大赛等
	英语应用能力	具备基本听说读写能力、投资学专业资料分析能力	大学英语、英语四六级考试、毕业论文(设计)等
	计算机应用能力	具备计算机基础运用能力、计算机语言应用能力、计算机网络应用能力	计算机基础、计算机语言、计算机等级考试、毕业论文(设计)等
	利用现代化手段获取信息能力	具备网络资源搜集与整理能力、网络沟通能力、信息获取与应用能力	计算机基础、网络金融、毕业论文(设计)与综合训练、拓展能力等
	组织管理、语言表达、人际交往以及在团队中发挥作用的能力	具备基本组织与管理能力、较强的语言表达能力和社会交往能力	管理学、大学语文、社会实践、创业教育与创业培训、社团工作等
	身心素质	具有健康的体魄,达到国家大学生体质健康标准。具有良好的心理素质,心理健康,沟通和协调能力较强	体育、军事军训、大学生心理健康教育、实训、毕业实习、社会实践、拜师学艺等
专业基础理论及应用能力	经济学和金融学基础知识及应用能力	掌握经济学、金融学的基本理论和基本知识及应用、掌握银行、投资、保险等方面的基础知识及应用;掌握基本的财务知识及应用	宏观经济学、微观经济学、会计学基础、中级财务会计、会计报表分析、金融学、金融经济学、投资学、财政学、保险学等
专业知识及应用能力	金融学专业知识及应用能力	掌握金融学专业知识,具备金融分析能力、银行业务操作能力,熟悉国家相关法律	中央银行学、投资银行理论与实务、商业银行经营管理、金融计量学、信用管理学、金融工程、国际金融实务、金融法、毕业论文(设计)与综合训练等

续表

综合能力	专项能力	能力要素	课程与实践
专业基本技能	具备金融学专业基本技能	银行业务操作、理财分析与规划等	贷款项目评估、个人理财、金融营销、项目融资、外汇交易与管理、金融模拟实验等
创新创业能力	具备创新与创业能力	富于创新精神,勇于投身实践,具有较强创业能力和创业精神、金融创新能力	创业基础、大学生职业发展与就业指导、创业投资、网络电商创业、投资学科前沿、创新创业训练与培训、创业实训、创业实践等
社会责任感	具有强烈社会责任意识	坚持立德树人,加强社会主义核心价值体系教育,完善中华优秀传统文化教育,提升对国家、集体以及他人的担当意识,增强学生社会责任感	社会责任培养理论课程(思想道德修养与法律基础等),社会责任实践活动,社会责任竞赛活动等

五、学制、学位与最低学分要求

学制四年,学完规定课程,修满177.5学分,成绩合格,并完成创新创业、社会责任以及素质拓展学分最低要求,颁发全日制普通高等学校金融学本科专业毕业证书;符合学士学位授予条件的,授予经济学学士学位。

六、实践性教学环节

实践性教学环节主要有:军事军训(含军事理论)、形势与政策(创业与就业指导)、公益劳动、社会实践、毕业教育、毕业实习、毕业论文(设计)与综合训练、金融模拟实验、创业教育与创业实训等,具体如附表2所示。

附表2 集中性实践教学环节安排表

实践教学项目	学分	周数	安排学期	实践方式
入学教育和军训(含军事理论)	4	4	1	集中
毕业论文和毕业实习	11	11	8	集中
金融技能综合实训	4	4	7	集中
生产实习	2	2	7	集中
认知实习	1	2	3	集中
创业教育与创业实训	3	3	7	集中
合 计	25	25		

七、课程结构比例(见附表3)

附表3 课程结构比例

课程类别	学分	学时	课程理论教学学时	课堂实践教学学时	占学分比例
公共基础课	65.5	982	871	111	35.90%
公共选修课	10	160	160	0	5.48%
专业基础课	35	560	536	24	19.73%

续表

课程类别	学分	学时	课程理论教学学时	课堂实践教学学时	占学分比例
专业核心课	30	464	416	48	16.90%
专业方向课	12	188	180	8	6.76%
集中实践教学	25	25周			14.08%
总　　计	177.5	2354	2163	191	100.00%

八、主干学科和主要课程

1. 主干学科

理论经济学、应用经济学。

2. 主要课程

微观经济学、宏观经济学、经济法律概论、会计学基础、中级财务会计、会计报表分析、金融学、金融中介学、投资学、保险学、统计学、管理学原理、金融经济学、金融计量学、商业银行经营学、金融工程学、投资银行学、金融市场学、公司金融、个人理财、中央银行学、国际金融学、信用管理学等。

九、相近专业

投资学、保险学、金融工程。

十、教学时间安排总表（见附表4）

附表4　教学时间安排总表

学年	一		二		三		四		合计
项目＼学期	1	2	3	4	5	6	7	8	
入学教育和军训(含军事理论)	2								2
课堂教学	16	18	18	18	18	16	10		114
复习考试	2	2	2	2	2	2	2		14
认知实习						2			2
金融技能综合实训							2		2
生产实习							4		4
创业培训与实训							2		2
毕业论文和毕业实习								11	11
毕业教育								1	1
毕业答辩								2	2
机动								6	6
总周数	20	20	20	20	20	20	20	20	160

十一、教学进程表(见附表5)

附表5 金融学专业教学进程表

课程类别	课程代码	课程名称	开设学期	学分	周课时	授课时间分配 合计	其中 课程理论教学	其中 课程实验教学	实践课	考核方式	备注
公共基础课	1210016	思想道德修养与法律基础	1	3	3	42	42		6	考查	
	1210013	马克思主义基本原理	2	3	3	42	42		6	考试	
	1210015	中国近现代史纲要	3	2	2	24	24		8	考查	
	1210014	毛泽东思想和中国特色社会主义理论体系概论	4	6	4	60	60		36	考查	
	0510041	大学英语Ⅰ	1	4	4	64	50	14		考试	
	0510042	大学英语Ⅱ	2	4	4	64	50	14		考试	
	0510043	大学英语Ⅲ	3	4	4	64	50	14		考试	
	0510044	大学英语Ⅳ	4	4	4	64	50	14		考试	
	0610001	计算机基础	1	2.5	3	40	20	20		考查	
	0600004	计算机语言	2	4	5	85	51	34		考试	
	1300001	体育Ⅰ	1	1	2	32	32			考试	
	1300002	体育Ⅱ	2	1	2	32	32			考试	
	1300003	体育Ⅲ	3	1	2	32	32			考试	
	1300004	体育Ⅳ	4	1	2	32	32			考试	
	0702207	经济数学	1	5	6	84	84			考试	
	0702304	线性代数	3	3	3	48	48			考试	
	0722102	概率论与数理统计	2	4	4	64	64			考试	
	0711901	大学语文	2	3	3	48	48			考查	
	0713501	大学生心理健康	1	2	2	32	28	4		考查	
	0118091	专业导论课	1	1	2	16	10	6		考查	
	1401089	形势与政策(安全教育)	1~8	2						考查	
	0104201	创业基础	3	2	2	32	32			考查	创新创业课
	0713277	大学生职业发展与就业指导	1.7	2	3	32	32			考查	
		小　计		65.5		982	871	111	56		

续表

课程类别	课程代码	课程名称	开设学期	学分	周课时	授课时间分配			实践课	考核方式	备注
						合计	其中				
							课程理论教学	课程实验教学			
专业基础课	1210066	经济法律概论	1	2	2	32	32			考查	
	0310003	管理学原理	1	2	2	32	28	4		考查	
	0200002	会计学基础	2	3	3	48	36	12		考试	
	0418822	微观经济学	2	3	3	48	48			考试	
	0418832	宏观经济学	3	3	3	48	48			考试	
	0310001	统计学	3	3	3	48	48			考试	
	0201013	中级财务会计	3	4	4	64	60	4		考试	
	0114013	金融学	3	4	4	64	64			考试	
	0306001	投资学	4	3	3	48	44	4		考试	
	0410021	金融经济学	5	3	3	48	48			考查	
	0114144	保险学	5	3	3	48	48			考查	
	0101013	财政学	6	2	2	32	32			考试	
	小　计			35		560	536	24			
专业主干课	0114014	金融中介学	3	2	2	32	32			考查	
	0114023	商业银行经营学	4	3	3	48	42	6		考试	
	0114033	投资银行学	4	3	3	48	42	6		考试	
	0114084	国际金融学	4	3	3	48	42	6		考试	
	0114063	公司金融	5	4	4	64	64			考试	
	0114073	中央银行学	5	2	2	32	32			考查	
	0114053	金融市场学	6	3	3	48	42	6		考试	
	0114123	金融工程学	6	3	3	48	48			考试	
	0114274	信用管理学	6	2	2	32	32			考查	
	0114243	证券投资学	6	3	3	48	40	8		考试	
	0114083	金融模拟实验	7	2	2	16		16		考查	创新创业课
	小　计			30		464	416	48			

课程类别	课程代码	课程名称	开设学期	学分	周课时	授课时间分配			实践课	考核方式	备注
						合计	其中				
							课程理论教学	课程实验教学			
专业方向课		银行业法律法规与综合能力(原银行从业公共基础)	5	2	2	32	32			考查	
	0201007	会计报表编制与分析	5	2	2	32	32			考查	
	0114112	金融会计	5	2	2	32	32			考查	
	0118045	理财规划	5	2	2	32	32			考查	
	0114275	创业投资	6	2	2	32	28	4		考查	
	0104033	金融营销	6	2	2	32	28	4		考查	
	0114273	互联网金融	6	2	2	32	28	4		考查	
	0104199	现货交易原理与实务(现货从业)	6	2	2	32	28	4		考查	
	0302019	房地产金融	7	2	3	30	30			考查	
	0114089	行为金融学	7	2	3	30	30			考查	
	0114222	金融监管	7	2	3	30	30			考查	
	0114125	期货基础(期货从业)	7	2	3	30	30			考查	
		小 计		12		188	180	8			
	说明:以上专业选修课分布在5、6、7三个学期,每学期从四门选修课程中任选两门,三学期共需修满12学分,总课时为188学时,其中理论课为180学时,实验课为8学时										
公共选修课	教务处统一搭建	平台上各类不同模块的课程中,各专业学生选修公共选修课学分不少于10学分,其中理工类学科专业选修文法经管类学分不少于2学分,文法经管类学科选修理工类课学分不少于2学分。各学科专业的学生不得选修属于本专业必修课或相近的选修课,否则,所修学分无效										
		小 计		10		160	160			考查	小计
拓展学分课程		单列,具体见创新创业模块和社会责任模块									
		小计(不计入总学分)		(5)							
		课堂教学小计		157.5		2354	2163	191			
		实践教学环节小计		25							
		合 计		182.5		2354	2163	191	(56)		

说明:第七学期理论课安排在第10周末结束,第12周进行期末考核。

十二、创新创业模块(10个学分)

十三、社会责任模块学分构成(28个学分,见附表6)

附表6　社会类五模块学分构成

	课　　程	开设学期	学分	课时	理论课时	实践课时	备注
创新创业模块	创业基础	1	2	32	32		教务处安排
	大学生职业发展与就业指导	1	2	32	32		教务处安排
	创业模拟实训		3				学院安排
	网商创业培训		3				学院安排
	创业大赛		3				学生报名
	大学生创新创业训练计划		3				学生申报
	创业计划书		3				学生自行完成
	创业调研与实践		3				学生自行完成
	合　　　计		24	64			

说明：创新创业模块需修满10个学分，其中《创业基础》《大学生职业发展与就业指导》由教务处统一安排。剩余学分学生可在创新创业模块的其他项目中进行选择，完成后即可以获得相应学分。学分的认定工作由学院和班级共同完成

1. 社会责任培养课程（选修/必修，共26个学分，见附表7）

附表7　社会类责任培养课程

序号	课　程　名　称	学分
1	思想道德修养与法律基础	3
2	中国近现代史纲要	2
3	马克思主义基本原理	3
4	毛泽东思想与中国特色社会主义理论体系概论	3
5	形势与政策	2
6	军事训练	2
7	大学生心理健康	2
合计	说明：以上部分课程由学校和教务处平台搭建	17
8	入学教育	2
9	毕业教育	2
10	大学生生涯规划与就业素养教育	2
11	人文科学类或社会科学类公选课	2
12	安全教育	1
合计	说明：以上部分社会责任模块由学院自主安排，学分由学院和班级进行认定	9
总计	必须完成26个学分	

2. 社会责任实践活动（选修，不低于2学分，见附表8）和相关职业资质证书（见附表9）

附表8 社会责任实践活动

序号	项目及标准		学分	备注
1	各类社会实践活动	国家级	6	提供获奖证书
2		省级	4	提供获奖证书
3		学校	2	提供获奖证书
4	参加学院以上"三下乡"社会实践团队,撰写较高质量的调查报告		2	提供调查报告与团队总结
5	参加社会实践,提出合理化建议,并产生一定的经济与社会效益		2	提供当地的相关证明
6	参加志愿服务、公益活动、社团活动、校园文化活动		2	提供志愿服务记录
7	班级干部、院校学生会成员、社团工作人员等工作满一年,经考核合格;服务中心工作满一年,经考核合格		2	提供考核意见
8	获得各类职业资质证书		2	提供证书
9	获得院级以上表彰	省级以上	4	提供获奖证书
		校级/市级	2	提供获奖证书
		院级	1	提供获奖证书

附表9 金融学专业各类资质证书

证书名称	发证单位
理财规划师	人力资源与社会保障部
证券从业资格证	中国证券业协会
保险从业资格证	中国保监会
中国注册金融分析师	金融研究所与中国企业联合会
创业培训(或实训)合格证书	人力资源与社会保障部
现货分析师	天津渤海商品交易所总部
商品分析师	人力资源和社会保障部
金融风险管理师(FRM)	全球风险管理协会

3. 社会责任竞赛活动(含各类竞赛活动,选修,见附表10)

附表10 社会责任竞赛活动

级　别	获奖等级	学　分	备　注
国家级	一等奖（及以上）	10	第一名等同一等奖（以此类推），提供获奖证书或表彰文件；集体获奖参与成员按相应等级计分；同一内容多次获奖的按最高奖项认定，不重复计算
国家级	二等奖	8	
国家级	三等奖	6	
国家级	优秀奖	4	
省部级	一等奖（及以上）	6	
省部级	二等奖	5	
省部级	三等奖	4	
省部级	优秀奖	2	
校（地市）级	一等奖（及以上）	2	
校（地市）级	二等奖	1.5	
校（地市）级	三等奖	1	
校（地市）级	优秀奖	0.5	
院（部门）级	一等奖（及以上）	1	
院（部门）级	二等奖	0.5	

说明：金融学专业学生在校期间至少取得28个社会责任学分，社会责任培养课程不少于26学分。参加社会责任实践活动或者社会责任竞赛活动即可以获得其他相应学分。学分的认定工作由班级登记核实并上报学院，学院核实后进行认定。

保险学专业人才培养方案

（2017年修订）

一、专业方向

保险学专业为四年制、全日制本科专业，培养适应社会经济发展和收入水平提高对保险人才的需求，符合金融保险行业亟需应用型人才的岗位或岗位群的就业需求，面向地方经济发展，以保险经营管理和保险理财与策划为主要培养方向的应用型保险学专门人才。

二、培养目标

本专业培养德、智、体、美全面发展，适应我国社会主义市场经济建设，熟悉保险法规和相关政策，了解保险学的理论前沿和发展动态，掌握保险学科的基本理论和基本知识，掌握现代化保险业务操作和保险经营管理以及保险营销的理论与技能知识，具备熟练的保险实务操作能力，具有较强的社会适应能力，能胜任保险、银行等金融机构、政府部门和大型企事业单位的专业工作，具备良好的经济、管理素质，创新能力与实践能力较强的高级应用型保险人才。

三、培养要求

本专业培养和造就综合素质高、理论基础实、实践能力强、有一定创新和创业能力的高级应用型保险人才,主要学习经济学科和金融学科的基础理论和基础知识,使学生系统掌握保险学的基本理论、专业知识和业务技能,具有较强的保险工作实践能力。突出人才培养目标的实践性、应用性和技术性以及培养过程的开放性。毕业生应具备以下基本素质:

1. 政治素质

掌握马克思主义基本原理、毛泽东思想、邓小平理论和"三个代表"重要思想,深入落实科学发展观,坚持四项基本原则,具有良好的政治素质和高尚的社会道德。

2. 专业技能素质

通过对专业课的学习,学生能用所学到的保险理论和实务知识及其他金融理论知识分析问题、解决问题。掌握现代化保险业务操作和保险经营管理以及保险营销的理论与技能知识,具备熟练的保险实务操作能力。熟悉保险业务的各个流程并独立处理各种保险单证,能根据保险标的不同特点,编写各种保险计划书,出具查勘定损报告,进行保险理赔等,具有在各类保险机构以及相关机构从事保险和风险管理工作的能力。

3. 文化素质

通过对学科基础课的学习,学生具有大学本科文化基础,掌握经济学、管理学、金融学基本原理,了解财政、税收、会计、统计、国际金融、国际贸易、市场营销的业务知识。熟知与社会经济发展和公民个人相关的法律知识,较熟练地掌握一门外语;能熟练运用计算机分析和处理有关业务;树立终身学习观念,具有较强的学习能力,在实际工作中具有适应社会经济发展需要,不断地调整和更新知识结构并向相关专业拓展的能力。

4. 身心素质

具有健康的体魄,达到国家大学生体质健康标准。具有良好的心理素质,心理健康,沟通和协调能力较强。

四、能力分析表(见附表11)

表11 能力分析表

综合能力	专项能力	能力要素	课程与实践
基础素质与能力	政治素质	热爱祖国,遵纪守法,掌握马克思主义基本原理、毛泽东思想、邓小平理论和"三个代表"重要思想,深入落实科学发展观,坚持四项基本原则,具有良好的政治素质和高尚的社会道德	思想道德修养与法律基础、马克思主义基本原理、毛泽东思想和中国特色社会主义理论体系概论、中国近现代史纲要、入学教育和军训、形势与政策等
	人文素质	具备人文知识、理解人文思想,掌握人文方法,遵循人文精神	大学语文、公益劳动、创业基础、社会实践、毕业教育等
	分析运算能力	具备数据分析处理能力、较强的运算能力	高等数学、线性代数、概率论与数理统计、数学建模大赛等
	英语应用能力	具备熟练进行听说读写和翻译的能力,掌握保险学专业资料分析能力	大学英语、英语四六级考试、双语教学、毕业论文(设计)与综合训练等

续表

综合能力	专项能力	能力要素	课程与实践
基础素质与能力	具备计算机应用能力	具备熟练的计算机和网络应用能力、数据化处理能力	计算机基础、计算机语言、计算机等级考试、毕业论文(设计)与综合训练等
	具备利用现代化手段获取信息的能力	具备网络资源搜集与整理能力、网络沟通能力、信息获取与应用能力	计算机基础、网络金融、毕业论文(设计)与综合训练、拓展能力等
	具备组织管理、语言表达、人际交往以及在团队中发挥作用的能力	具备基本组织与管理能力、较强的语言表达和社会交往能力	管理学、大学语文、社会实践、创新创业教育、社会责任教育、社团工作等
	具有良好的身心素质	具有健康的体魄,达到国家大学生体质健康标准。具有良好的心理素质,心理健康,沟通和协调能力较强	体育、军事军训、大学生心理健康教育、实训、毕业实习、社会实践、拜师学艺等
专业基础理论及应用能力	具备经济学基础知识、保险基础知识、金融学基础知识、投资学基础知识	掌握经济学、保险、金融学、投资学、统计学等相关学科的基本理论和基本知识;掌握财产保险和人身保险实务	宏观经济学、微观经济学、统计学、会计学、金融学、投资学、财政学、保险学、财产与责任保险、人寿与健康保险等
专业知识及应用能力	具备保险专业知识及应用能力	掌握从事保险专业所必需的财产保险、人身保险等保险基本理论和基础知识;具有组织和处理保险业务的应用能力;掌握保险市场的基本运作、保险投资理财和风险管理等应用能力	保险精算、保险法、保险管理学、保险中介、风险管理、社会保障学、保险会计、保险投资与理财、机动车辆保险、毕业论文(设计)与综合训练等
专业基本技能	具备保险专业基本技能	掌握保险经营管理和保险营销的理论与技能知识,具有在各类保险机构以及相关机构从事保险和风险管理工作的能力	保险会计、保险营销业务管理、保险管理学、保险市场策划、保险核保核赔、集中实训、模拟交易、课程实验、毕业模拟实验等
创新创业能力	培养创新创业意识	启蒙学生的创新意识和创业精神,使学生了解创新型人才的素质要求,了解创业的概念、要素与特征等,使学生掌握开展创业活动所需要的基本知识	创业基础
	提升创新创业能力	解析并培养学生的批判性思维、洞察力、决策力、组织协调能力与领导力等各项创新创业素质,使学生具备必要的创业能力	认知实习、创新创业项目申报与建设
	认知创新创业环境	引导学生认知当今企业及行业环境,了解创业机会,把握创业风险,掌握商业模式开发的过程、设计策略及技巧等	专业导论、认知实习

综合能力	专项能力	能力要素	课程与实践
创新创业能力	创新创业实践模拟	通过创业计划书撰写、模拟实践活动开展等,鼓励学生体验创业准备的各个环节,包括创业市场评估、创业融资、创办企业流程与风险管理等,使其掌握创新创业必备的基本技能和素质	保险产品设计(课程设计)、创新创业项目申报与建设、创业实践实训

五、学制、学位与最低学分要求

学制四年,学完规定课程,修满167.5学分,成绩合格者,并完成素质拓展学分最低要求,颁发全日制普通高等学校保险学专业本科毕业证书;符合学士学位授予条件的,授予经济学学士学位。

六、实践性教学环节

实践性教学环节主要有:军事军训(含军事理论)、公益劳动、社会实践、毕业教育、保险创新模拟实验、毕业实习、毕业论文(设计)与综合训练、创业教育与创业实训等,具体安排如附表12所示。

附表12 集中性实践教学环节安排表

实践教学项目	学分	周数	安排学期	实践方式
入学教育和军训(含军事理论)	3	2	1	集中
毕业论文和毕业实习	11	11	8	集中
创业教育与创业实训	2	2	6或7	集中
保险产品设计(课程设计)	4	4	7	集中、分散
保险理财规划	2	2	7	集中、分散
认知实习	2	2	3	
生产实习	4	4	第5、7学期各两周	集中
合计	28	27		

七、课程结构比例(见附表13)

附表13 课程结构比例

课程类别	学分	学时	课程理论教学学时	课程实验教学学时	占学分比例
公共基础课	60.5	1030	913	117	36.12%
公共选修课	10	160	160	0	5.97%
专业基础课	32	512	453	61	19.10%
专业核心课	27	432	376	56	16.12%
专业方向课	10	160	152	8	5.97%

续表

课程类别	学分	学时	课程理论教学学时	课程实验教学学时	占学分比例
集中实践教学	28	27周			16.72%
总计	167.5				100%

八、主干学科和主要课程

1. 主干学科

理论经济学、应用经济学、工商管理。

2. 主要课程

会计学基础、管理学、微观经济学、宏观经济学、金融学、保险学、财政学、社会保险学、保险精算、保险经营管理与实务、财产与责任保险、人寿与健康保险、保险法、保险投资与理财等。

九、相近专业

金融学、投资学、劳动与社会保障。

十、教学时间安排总表（见附表14）

附表14 教学时间安排总表

项目 \ 学年学期	一		二		三		四		合计
	1	2	3	4	5	6	7	8	
入学教育和军训(含军事理论)	2								2
课堂教学	16	16	16	16	16	16	10		106
复习考试	2	2	2	2	2	2	1		13
机动		2		2	0	2	1	7	14
认知实习			2						2
生产实习					2		2		4
保险理财规划							2		2
毕业论文和毕业实习								11	11
保险产品设计(课程设计)							4		4
创业教育与创业实训					(3)	(3)			
毕业答辩								2	2
总周数	20	20	20	20	20	20	20	20	160

注：社会实践项目不占用教学时间

十一、教学进程表（见附表15）

附表15 保险学专业教学进程表

课程类别	课程代码	课程名称	开设学期	学分	周课时	授课时间分配 合计	其中 课程理论教学	其中 课程实验教学	实践课	考核方式	备注
公共基础课	1210016	思想道德修养与法律基础	1	3	3	42	42		6	考查	
	1210013	马克思主义基本原理	2	3	3	42	42		6	考试	
	1210015	中国近现代史纲要	3	2	2	24	24		8	考查	
	1210014	毛泽东思想和中国特色社会主义理论体系概论	4	6	4	60	60		36	考查	
	0510041	大学英语Ⅰ	1	3	4	64	50	14		考试	
	0520002	大学英语Ⅱ	2	4	4	64	50	14		考试	
	0510043	大学英语Ⅲ	3	4	4	64	50	14		考试	
	0510044	大学英语Ⅳ	4	4	4	64	50	14		考试	
	0610001	计算机文化基础	1	2.5	3	42	21	21		考查	
	0600004	计算机语言	2	5	5	80	50	30		考试	
	1300001	体育Ⅰ	1	1	2	32	32			考试	
	1300002	体育Ⅱ	2	1	2	32	32			考试	
	1300003	体育Ⅲ	3	1	2	32	32			考试	
	1300004	体育Ⅳ	4	1	2	32	32			考试	
	0702207	经济数学	1	5	6	84	84			考试	
	0702304	线性代数	2	3	3	48	48			考试	
	0722102	概率论与数理统计	3	4	4	64	64			考试	
	0711901	大学语文	2	3	3	48	48			考查	
	0104201	创业基础	3	2	2	32	32			考查	创新创业课
	0713501	大学生心理健康	1	2	2	32	28	4		考查	
	1401089	形势与政策(安全教育)	1~8	2						考查	
	0713278	专业导论课	1	1	2	16	10	6		考查	
	0713277	大学生职业发展与就业指导	7	2	3	32	32			考查	创新创业课
	小 计			60.5		1030	913	117	56		

续表

课程类别	课程代码	课程名称	开设学期	学分	周课时	授课时间分配			实践课	考核方式	备注
						合计	其中				
							课程理论教学	课程实验教学			
专业基础课	0303001	管理学原理	1	3	3	48	42	6		考查	
	0418811	西方经济学	2	3	3	48	48			考试	
	0200002	会计学基础	2	3	3	48	36	12		考试	
	0114144	保险学	3	4	4	64	52	12		考试	
	0114013	金融学	3	3	3	48	42	6		考试	
	0310001	统计学	3	3	3	48	48			考试	方法课
	0101013	财政学	4	3	3	48	48			考试	
	0114200	风险管理学	4	3	3	48	48			考查	
	0110004	证券投资学	6	3	3	48	32	16		考查	
	0116003	社会保障学	6	3	3	48	39	9		考查	
	713240	财经应用文写作	6	1	2	16	16			考查	方法课
		小 计		32		512	453	61			
专业核心课	0116001	财产与责任保险	4	3	3	48	36	12		考试	
	0116002	人寿与健康保险	4	3	3	48	36	12		考试	
	0116015	保险法	5	3	3	48	42	6		考试	
	0116011	机动车辆保险	5	2	2	32	24	8		考查	
	0116009	保险会计	5	3	3	48	48			考试	
	0116017	保险中介	5	3	3	48	42	6		考试	
	0116019	保险市场营销学	5	3	3	48	48			考试	
	0116020	保险投资与理财	5	2	2	32	32			考查	
	0116006	保险经营管理实务	6	3	3	48	42	6		考试	
	0116000	精算学原理	6	3	3	48	42	6		考试	
		小 计		27		432	376	56			
专业方向课	0117001	保险公关与礼仪	6	2	3	32	32			考查	
	0114033	投资银行学	6	2	2	32	32			考查	
	0116024	保险经济学	6	2	2	32	32			考查	
	0116018	保险英语	6	2	2	32	32			考查	
	0116012	现货核保与核赔	6	2	2	32	32			考查	
	0116013	保险市场策划	7	2	4	32	26	6		考查	

续表

课程类别	课程代码	课程名称	开设学期	学分	周课时	授课时间分配			实践课	考核方式	备注
						合计	其中				
							课程理论教学	课程实验教学			
专业方向课	0116015	海上保险学	7	2	4	32	26	6		考查	
	0116017	再保险	7	2	4	32	32			考查	
	0114083	国际金融	7	2	4	32	32			考查	
	0116007	商业银行业务管理	7	2	4	32	28	4		考查	
		小　　计		20		320	304	16			
		选修小计		10		160	152	8			
		说明：专业选修课需要学生从上述10门课中选5门，共需修满10学分									
公共选修课	教务处统一搭建	平台上各类不同模块的课程中，各专业学生选修公共选修课学分不少于10学分，其中理工类学科专业选修文法经管类学分不少于2学分，文法经管类学科选修理工类选修课学分不少于2学分。各学科专业的学生不得选修属于本专业必修课或相近的选修课，否则，所修学分无效									
		小　　计		10		160	160			考查	
拓展学分课程		单列，具体见创新创业模块和社会责任模块									
		小计（不计入总学分）		(5)							
		课堂教学小计		139.5		2294	2052	242			
		实践教学环节小计		28							
合　计				167.5		2294	2052	242	(56)		

说明：第七学期理论课安排在第10周末结束，第12周进行期末考核。

十二、创新创业模块学分构成（见附表16）

附表16　创新创业模块学分构成

类　　型	课　　程	学分
创新创业课程	创业基础	2
	创业投资	3
	大学生职业发展与就业指导	2
	网络电商创业	2
创新创业训练与培训	创业培训与实训	2
创业实践	创业调研与实践	(2)
合计		13

说明：创新创业模块学分不少于10学分，其中创新创业课程列入理论与实验课程的总学时，创业培训与实训列入集中实践教学环节，均计入总学分；创业调研与实践属于实践选修学分，不计入总学分，由学生自行完成或集中组织完成。

十三、社会责任模块学分构成

1. 社会责任培养课程（选修/必修，不低于24学分，见附表17）和职业资格证书（见附表18）

附表17 保险学专业社会责任培养课程

序号	课程名称	学分
1	思想道德修养与法律基础	3
2	中国近现代史纲要	2
3	马克思主义基本原理	3
4	毛泽东思想与中国特色社会主义理论体系概论	3
5	形势与政策	2
6	入学教育	2
7	军事训练	2
8	毕业教育	1
9	大学生劳动素养	1
10	大学生生涯规划与就业素养教育	2
11	人文科学类或社会科学类公选课	2
12	安全教育	1
13	专业拓展教育与训练	（16学时1学分）
14	各类专业证书	2

附表18 保险类职业资格证书

证书名称	发证单位
中国寿险管理师	中国保险行业协会
中国个人寿险规划师	中国保险行业协会
中国银行寿险规划师	中国保险行业协会
中国员工福利规划师	中国保险行业协会
理财规划师	人力资源与社会保障部
创业实训合格证	人力资源与社会保障部
中国精算师	中国精算师协会
注册金融分析师（CFA）	注册金融分析师协会
全球风险管理师（FRM）	全球风险管理师协会

2. 社会责任实践活动(选修,不低于2学分,见附表19)

附表19 保险学专业社会责任实践活动

序号	项目及标准		学分	备注
1	各类社会实践活动	国家级	6	提供获奖证书
2		省级	4	提供获奖证书
3		学校	2	提供获奖证书
4	参加学院以上"三下乡"社会实践团队,撰写较高质量的调查报告		2	提供调查报告与团队总结
5	参加社会实践,提出合理化建议,并产生一定的经济与社会效益		2	提供当地的相关证明
6	参加志愿服务、公益活动、社团活动、校园文化活动		1	提供志愿服务记录
7	班级干部、院校学生会成员、社团工作人员等工作满一年,经考核合格		2	提供考核意见

3. 社会责任竞赛活动(含各类竞赛活动,选修,见附表20)

附表20 保险学专业社会责任竞赛活动

级别	获奖等级	学分	备注
国家级	一等奖(及以上)	10	第一名等同一等奖(以此类推),提供获奖证书或表彰文件;集体获奖参与成员按相应等级计分;同一内容多次获奖的按最高奖项认定,不重复计算
	二等奖	8	
	三等奖	6	
	优秀奖	4	
省部级	一等奖(及以上)	6	
	二等奖	5	
	三等奖	4	
	优秀奖	2	第一名等同一等奖(以此类推),提供获奖证书或表彰文件;集体获奖参与成员按相应等级计分;同一内容多次获奖的按最高奖项认定,不重复计算
校(地市)级	一等奖(及以上)	2	
	二等奖	1.5	
	三等奖	1	
	优秀奖	0.5	
院(部门)级	一等奖(及以上)	1	
	二等奖	0.5	

说明:保险学专业学生在校期间至少取得28个社会责任学分,社会责任培养课程不少于24学分,取得1项或1项以上资格证书,社会责任实践活动和社会责任竞赛活动不少于4个学分,其中社会责任实践活动不少于2个学分。

投资学专业人才培养方案

（2017年修订）

一、专业方向

投资学专业为四年制、全日制本科专业，培养适应经济社会发展需求，能为企业投资、融资设计金融方案，开展投资与理财活动，能在金融机构、公司、金融管理部门、行政事业单位从事金融投资理财业务，符合投资领域各岗位就业需要的应用型人才。本专业以证券投资理财为主要培养方向。

二、培养目标

本专业培养德、智、体、美全面发展，具有良好政治素质和高尚社会道德；具备人文知识，遵循人文精神，心理健康，沟通能力好，适应经济社会发展需求，具有开放的视野，掌握经济学基础理论知识，通晓与投资相关的法学、管理、财务等学科的基本知识；具备统计数据处理能力以及信息搜集能力，熟练掌握金融、投资、证券、理财等方面的专业知识以及相应的操作实践能力，能处理投融资、证券期货、理财等方面的投资业务，胜任金融机构、政府部门和企事业单位的专业投资工作；具备较强的组织、管理、协调、协作能力；具有创新创业精神和较强社会责任感的应用型投资人才。

三、培养要求

本专业培养和造就基础知识实、实践能力强、综合素质高、社会责任感强，有一定创新和创业能力的高素质应用型投资人才。毕业生应具备以下基本素质：

1. 思想政治素质

坚持四项基本原则，掌握马克思主义基本原理、毛泽东思想、邓小平理论和"三个代表"重要思想，落实科学发展观，树立社会主义核心价值观，坚持坚定正确的政治方向，政治素质优良，具有强烈的民族自豪感、高度的社会责任感和工作责任心，具备良好的思想品德、社会公德和职业道德和较强社会责任感，适应社会发展与进步需求。

2. 专业技能素质

具有开放的视野，掌握经济学基础理论知识，通晓与投资相关的法学、管理、财务等学科的基本知识，了解投资学的发展动态与实践进展，熟悉有关国家的投资政策、方针和法规，具备统计数据处理能力以及信息搜集能力，具有处理投融资、证券期货、理财、企业和政府投资等方面的业务技能，具有创新和创业精神，具备较强的投资组织和决策能力。

3. 文化素质

具有一定的人文社会科学、自然科学基本知识和文化艺术素养，具备人文知识，遵循人文精神，具有较强的学习能力、写作能力、语言表达能力，饱含追求新知的热情和不断完善自我的求知欲，开拓创新，熟练掌握计算机和办公软件的运用，具备信息搜索能力和数据处理能力，能熟练运用现代信息技术手段，掌握掌握中外文献检索的基本方法，具有初步的科研能力。掌握一门外语，具备基本的听说读写能力、能阅读本专业外文书刊，借助工具书能翻译本专业的书籍和资料,具有一定跨文化交流能力。

4. 身心素质

具有健康的体魄和身体素质,具备体育锻炼的基本知识和良好的卫生习惯,达到国家规定的大学生体质标准;身心健康,有积极的人生态度,具有良好的心理素质、健全的人格、坚强的意志、较强的心理承受能力,能正确面对、理解社会竞争,懂得与他人和谐相处,具有较强的人际沟通能力和协调能力。

四、能力分析表(见附表21)

附表21 能力分析表

综合能力	专项能力	能力要素	课程与实践
基础素质与能力	政治素质	热爱祖国,遵纪守法,掌握马克思主义基本原理、毛泽东思想、邓小平理论和"三个代表"重要思想,具备良好的思想品德、社会公德和职业道德	思想道德修养与法律基础、马克思主义基本原理、毛泽东思想和中国特色社会主义理论体系概论、中国近现代史纲要、入学教育和军事军训、形势与政策等
	人文素质	具有一定的人文社会科学、自然科学基本知识和文化艺术素养,具备人文知识,遵循人文精神	大学语文、公益劳动、生产劳动与社会实践、公选课、创业基础、毕业教育等
	分析运算能力	具备数据分析处理能力和较强的运算能力	高等数学、线性代数、概率论与数理统计、数学建模大赛等
	英语应用能力	具备基本的听说读写能力,能阅读本专业英文书刊,借助工具书能翻译本专业外文知识的能力	大学英语、英语四六级考试、英语竞赛、毕业论文(设计)与综合训练等
	计算机应用能力	具备计算机基础运用能力、计算机语言应用能力、计算机网络应用能力	计算机基础、计算机语言、MATLAB原理与应用、计算机等级考试、毕业论文(设计)与综合训练等
	利用现代化手段获取信息的能力	具备运用现代信息技术手段进行信息收集和数据处理的能力	统计学、计算机语言、MATLAB原理与应用、毕业论文(设计)与综合训练、拓展训练等
	组织管理、语言表达、人际交往以及团队协作能力	具备基本的组织与管理能力、较强的语言表达和社会交往能力,能与他人和谐相处,具有团队合作精神	管理学原理、生产劳动与社会实践、创新创业教育、社会责任教育、社团工作等
	身心素质	具有健康的体魄,达到国家规定大学生体质标准;心理健康,有积极的人生态度	体育、入学教育与军事军训、大学生心理健康教育、生产劳动与社会实践等

续表

综合能力	专项能力	能力要素	课程与实践
专业基础理论及应用能力	经济学、管理学、金融学、投资学基础知识与应用能力	掌握经济学基础理论知识,通晓与投资相关的法学、管理、财务等学科的基本知识,熟悉有关国家的投资政策、方针和法规。	微观经济学、宏观经济学、管理学原理、会计学基础、财务报表分析、统计学、投资学、证券投资学、金融学、财政学、保险学、民商法等
专业知识及应用能力	投资学专业知识及应用能力	熟悉有关国家的投资政策、方针和法规,掌握证券、期货、基金、投行、理财等基本知识,具备理论联系实际及投资学相关的应用能力	证券市场基础知识、证券市场基本法律法规、证券投资分析、证券投资基金、投资银行业务、期货理论与实务、公司金融、项目评估与管理、金融风险管理等
专业基本技能	投资学专业基本技能	具有处理投融资、证券期货、理财、企业和政府投资等方面的业务技能,具备较强的投资组织和决策能力	证券投资分析、证券投资基金、期货理论与实务、金融风险管理、项目评估与管理、理财规划、投资模拟大赛、认知实习、生产实习、毕业实习与毕业论文等
创新创业能力	创新与创业能力	富于创新精神,勇于投身实践,具有较强创业能力和创业精神,结合投资学专业创新创业	创业基础、大学生职业发展与就业指导、创业与风险投资、网络电商创业、创新创业训练与培训、创业实训、创业实践等

五、学制、学位与最低学分要求

学制四年,学完规定课程,修满167学分,并完成创新创业、社会责任以及素质拓展学分最低要求,成绩合格,颁发全日制普通高等学校投资学本科毕业证书;符合学士学位授予条件的,授予经济学学士学位。

六、实践性教学环节

实践性教学环节有:入学教育和军训、毕业论文和毕业实习、认知实习、生产实习、证券投资模拟实验实训、投资理财综合技能实训、创新创业实训等,具体安排如附表22所示。

附表22 实践教学环节安排表

实践教学项目	学分	周数	安排学期	实践方式
入学教育和军训	3	3	1	集中
毕业论文和毕业实习	8	11	8	集中
社会调研、公益活动		假期或课外	2~7	分散
生产劳动与社会实践		暑假	4~6	分散
证券投资模拟实验实训	2	2	6	集中
认知实习	1	1	4或6	集中
投资理财综合技能实训	2	2	7	集中
生产实习	2	2	7	集中
创业培训与模拟实训	2	2	6或7	集中
合计	20	23		

七、课程结构比例(见附表23)

附表23　课程结构比例

课程类别	学分	学时	课程理论教学学时	课程实验教学学时	占学分比例
公共基础课	62.5	1033	913	120	37.31%
公共选修课	10	160	160	0	5.97%
专业基础课	39	624	576	48	23.28%
专业核心课	24	384	332	52	14.33%
专业选修课	12	192	184	8	7.17%
实践教学课	20	23周			11.94%
总计	167.5		2165	228(14.25个学分)	100%

八、主干学科和主要课程

1. 主干学科

应用经济学。

2. 主要课程

微观经济学、宏观经济学、计量经济学、投资学、证券投资学、证券市场基础知识、证券市场基本法律法规、证券投资分析、证券投资基金、期货理论与实务、投资银行业务、公司金融、项目评估与管理、金融风险管理、理财规划等。

九、相近专业

金融学、金融工程。

十、教学时间安排总表(见附表24)

附表24　教学时间安排总表

项目 \ 学年 学期	一		二		三		四		合计
	1	2	3	4	5	6	7	8	
入学教育和军训	3								3
课堂教学	16	16	16	16	16	16	10		106
复习考试	1	2	2	2	2	2	2		13
认知实习				1					1
投资理财综合技能实训							2		2
证券投资模拟实验实训							2		2
生产实习							2		2
创业培训与模拟实训							2		2
毕业论文和毕业实习								11	11
毕业教育								1	1
毕业答辩								2	2
机动		2	2	1	2	2		6	15
总周数	20	20	20	20	20	20	20	20	160

十一、教学进程表（见附表25）

附表25 投资学专业教学进程表

课程类别	课程代码	课程名称	开设学期	学分	周课时	授课时间分配 合计	其中 课程理论教学	其中 课程实验教学	实践课	考核方式	备注
公共基础课	1210016	思想道德修养与法律基础	1	3	3	42	42		6	考查	
	1210013	马克思主义基本原理	2	3	3	42	42		6	考试	
	1210015	中国近现代史纲要	3	2	2	24	24		8	考查	
	1210014	毛泽东思想和中国特色社会主义理论体系概论	4	4	4	60	60		36	考查	
	0510041	大学英语Ⅰ	1	4	4	64	50	14		考试	
	0510042	大学英语Ⅱ	2	4	4	64	50	14		考试	
	0510043	大学英语Ⅲ	3	4	4	64	50	14		考试	
	0510044	大学英语Ⅳ	4	4	4	64	50	14		考试	
	0610001	计算机基础	1	2.5	3	40	20	20		考查	
	0600004	计算机语言（C语言）	2	4	5	85	51	34		考试	
	1300001	体育Ⅰ	1	1	2	32	32			考试	
	1300002	体育Ⅱ	2	1	2	32	32			考试	
	1300003	体育Ⅲ	3	1	2	32	32			考试	
	1300004	体育Ⅳ	4	1	2	32	32			考试	
	0702207	经济数学	1	5	6	84	84			考试	
	0702304	线性代数	3	3	3	48	48			考试	
	0722102	概率论与数理统计	2	4	4	64	64			考试	
	0711901	大学语文	2	3	3	48	48			考查	
	0713501	大学生心理健康	1	2	2	32	28	4		考查	
	0118091	专业导论课	1	1	2	16	10	6		考查	
	1401089	形势与政策（安全教育）	1～8		2					考查	
	0104201	创业基础	3	2	2	32	32			考查	
	0713277	大学生职业发展与就业指导	7	2	3	32	32			考查	
		小　　　计		62.5		1033	913	120	(56)		

续表

课程类别	课程代码	课程名称	开设学期	学分	周课时	授课时间分配			实践课	考核方式	备注
						合计	其中				
							课程理论教学	课程实验教学			
公共基础课	0303001	管理学原理	1	3	3	48	44	4		考查	
	1210053	民商法	1	3	3	48	48			考试	
	0200002	会计学基础	2	3	3	48	36	12		考试	
	0418822	微观经济学	2	3	3	48	48			考试	
	0110004	投资学	2	3	3	48	48			考查	
	0418832	宏观经济学	3	3	3	48	48			考试	
	0310001	统计学	3	3	3	48	48			考试	
	0114013	金融学	3	3	3	48	44	4		考试	
	0114043	证券投资学	3	3	3	48	40	8		考试	
	0610008	MATLAB原理与应用	4	3	3	48	32	16		考查	
	0410021	计量经济学	4	3	3	48	48			考试	
	0114144	保险学	5	3	3	48	44	4		考试	
	0101013	财政学	5	3	3	48	48			考试	
		小计		39	39	624	576	48			
专业核心课	0118001	证券市场基础知识（证券一般从业）	4	3	3	48	48			考试	
	0114063	公司金融	4	3	3	48	48			考查	
	0114033	投资银行业务（保荐代表人考试）	4	3	3	48	42	6		考试	
	0118040	证券投资分析	4	3	3	48	24	24		考查	
	0118020	证券投资基金（基金从业）	5	3	3	48	40	8		考试	
	0114125	期货理论与实务（期货从业）	5	3	3	48	38	10		考试	
	0114200	金融风险管理	6	3	3	48	44	4		考试	
	0300063	项目评估与管理	6	3	3	48	48			考试	
		小计		24		384	332	52			
专业选修课	0118002	证券市场基本法律法规（证券一般从业）	5	2	2	32	32			考查	
	0118088	量化投资	5	2	2	32	32			考查	
	0114273	互联网金融	5	2	2	32	32			考查	

续表

课程类别	课程代码	课程名称	开设学期	学分	周课时	授课时间分配 合计	其中 课程理论教学	其中 课程实验教学	实践课	考核方式	备注
专业选修课	0701901	财经应用文写作	5	2	2	32	32			考查	
	0118045	理财规划	6	2	2	32	28	4		考查	
	0305009	SAS统计分析软件	6	2	2	32	0	32		考查	
	0201007	会计报表分析	6	2	2	32	28	4		考查	
	0114084	国际金融	6	2	2	32	28	4		考查	
	0118015	国际投资	7	2	2	32	32			考查	
	0715132	公务员考试实务	7	2	2	32	32			考查	
	0118050	风险投资(私募股权)	7	2	2	32	32			考查	
	0114023	商业银行经营与招考	7	2	2	32	32			考查	
		小 计		(24)		384	368	16			
		选修小计		12		192	184	8			

说明:以上专业选修课分布在第5、6、7三个学期,每学期从四门选修课程中任选两门,三学期共需修满12学分,总课时为192学时,其中理论课为184学时,实验课为8学时

课程类别		课程名称								考核方式	
公共选修课		教务处统一搭建				平台上各类不同模块的课程中,各专业学生选修公共选修课学分不少于10学分,其中理工类学科专业选修文法经管类选修课学分不少于2学分,文法经管类学科专业选修理工类选修课学分不少于2学分。各学科专业的学生不得选修属于本专业必修课或相近的选修课,否则,所修学分无效						
		小 计		10		160	160			考查	
拓展学分课程		单列,具体见创新创业模块和社会责任模块									
		小计(不计入总学分)		(5)							
		课堂教学小计		147.5		2393	2165	228			
		实践教学环节小计		20							
		合 计		167.5		2393	2165	228	(56)		

说明:第七学期理论课安排在第10周末前结束,第12周进行期末考核。

十二、创新创业模块学分构成(见附表26)

附表26 创新创业模块学分构成表

类型	课程	学分
创新创业课程	创业基础	2
	大学生职业发展与就业指导	2
	风险投资(私募股权)	2
创新创业实训与比赛	创业培训与模拟实训	2
	创新创业训练计划	2
	安徽省大学生金融投资创新大赛	2
	商道大赛	2
	互联网金融应用创新大赛	2
	大学生创新创业大赛	2
创新创业实践	创业调研与实践	2
合计		18

说明:创新创业模块学分不少于10学分。创新创业课程在课堂教学中安排,创业培训与模拟实训在实践教学环节安排,其他实训和实践学分由学生选择完成。

十三、社会责任模块学分构成

1. 社会责任培养课程(选修/必修,不低于24学分,见附表27)和职业资格证书(见表28)

附表27 投资学专业社会类责任培养课程

序号	课程名称	学分
1	思想道德修养与法律基础	3
2	中国近现代史纲要	2
3	马克思主义基本原理	3
4	毛泽东思想与中国特色社会主义理论体系概论	3
5	形势与政策	2
6	入学教育与军训	3
7	公益劳动	1
8	生产劳动与社会实践	2
9	毕业教育	1
10	大学生生涯规划与就业指导	2
11	人文科学类或社会科学类公选课	2
12	安全教育	1
13	专业拓展教育与训练(16学时1学分)	
14	各类专业证书	2

附表28 投资类职业资格证书

证书名称	发证单位
证券从业资格证	中国证券业协会
基金从业资格证	中国证券业协会
期货从业资格证	中国证券业协会
银行从业资格	中国银行业协会
理财规划师	人力资源与社会保障部
创业实训合格证	人力资源与社会保障部
注册国际投资分析师(CIIA)	注册国际投资分析师协会
注册金融分析师(CFA)	注册金融分析师协会
全球风险管理师(FRM)	全球风险管理师协会

2. 社会责任实践活动（选修，不低于2学分，见附表29）

附表29 投资学专业社会责任实践活动

序号	项目及标准		学分	备注
1	各类社会实践活动	国家级	6	提供获奖证书
2		省级	4	提供获奖证书
3		学校	2	提供获奖证书
4	参加学院以上"三下乡"社会实践团队，撰写较高质量的调查报告		2	提供调查报告与总结
5	参加生产劳动社会实践，提出合理化建议，并产生一定的经济与社会效益		2	提供实践报告并有相关证明
6	参加社会调研		1	提供调研报告
7	参加志愿服务、公益活动、社团活动、校园文化活动		1	提供志愿服务记录
8	班级干部、院校学生会成员、社团工作人员等工作满一年，经考核合格		2	提供考核意见
9	"双点赞"行动		2	提供行动报告与总结

3. 社会责任竞赛活动（含各类竞赛活动，选修，见附表30）

附表30 投资学专业社会责任竞赛活动

级别	获奖等级	学分	备注
国家级	一等奖（及以上）	10	第一名等同一等奖（以此类推），提供获奖证书或表彰文件；集体获奖参与成员按相应等级计分；同一内容多次获奖的按最高奖项认定，不重复计算
	二等奖	8	
	三等奖	6	
	优秀奖	4	

级 别	获奖等级	学 分	备 注
省部级	一等奖(及以上)	6	第一名等同一等奖(以此类推);提供获奖证书或表彰文件;集体获奖参与成员按相应等级计分;同一内容多次获奖的按最高奖项认定,不重复计算
省部级	二等奖	5	
省部级	三等奖	4	
省部级	优秀奖	2	
校(地市)级	一等奖(及以上)	2	
校(地市)级	二等奖	1.5	
校(地市)级	三等奖	1	
校(地市)级	优秀奖	0.5	
院(部门)级	一等奖(及以上)	1	
院(部门)级	二等奖	0.5	

说明:投资学专业学生在校期间至少取得28个社会责任学分,社会责任培养课程不少于24学分(包含思想政治教育及相关课程),取得1项或1项以上资格证书,社会责任实践活动和社会责任竞赛活动不少于4个学分,其中社会责任实践活动不少于2个学分。

金融工程专业人才培养方案

(2017年修订)

一、专业方向

金融工程专业为四年制、全日制本科专业,培养适应社会经济发展和收入水平提高对金融工程人才的需求,符合各类金融机构、企事业单位、政府机关等相关岗位的就业需求,面向地方经济发展,具有开放的视野,以金融投资策略分析和金融风险管理为主要培养方向,兼顾商业银行业务经营的应用型金融工程人才。

二、培养目标

本专业培养德、智、体、美全面发展,适应地方经济发展需求,面向我国社会主义市场经济建设,具有开放视野和国际视角;具备良好的经济管理素质,掌握现代金融理论以及经济、法律、信息技术、数理工程等方面的知识;熟悉商业银行、证券、基金等金融机构的基本业务,具备较强的投资策略分析能力、金融风险管理能力和金融创新能力;能创造性地解决金融问题,满足各类金融机构、企事业单位、政府机关和科研单位金融投资(管理)工作;具有创新精神和较强实践能力的应用型人才。

三、培养要求

本专业培养和造就基础知识实、实践能力强、综合素质高、社会责任感强,有一定创新和创业能力的应用型金融工程人才。毕业生应具备以下基本素质:

1. 思想政治素质

掌握马克思主义基本原理、毛泽东思想、邓小平理论和"三个代表"重要思想,深入落实科学发展观,坚持四项基本原则,具有良好的政治素质和高尚的社会道德。

2. 专业技能素质

熟练掌握经济学、金融学、投资学等相关专业的基本知识、基本理论;掌握信息技术和数理等方面的知识;了解金融工程的相关理论与实践进展;熟悉国际发展情况和国家有关的方针、政策和法律法规;具备较强的投资策略分析能力、金融风险管理能力和金融创新能力;能创造性地解决金融问题;具有在各类金融机构、企事业单位、政府机关从事实际工作的基本能力。

3. 文化素质

具有较强的自学能力、应用能力和创新能力;能够熟练使用计算机和信息技术;掌握一门外国语,能够阅读外文相关资料;能够运用科学的方法和技术进行调查分析与实际操作;掌握中外文献检索、资料查询的基本方法;具备初步的科研能力。

4. 身心素质

具有健康的体魄,达到国家大学生体质健康标准;具有良好的心理素质,心理健康;有较强的沟通和协调能力。

四、能力分析表(见附表31)

附表31 能力分析表

综合能力	专项能力	能力要素	课程与实践
基础素质与能力	政治素质	热爱祖国,遵纪守法,掌握马克思主义基本原理、毛泽东思想、邓小平理论和"三个代表"重要思想,深入落实科学发展观,坚持四项基本原则,具有良好的政治素质和高尚的社会道德	思想道德修养与法律基础、马克思主义基本原理、毛泽东思想和中国特色社会主义理论体系概论、中国近现代史纲要、入学教育和军训、形势与政策等
	人文素质	具备人文知识,理解人文思想,掌握人文方法,遵循人文精神	大学语文、公益劳动、社会实践、毕业教育等
	分析运算能力	具备数据分析处理能力、较强的运算能力	高等数学、线性代数、概率论与数理统计、数学建模大赛等
	英语应用能力	具备基本的听说读写能力,掌握投资学专业资料分析能力	大学英语、英语四六级考试、双语教学、毕业论文(设计)等
	计算机应用能力	具备计算机基础运用能力、计算机语言应用能力、计算机网络应用能力	计算机基础、计算机语言、计算机等级考试、毕业论文(设计)等
	利用现代化手段获取信息的能力	具备网络资源搜集与整理能力、网络沟通能力、信息获取与应用能力	计算机基础、毕业论文(设计)与综合训练、拓展能力等

续表

综合能力	专项能力	能力要素	课程与实践
基础素质与能力	组织管理、语言表达、人际交往以及在团队中发挥作用的能力	具备基本组织与管理能力、较强的语言表达和社会交往能力	大学语文、社会实践、创业教育与创业培训、社团工作等
	身心素质	具有健康的体魄,达到国家大学生体质健康标准。具有良好的心理素质,心理健康,沟通和协调能力较强	体育、军事军训、大学生心理健康教育、毕业教育、毕业实习、社会实践、拜师学艺等
专业基础理论及应用能力	经济学、金融学、投资学和金融工程基础知识与应用能力	掌握经济学、金融学、工程数学的基本理论和基本知识;掌握投资、现货理论与实务、金融工程等方面的理论与实务;掌握基本的财务知识	微观经济学、宏观经济学、统计学、金融学、财政学、数理金融、现货理论与实务、计量经济学、商业银行经营与实务、保险学、会计学基础、中级财务会计等
专业知识及应用能力	金融工程专业知识及应用能力	掌握金融市场的基本运作、金融工程理论与实务、金融工程管理和运作、数学建模和投资管理等,熟悉国家相关法律法规	金融工程、金融市场、时间序列分析、统计建模分析、固定收益证券、投资组合管理、金融中介学、金融法、金融监管、毕业论文(设计)与综合训练等
专业基本技能	金融工程专业基本技能	具备金融交易分析能力、投资理财操作能力、交易策略分析能力、资本市场运作能力、金融管理和操作能力	资本市场运作、金融工程模拟实验、统计建模分析、数据库系统原理、证券投资大赛、理财规划、毕业实习、金融营销、金融行为学等
创新创业能力	创新与创业能力	富于创新精神,勇于投身实践,具有较强创业能力和创业精神、金融创新能力	创业基础、大学生职业发展与就业指导、创业投资、网络电商创业、投资学科前沿、创新创业训练与培训、创业实训、创业实践等

五、学制、学位与最低学分要求

学制四年,学完规定课程,修满177.5学分,成绩合格,并完成创新创业、社会责任以及素质拓展学分最低要求,颁发全日制普通高等学校金融工程本科毕业证书;符合学士学位授予条件的,授予经济学学士学位。

六、实践性教学环节

实践性教学环节主要有:军事军训(含军事理论)、形势与政策(创业与就业指导)、公益劳动、社会实践、毕业教育、毕业实习、毕业论文(设计)与综合训练、金融工程模拟实验、创业教育与创业实训等,具体安排如附表32所示。

附表 32　集中性实践教学环节安排表

实践教学项目	学分	周数	安排学期	实践方式
入学教育与军事军训(含军事理论)	4	4	1	集中
社会实践	2	(4)	4 或 6	集中
生产实习	2	2	7	集中
认知实习	2	2	3 或 4	分散
创业教育	3	3	7	集中
毕业实习	4	8	8	集中、分散
毕业论文(设计)与综合训练	8	8	8	集中
合计	25	31		

七、课程结构比例(见附表 33)和实践教学学分比例(见附表 34)

附表 33　课程结构比例

课程类别	学分	学时	课程理论教学学时	课堂实践教学学时	占学分比例
公共基础课	65.5	982	871	111	43%
公共选修课	10	160	160		6.66%
专业基础课	35	560	512	48	23%
专业核心课	30	480	396	84	19.7%
专业方向课	12	188	180	8	7.9%
总　计	152.5	2210	1959	251(15 学分)	100%

附表 34　实践教学学分比例

实践教学项目	学分	周数	安排学期	实践方式
课内实验教学	70.5	251	46.22%	
集中实践教学	25	31 周	16.39%	
合计	97.5		62.61%	

八、主干学科和主要课程

1. 主干学科

应用经济学、数理统计学。

2. 主要课程

微观经济学、宏观经济学、会计学基础、统计学、现货理论与实务、运筹学、计量经济学、证券投资学、公司金融、金融工程学、数理金融、固定收益证券、金融风险管理、时间序列分析、投资组合管理、基金管理、统计建模分析、金融中介学、金融营销、理财规划、金融法、行为金融学等。

九、相近专业

金融学、投资学、管理科学与工程。

十、教学时间安排总表(见附表 35)

附表35 金融工程专业教学时间安排总表

项目 \ 学年学期	一		二		三		四		合计
	1	2	3	4	5	6	7	8	
入学教育和军训(含军事理论)	2								2
课堂教学	16	16	16	16	16	16	10		106
复习考试	2	2	2	2	2	2	2		14
机动		1	1	1	1	1	1		6
社会实践				(2)		(2)			(4)
生产实习							4		4
创业教育与创业实训							3		3
毕业实习								8	8
毕业论文(设计)与综合训练								8	8
毕业教育								2	2
毕业答辩								2	2
总周数	20	19	19	19	19	19	19	20	154

注:公益劳动、社会实践项目不占用理论教学时间

十一、教学进程表(见附表36)

附表36 金融工程专业教学进程表

课程类别	课程代码	课程名称	开设学期	学分	周课时	授课时间分配			实践课	考核方式	备注
						合计	其中				
							课程理论教学	课程实验教学			
公共基础课	1210016	思想道德修养与法律基础	1	3	3	42	42		6	考查	
	1210013	马克思主义基本原理	2	3	3	42	42		6	考试	
	1210015	中国近现代史纲要	3	2	2	24	24		8	考查	
	1210014	毛泽东思想和中国特色社会主义理论体系概论	4	6	4	60	60		36	考查	
	510041	大学英语Ⅰ	1	4	4	64	50	14		考试	
	510041	大学英语Ⅱ	2	4	4	64	50	14		考试	
	510041	大学英语Ⅲ	3	4	4	64	50	14		考试	
	510041	大学英语Ⅳ	4	4	4	64	50	14		考试	
	610001	计算机基础	1	2.5	3	42	21	21		考查	
	600004	计算机语言	2	5	5	80	50	30		考试	
	1300001	体育Ⅰ	1	1	2	32	32			考试	

课程类别	课程代码	课程名称	开设学期	学分	周课时	授课时间分配			实践课	考核方式	备注
						合计	其中				
							课程理论教学	课程实验教学			
专业基础课	1300002	体育Ⅱ	2	1	2	32	32			考试	
	1300003	体育Ⅲ	3	1	2	32	32			考试	
	1300004	体育Ⅳ	4	1	2	32	32			考试	
	0702207	经济数学	1	5	6	84	84			考试	
	702304	线性代数	2	3	3	48	48			考试	
	722102	概率论与数理统计	3	4	4	64	64			考试	
	711901	大学语文	2	3	3	48	48			考查	
	0104201	创业基础	3	2	2	32	32			考查	创新创业课
	0713501	大学生心理健康	1	2	2	32	28	4		考查	
		形势与政策(安全教育)	1～8	2						考查	
	0118091	专业导论课	1	1	2	16	16			考查	
	0713277	大学生职业发展与就业指导	1	2	2	32	32			考查	创新创业课
		小　计		65.5		1030	919	111	56		
	0200002	会计学基础	2	3	3	48	36	12		考试	
	0418801	微观经济学	2	3	3	48	48			考试	
	0418811	宏观经济学	3	3	3	48	48			考试	
	0114013	金融学	3	4	4	64	60	4		考试	
	0201005	中级财务会计	3	3	3	48	42	6		考试	
	0114075	现货理论与实务	3	3	3	48	42	6		考查	
	0114063	公司金融	4	3	3	48	48			考查	
	0114093	金融计量学	5	4	4	64	50	14		考试	
	0712708	运筹学	5	3	3	48	48			考查	
	0114043	证券投资学	6	3	3	48	42	6		考试	
	0101013	财政学	6	3	3	48	48			考查	
		小　计		35		560	512	48			

续表

课程类别	课程代码	课程名称	开设学期	学分	周课时	授课时间分配			实践课	考核方式	备注
						合计	其中				
							课程理论教学	课程实验教学			
专业核心课	0114123	金融工程学	4	4	4	64	58	6		考试	
	0114033	投资银行实务	4	3	3	48	42	6		考查	
	0114200	金融风险管理	4	3	3	48	42	6		考试	
	0114082	国际金融	5	3	3	48	42	6		考试	
	0114125	时间序列分析	5	3	3	48	44	4		考试	
	0114097	固定收益证券	5	3	3	48	44	4		考查	
	0114124	数理金融	6	3	3	48	48			考试	
	0201007	财务报表分析	6	3	3	48	40	8		考试	
	0114195	量化投资基础	6	3	3	48	36	12		考查	
	0305009	SAS统计分析软件	6	2	2	32	0	32		考查	
		小 计		30		480	396	84			
专业方向课	0118060	投资组合管理	5	2	2	32	32			考查	
	0114212	基金管理	5	2	2	32	32			考查	
	0114144	保险学	5	2	2	32	32			考查	
	0114053	金融市场学	5	2	2	32	32			考查	
	0104033	金融营销	6	2	2	32	28	4		考查	
	0104023	商业银行经营与实务	6	2	2	32	28	4		考查	
	0114085	金融中介学	6	2	2	32	28	4		考查	
	0114126	统计建模分析	6	2	2	32	28	4		考查	
	0114222	金融监管	7	2	3	30	30			考查	
	0118045	理财规划	7	2	3	30	30			考查	
	1210051	金融法	7	2	3	30	30			考查	
	0114188	世界金融史	7	2	3	30	30			考查	
		小 计		12		188	180	8			

说明:以上专业选修课分布在第5、6、7三个学期,每学期从四门选修课程中任选两门,三学期共需修满12学分,总课时为188学时,其中理论课为180学时,实验课为8学时

续表

课程类别	课程代码	课程名称	开设学期	学分	周课时	授课时间分配			实践课	考核方式	备注
						合计	其中				
							课程理论教学	课程实验教学			
公共选修课	教务处统一搭建	平台上各类不同模块的课程中,各专业学生选修公共选修课学分不少于10学分,其中理工类学科专业选修文法经管类选修课学分不少于2学分,文法经管类学科专业选修理工类选修课学分不少于2学分。各学科专业的学生不得选修属于本专业必修课或相近的选修课,否则,所修学分无效									
	小计			10		160	160			考查	小计
拓展学分课程		单列,具体见创新创业模块和社会责任模块									
	小计(不计入总学分)			(5)							
课堂教学小计				152.5		2418	2167	251	56		
集中性实践教学环节小计				25							
合计				177.5							

说明:创新创业模块共有10个学分,其中4个学分已经包含在课堂教学中。社会责任模块有28个学分,其中15个学分已经包含在课堂教学中,军事训练2个学分已经包含在集中性实践教学环节中,因此不再重复计算。

十二、创新创业模块学分构成(10个学分,见附表37)

附表37 创新创业模块学分构成

课程或实践		开设学期	学分	课时	理论课时	实践课时	备注
创业模拟实训			3	100	50	50	学院安排
网商创业培训			3	100	50	50	学院安排
创业大赛	校级		2				学院安排
	省级		3				
	国家级		4				
大学生创新创业训练计划	校级		2				学院安排
	省级		3				
	国家级		4				
创业计划书			2				学院安排
创业调查报告			2				学院安排
SYB创业培训			3	100	100		创业学院
GYB创业意识培训			3	50	50		创业学院
创业实践活动			5				学院认定

说明:(1)创新创业模块有 10 个学分组成,学生只要完成上述课程或者实践活动,即可获得相应创新创业学分。学分由金融学院统一进行认定。(2)创新创业的相关课程由金融学院或创业学院组织安排,培训利用学生课余时间进行。(3)创业模拟实训和网商创业培训由金融学院组织实施,金融学院同学无特殊情况均要参加。(4)各级创业大赛和大学生创新创业训练计划由学生自愿参加,学院安排师资指导。(5)学生毕业前,将填写创新创业模块学分认定表,并提供相应证明材料,交由学院认定。

十三、社会责任模块学分构成(28 个学分)

1. 社会责任培养课程(选修/必修,共有 20 个学分,见附表 38)

表 38 金融工程专业社会责任培养课程

序号	课 程 名 称	学分
1	入学教育	4
2	毕业教育	4
3	大学生生涯规划与就业素养教育	4
4	人文科学类或社会科学类公选课	4
5	安全教育	4
	合计	20

说明:以上社会责任模块由学院自主安排,学分由学院和班级进行认定

2. 社会责任实践活动(见附表 39)和相关资格证书(见附表 40)

附表 39 金融工程专业社会责任实践活动

序号	项目及标准		学分	备注
1	各类社会实践活动	国家级	6	提供获奖证书
2		省级	4	提供获奖证书
3		校级	2	提供获奖证书
4	参加学院以上"三下乡"社会实践团队,撰写较高质量的调查报告		2	提供调查报告与团队总结
5	参加社会实践,提出合理化建议,并产生一定的经济与社会效益		2	提供当地的相关证明
6	参加志愿服务、公益活动、社团活动、校园文化活动		2	提供志愿服务记录
7	班级干部、院校学生会成员、社团工作人员等工作满一年,经考核合格;服务中心工作满一年,经考核合格		2	提供考核意见
8	获得各类职业资质证书		2	提供证书
9	无偿献血		4	提供献血证
10	获得院级以上表彰	省级以上	4	提供获奖证书
		校级/市级	3	提供获奖证书
		院级	2	提供获奖证书

附表 40　金融工程专业职业资格证书

证书名称	发证单位
理财规划师	人力资源与社会保障部
证券从业资格证	中国证券业协会
期货从业资格证	中国证监会
现货分析师证	人力资源与社会保障部
商品分析师证	天津渤海商品交易所总部
注册金融分析师	金融研究所与中国企业联合会
创业培训(实训)合格证	人力资源与社会保障部
全球风险管理师(FRM)	全球风险管理师协会

3. 社会责任竞赛活动(含各类竞赛活动,选修,见附表 41)

附表 41　金融工程专业社会责任竞赛活动

级　别	获奖等级	学　分	备　注
国家级	一等奖(及以上)	10	第一名等同一等奖(以此类推),提供获奖证书或表彰文件;集体获奖参与成员按相应等级计分;同一内容多次获奖的按最高奖项认定,不重复计算
国家级	二等奖	8	
国家级	三等奖	6	
国家级	优秀奖	4	
省部级	一等奖(及以上)	6	
省部级	二等奖	5	
省部级	三等奖	4	
省部级	优秀奖	2	
校(地市)级	一等奖(及以上)	3	
校(地市)级	二等奖	2	
校(地市)级	三等奖	1	
校(地市)级	优秀奖	0.5	
院(部门)级	一等奖(及以上)	2	
院(部门)级	二等奖	1	

说明:金融工程专业学生在校期间至少取得 28 个社会责任学分,社会责任培养课程不少于 20 学分。参加社会责任实践活动或者社会责任竞赛活动即可以获得其他相应学分。学生毕业前,将填写社会责任模块学分认定表,并提供相应证明材料,交由学院认定。

金融数学专业培养方案

（2017 年修订）

一、培养目标

本专业培养德、智、体、美全面发展，具有较为扎实的数学功底，掌握金融数学的基本理论和方法，能够设计、开发、操作新型的金融工具，能熟练运用计算机对金融数据进行分析，能综合运用各种金融工具和数量分析方法解决金融实务问题，能在银行、保险、证券等金融部门或相关经济部门从事财务、理财、金融数据挖掘、证券投资、风险评估和管理等工作，或在科研、教育部门从事研究和教学工作，具有良好职业素养和创新精神的复合型、高素质应用型金融专业人才。

二、基本要求

本专业按照复合型、应用型金融专业人才培养目标，突出金融学与数学互相交叉融合的特点，以经济学为基础，以数学和计算机为工具，以金融学为核心，着重培养学生的金融定量分析和应用能力，把学生培养成既掌握现代金融数学理论、又熟悉金融运作的人才。具体要求是：

（1）掌握马克思主义基本原理、毛泽东思想、邓小平理论和"三个代表"重要思想，树立科学的世界观、正确的人生观和价值观，具有良好的职业道德。

（2）了解本学科专业发展的趋势，具有宽厚的文化修养、优良的心理素质、良好的协作能力和创新的思维方式；具有获取知识、运用知识和创造性地汲取新知识的能力；具备较强的自学能力，养成终身学习、不懈创新的习惯。

（3）具有较为扎实的数学基础，受到比较严格的科学思维训练；具有较为扎实的经济学基础；掌握金融数学专业的基础理论、基本知识和基本技能；掌握金融学的理论与实务知识。

（4）具有运用各种金融工具和手段开发、操作新型金融工具的能力，分析和解决金融实务问题的基本能力。

（5）能熟练使用各种金融计算与分析软件，具有编写简单金融应用程序的能力，能熟练运用计算机进行金融数据分析、金融计算和金融建模；具有较强的金融定量分析能力。

（6）掌握资料查询、文献检索及运用现代信息技术获取相关信息的基本方法；能够运用一种外语阅读专业书刊。

（7）了解金融数学理论与方法的发展动态及其应用前景。

（8）有较强的语言表达能力，掌握资料查询、文献检索及运用现代信息技术获取相关信息的基本方法，具有一定的科学研究和实际工作能力。

三、主干学科

数学、金融学、经济学。

四、主要课程

主要课程：数学分析、高等代数、解析几何、宏观经济学、微观经济学、概率论与数理统计、运筹学、计量经济学、金融工程学、金融学、大学计算机基础、C语言与程序设计、数学软件、应用多元统计分析、金融数据挖掘。

五、学制与学位

学制：基本学制修业年限为四年，获得全部学分，完成学业。

学位：授予经济学学士学位。

六、主要实践性教学环节

金融数学专业实践教学学时分配见附表42，教学环节学时和学分分配见附表43，公共基础课程设置见附表44，专业课程设置见附表45，专业选修课程设置见附表46。

附表42　金融数学专业实践教学学时分配表

项目	学年	一		二		三		四		合计
	学期	1	2	3	4	5	6	7	8	
入学教育、军事理论、军事训练		2								2
课堂教学		15	18	18	18	18	18	18	0	123
复习、考查		1	1	1	1	1	1	1	0	7
考　试		1	1	1	1	1	1	1	0	7
实践教学	专业见习							(2)		(2)
	专业实习								8	8
	课程设计			(1)	(1)	(1)	(1)			(4)
	生产劳动		(1)		(1)					(2)
	创新实践活动	(1)	(1)	(1)	(1)	(1)	(1)	(1)	(1)	(8)
	毕业设计							(2)	8	8+(2)
	毕业设计答辩								1	1
	毕业鉴定毕业教育								1	1
形势与政策（就业指导）		(1)	(1)	(1)	(1)	(1)	(1)	(1)	(2)	(9)
周数小计		18	19	19	19	19	19	19	18	150+(27)
合　计		19	20	20	20	20	20	20	18	157+(27)

附表43 金融数学专业教学环节学时和学分分配表

课程类型	周学时/学期								各类课程学时及学分				比例	
	一	二	三	四	五	六	七	八	讲授	实验实践	学时	学分	学时	学分
	15	18	18	18	18	18	18	16						
公共基础课	14	15	11	15					892	56	948	53.5	35.0%	25.6%
专业方向课 专业必修	11	12	10	14	16	9			1119	144	1263	69.5	46.6%	41.9%
专业方向课 专业选修					5	8	6		234	72	306	16	11.3%	9.6%
公共选修课									192	0	192	8	7.1%	4.8%
实践教学环节					2周	6周	16周		16周	24周		19		11.5%
合　计	25	27	21	29	21	17	6	16周	2437	272+16周	2709+24周	166	100%	100%

附表44 金融数学专业公共基础课程设置一览表

课程类别	课程名称	开设学期	学分	周课时	授课时间分配			实习实训	考核方式
					合计	其中			
						课程理论教学	课程实验教学		
公共基础课	思想道德修养与法律基础	1	3	3	42	42		6	考查
	马克思主义基本原理	2	3	3	42	42		6	考试
	中国近现代史纲要	3	2	2	24	24		8	考查
	毛泽东思想和中国特色社会主义理论体系概论	4	6	4	60	60		36	考查
	大学英语	1、2、3、4	15	4	260	195	65		考试
	计算机基础	1	2.5	3	42	21	21		考查
	体育	1、2、3、4	4	2	130	130			考试
	大学语文	2	3	3	51	51			考查
	政治经济学	2	3	3	54	54			考试
	微观经济学	3	3	3	54	54			考试
	宏观经济学	4	3	3	54	54			考试
	大学生心理健康	1	2	2	32	32			考查
	创业基础	4	2	2	32	32			考查
	大学生职业发展与就业指导	1、7	1						考查
	专业导论课	1	1						考查
	形势与政策(就业指导)	1～7	(2)						

表 45　金融数学专业课程设置一览表

类别	课程名称	总课时	讲授课时	实践课时	学分	开课学期和周学时							考核学期	
						一 15	二 18	三 18	四 18	五 18	六 18	七 12+(6)	八 (16)	考查	考试
专业必修课	数学分析1	60	60		3	4									1
	数学分析2	108	108		6		6								2
	数学分析3	72	72		4			4							3
	高等代数1	60	60		3	4									1
	高等代数2	72	72		4		4								2
	概率论	54	54		3			3							3
	数理统计	54	54		3				3						4
	解析几何	45	45		2.5	3									1
	计量经济学	72	54	18	4					3+1					5
	描述统计学	36	36		2		2							2	
	保险学原理	36	36		2					2					5
	会计学原理	36	36		2					2					5
	常微分方程	54	54		3				3						4
	金融学	54	54		3				3						4
	应用多元统计分析	54	36	18	3					2+1					5
	C语言与程序设计	54	36	18	3				2+1					3	
	金融工程学	54	36	18	3					2+1					5
	证券投资学	54	36	18	3				2+1						4
	运筹学	54	54		3						3				6
	应用随机过程	54	54		3						3				6
	数理金融	54	36	18	3						2+1				6
	货币银行学	36	36		2						2				5
	数学软件	36		36	2				0+2					4	
	小　计	1263	1119	144	69.5				9+1	11+3	13+3	8+1			

附表46 金融数学专业选修课课程设置一览表

类别		课程名称	总课时	讲授课时	实践课时	学分	开课学期和周学时								考核学期	
							一 15	二 18	三 18	四 18	五 18	六 18	七 12+(6)	八 (16)	考查	考试
专业方向课	金融统计方向	金融时间序列分析	54	36	18	3					2+1				5	
		金融经济学	36	36		2						3				6
		抽样调查	36	18	18	2					1+1				5	
		金融建模与计算	54	36	18	3						2+1			6	
		统计决策	36	18	18	2						1+1			6	
		小计	216	144	72	12					5	8				
	金融风险管理方向	金融数据挖掘	54	36	18	3					2+1				5	
		金融投资学	36	36		2						3				6
		投资理论	36	18	18	2					1+1				5	
		金融风险理论	54	36	18	3						2+1			6	
		国际金融	36	18	18	2						1+1			6	
		小计	216	144	72	12					5	8				
		备注	两个方向任选其一													
专业任选课		金融衍生品	36	36		2							3		7	
		金融会计	36	36		2							3		7	
		行为金融学	36	36		2							3		7	
		期货与期权实务	36	36		2							3		7	
		博弈论与信息经济学	36	36		2							3		7	
		投资银行学	36	36		2							3		7	
		金融与投资统计分析	36	36		2							3		7	
		资本市场理论	36	36		2							3		7	
		金融机构管理	36	36		2							3		7	
		保险精算	36	36		2							3		7	
		金融综合实验	36		36	2							0+3		7	
		企业资源规划	36		36	2							3		7	
		备注	应修读4学分													

金融学专业人才培养方案(对口招生)

(2017年修订)

一、专业方向

金融学专业为四年制、全日制本科专业,面向地方经济发展,培养符合银行、金融管理部门、互联网金融部门、金融资产公司、其他企事业单位等领域各相关金融岗位所需要的应用型金融人才。本专业以货币银行为主要培养方向，兼顾投资、证券、理财等。

二、培养目标

培养德、智、体、美全面发展，适应我国社会主义市场经济建设，掌握金融学科的基本理论和基本知识，熟悉金融法规和相关政策，了解金融学的理论前沿和发展动态，掌握银行业经营与营销基本知识，了解互联网＋形势下的新型金融业态发展，具有处理银行与金融管理等方面业务的技能，具备良好的经济、管理素质，能在银行、互联网金融部门、金融资产公司、金融管理部门和其他企事业单位从事银行业务、金融管理工作或教学科研工作，具有创新精神和较强实践能力的应用型金融专门人才。

三、培养要求

本专业培养基础知识实、实践能力强、综合素质高、社会责任感强，有一定创新和创业能力的应用型金融人才。毕业生应具备以下基本素质：

1. 思想政治素质

掌握马克思主义基本原理、毛泽东思想、邓小平理论和"三个代表"重要思想，深入落实科学发展观，坚持四项基本原则，具有良好的政治素质和高尚的社会道德。

2. 专业技能素质

（1）掌握经济学和管理学的基本理论、基本知识。

（2）熟悉商业银行、金融管理等方面的理论与实务，掌握相关的金融定性和定量分析方法。

（3）熟悉国内金融管理的方针、政策和法规及金融运行的国际惯例和规则，了解金融学的理论前沿和发展动态。

3. 文化素质

熟练掌握一门及以上外语，具有较强的语言文字表达能力和人际交往能力；掌握文献检索、资料查询及运用现代信息技术获取信息的基本方法，具有一定的科研能力；

4. 身心素质

具有健康的体魄，达到国家大学生体质健康标准。具有良好的心理素质，心理健康，沟通和协调能力较强。

四、能力分析表（见附表47）

附表47 能力分析表

综合能力	专项能力	能力要素	课程与实践
基础素质与能力	政治素质	热爱祖国，遵纪守法，掌握马克思主义基本原理、毛泽东思想、邓小平理论和"三个代表"重要思想，深入落实科学发展观，坚持四项基本原则，具有良好的政治素质和高尚的社会道德	思想道德修养与法律基础、马克思主义基本原理、毛泽东思想和中国特色社会主义理论体系概论、中国近现代史纲要、入学教育和军训、形势与政策等
	人文素质	具备人文知识、理解人文思想、掌握人文方法、遵循人文精神	大学语文、公益劳动、社会实践、毕业教育等

续表

综合能力	专项能力	能力要素	课程与实践
基础素质与能力	分析运算能力	具备数据分析处理能力和较强的运算能力	高等数学、线性代数、概率论与数理统计、数学建模大赛等
	英语应用能力	具备基本听说读写能力,掌握投资学专业资料分析能力	大学英语、英语四六级考试、毕业论文(设计)等
	计算机应用能力	具备计算机基础运用能力、计算机语言应用能力、计算机网络应用能力	计算机基础、计算机语言、计算机等级考试、毕业论文(设计)等
	利用现代化手段获取信息能力	具备网络资源搜集与整理能力、网络沟通能力、信息获取与应用能力	计算机基础、网络金融、毕业论文(设计)与综合训练、拓展能力等
	组织管理、语言表达、人际交往以及在团队中发挥作用的能力	具备基本组织与管理能力、较强的语言表达、较高的社会交往能力	管理学、大学语文、社会实践、创业教育与创业培训、社团工作等
	身心素质	具有健康的体魄,达到国家大学生体质健康标准;具有良好的心理素质,心理健康,沟通和协调能力较强	体育、军事军训、大学生心理健康教育、实训、毕业实习、社会实践、拜师学艺等
专业基础理论及应用能力	经济学和金融学基础知识及应用能力	掌握经济学、金融学的基本理论和基本知识及应用;掌握银行、投资、保险等方面基础知识及应用;掌握基本的财务知识及应用	宏观经济学、微观经济学、会计学基础、中级财务会计、会计报表分析、金融学、金融经济学、投资学、财政学、保险学等
专业知识及应用能力	金融学专业知识及应用能力	掌握金融学专业知识,具备金融分析能力、银行业务操作能力,熟悉国家相关法律	中央银行学、投资银行理论与实务、商业银行经营管理、金融计量学、信用管理学、金融工程、国际金融实务、金融法、毕业论文(设计)与综合训练等
专业基本技能	金融学专业基本技能	银行业务操作、理财分析与规划等	贷款项目评估、个人理财、金融营销、项目融资、外汇交易与管理、金融模拟实验等
创新创业能力	创新与创业能力	富于创新精神,勇于投身实践,具有较强创业能力和创业精神、金融创新能力	创业基础、大学生职业发展与就业指导、创业投资、网络电商创业、投资学科前沿、创新创业训练与培训、创业实训、创业实践等
社会责任感	具有强烈社会责任意识的高素质人才	坚持立德树人,加强社会主义核心价值体系教育,完善中华优秀传统文化教育,提升对国家、集体以及他人的担当,增强学生社会责任感	社会责任培养理论课程(思想道德修养与法律基础等),社会责任实践活动、社会责任竞赛活动等

五、学制、学位与最低学分要求

学制四年,学完规定课程,修满172.5学分,成绩合格,并完成创新创业、社会责任以及素质拓展学分最低要求,颁发全日制普通高等学校金融学本科专业毕业证书;符合学士学位授予条件的,授予经济学学士学位。

六、实践性教学环节

实践性教学环节主要有:军事军训(含军事理论)、形势与政策(创业与就业指导)、公益劳动、社会实践、毕业教育、毕业实习、毕业论文(设计)与综合训练、金融模拟实验、创业教育与创业实训等,具体安排如附表48所示。

附表48 集中性实践教学环节安排表

实践教学项目	学分	周数	安排学期	实践方式
入学教育和军训(含军事理论)	4	4	1	集中
毕业论文和毕业实习	11	11	8	集中
金融技能综合实训	4	4	7	集中
生产实习	2	2	7	集中
认知实习	1	2	3	集中
创业教育与创业实训)	3	3	7	集中
合计	25	25		

七、课程结构比例(见附表49)

附表49 课程结构比例

课程类别	学分	学时	课程理论教学学时	课堂实践教学学时	占学分比例
公共基础课	65.5	982	871	111	37.90%
公共选修课	10	160	160	0	5.80%
专业基础课	32	512	488	24	18.55%
专业主干课	28	432	346	86	16.23%
专业方向课	12	188	180	8	6.96%
集中实践教学	25	25周			14.56%
总计	172.5		2045	229	100%

八、主干学科和主要课程

1. 主干学科

理论经济学、应用经济学。

2. 主要课程

微观经济学、宏观经济学、经济法律概论、会计学基础、中级财务会计、会计报表分析、金融学、金融中介学、投资学、保险学、统计学、管理学原理、商业银行经营学、投资银行学、个人理财、中央银行学、国际金融学、信用管理学等。

九、相近专业

投资学、保险学、金融工程。

十、教学时间安排总表(见附表50)

附表50 金融学专业(对口招生)教学时间安排总表

项目\学期	一		二		三		四		合计
	1	2	3	4	5	6	7	8	
入学教育和军训（含军事理论）	2								2
课堂教学	16	18	18	18	18	16	10		114
复习考试	2	2	2	2	2	2	2		14
认知实习						2			2
金融技能综合实训							2		2
生产实习							4		4
创业培训与实训							2		2
毕业论文和毕业实习								11	11
毕业教育								1	1
毕业答辩								2	2
机动								6	6
总周数	20	20	20	20	20	20	20	20	160

十一、教学进程表(见附表51)

附表51 金融学专业(对口招生)教学教程表

课程类别	课程代码	课程名称	开设学期	学分	周课时	授课时间分配			实践课	考核方式	备注
						合计	课程理论教学	课程实验教学			
公共基础课	1210016	思想道德修养与法律基础	1	3	3	42	42		6	考查	
	1210013	马克思主义基本原理	2	3	3	42	42		6	考试	
	1210015	中国近现代史纲要	3	2	2	24	24		8	考查	
	1210014	毛泽东思想和中国特色社会主义理论体系概论	4	6	4	60	60		36	考查	
	0510041	大学英语Ⅰ	1	4	4	64	50	14		考试	
	0510042	大学英语Ⅱ	2	4	4	64	50	14		考试	
	0510043	大学英语Ⅲ	3	4	4	64	50	14		考试	
	0510044	大学英语Ⅳ	4	4	4	64	50	14		考试	
	0610001	计算机基础	1	2.5	3	40	20	20		考查	

续表

课程类别	课程代码	课程名称	开设学期	学分	周课时	授课时间分配			实践课	考核方式	备注
						合计	其中				
							课程理论教学	课程实验教学			
专业基础课	0600004	计算机语言	2	4	5	85	51	34		考试	
	1300001	体育Ⅰ	1	1	2	32	32			考试	
	1300002	体育Ⅱ	2	1	2	32	32			考试	
	1300003	体育Ⅲ	3	1	2	32	32			考试	
	1300004	体育Ⅳ	4	1	2	32	32			考试	
	0702207	经济数学	1	5	6	84	84			考试	
	0702304	线性代数	3	3	3	48	48			考试	
	0722102	概率论与数理统计	2	4	4	64	64			考试	
	0711901	大学语文	2	3	3	48	48			考查	
	0713501	大学生心理健康	1	2	2	32	28	4		考查	
	0118091	专业导论课	1	1	2	16	10	6		考查	
	1401089	形势与政策（安全教育）	1～8	2						考查	
	0104201	创业基础	3	2	2	32	32			考查	创新创业课
	0713277	大学生职业发展与就业指导	1、7	2	3	32	32			考查	
	小　计			65.5		982	871	111	56		
	1210066	经济法律概论	1	2	2	32	32			考查	
	0310003	管理学原理	1	2	2	32	28	4		考查	
	0418822	微观经济学	2	3	3	48	48			考试	
	0418832	宏观经济学	3	3	3	48	48			考试	
	0310001	统计学	3	3	3	48	48			考试	
	0114013	金融学	3	4	4	64	64			考试	
	0201013	中级财务会计（上）	3	3	3	48	36	12		考试	
	0201013	中级财务会计（下）	4	4	4	64	60	4		考试	
	0306001	投资学	4	3	3	48	44	4		考试	
	0114144	保险学	5	3	3	48	48			考试	
	0101013	财政学	6	2	2	32	32			考试	
	小　计			32		512	488	24			

续表

课程类别	课程代码	课程名称	开设学期	学分	周课时	授课时间分配			实践课	考核方式	备注
						合计	其中				
							课程理论教学	课程实验教学			
专业主干课	0114014	金融中介学	3	2	2	32	32			考查	
	0114023	商业银行经营学	4	3	3	48	42	6		考试	
	0114243	证券投资学	4	3	3	48	40	8		考试	
	0114084	国际金融学	4	3	3	48	42	6		考试	
	0118040	证券投资分析(证券从业)	5	3	3	48	20	28		考查	
	0118020	基金销售基础(基金从业)	5	3	3	48	36	12		考试	
	0114073	中央银行学	5	2	2	32	32			考查	
	0118030	证券交易(证券从业)	6	2	2	32	28	4		考查	
	0114274	信用管理学	6	2	2	32	32			考查	
	0114033	投资银行学	6	3	3	48	42	6		考试	
	0114083	金融模拟实验	7	2	2	16		16		考查	创新创业课
		小 计		28		432	346	86			
专业方向课		银行业法律法规与综合能力(原银行从业公共基础)	5	2	2	32	32			考查	
	0201007	会计报表编制与分析	5	2	2	32	32			考查	
	0114112	金融会计	5	2	2	32	32			考查	
	0118045	理财规划	5	2	2	32	32			考查	
	0114275	创业投资	6	2	2	32	28	4		考查	
	0104033	金融营销	6	2	2	32	28	4		考查	
	0114273	互联网金融	6	2	2	32	28	4		考查	
	0104199	现货交易原理与实务(现货从业)	6	2	2	32	28	4		考查	
	0302019	房地产金融	7	2	3	30	30			考查	
	0114089	行为金融学	7	2	3	30	30			考查	
	0114222	金融监管	7	2	3	30	30			考查	
	0114251	期货基础(期货从业)	7	2	3	30	30			考查	
		小 计		12		188	180	8			

说明:以上专业选修课分布在第5、6、7三个学期,每学期从四门选修课程中任选两门,三学期共需修满12学分,总课时为188学时,其中理论课为180学时,实验课为8学时

续表

课程类别	课程代码	课程名称	开设学期	学分	周课时	授课时间分配			实践课	考核方式	备注
						合计	其中				
							课程理论教学	课程实验教学			
公共选修课	教务处统一搭建	平台上各类不同模块的课程中,各专业学生选修公共选修课学分不少于10学分,其中理工类学科专业选修文法经管类学分不少于2学分,文法经管类学科选修理工类选修课学分不少于2学分。各学科专业的学生不得选修属于本专业必修课或相近的选修课,否则,所修学分无效。									
	小计			10		160	160			考查	小计
拓展学分课程		单列,具体见创新创业模块和社会责任模块									
	小计(不计入总学分)			(5)							
	课堂教学小计			147.5		2274	2045	229			
	实践教学环节小计			25							
	合计			172.5		2274	2045	229	(56)		

说明:第七学期理论课安排在第10周末结束,第12周进行期末考核。

十二、创新创业模块(10个学分,见附表52)

	课程	开设学期	学分	课时	理论课时	实践课时	备注
创新创业模块	创业基础	1	2	32	32		教务处安排
	大学生职业发展与就业指导	1	2	32	32		教务处安排
	创业模拟实训		3				学院安排
	网商创业培训		3				学院安排
	创业大赛		3				学生报名
	大学生创新创业训练计划		3				学生申报
	创业计划书		3				学生自行完成
	创业调研与实践		3				学生自行完成
	合计		24	64			

说明:创新创业模块需修满10个学分,其中《创业基础》、《大学生职业发展与就业指导》由教务处统一安排。剩余学分学生可在创新创业模块的其他项目中进行选择,完成后即可以获得相应学分。学分的认定工作由学院和班级共同完成。

十三、社会责任模块学分构成(28个学分)

1. 社会责任培养课程(选修/必修,共26个学分,见附表53)

序号	课程名称	学分
1	思想道德修养与法律基础	3
2	中国近现代史纲要	2
3	马克思主义基本原理	3
4	毛泽东思想与中国特色社会主义理论体系概论	3
5	形势与政策	2
6	军事训练	2
7	大学生心理健康	2
合计	说明：以上部分课程由学校和教务处平台搭建	17
8	入学教育	2
9	毕业教育	2
10	大学生生涯规划与就业素养教育	2
11	人文科学类或社会科学类公选课	2
12	安全教育	1
合计	说明：以上部分社会责任模块由学院自主安排，学分由学院和班级进行认定。	9
总计	必须完成26个学分	

2. 社会责任实践活动（选修，不低于2学分，见附表54）和相关资格证书（见附表55）

附表54　金融学专业（对口招生）社会责任实践活动

序号	项目及标准		学分	备注
1	各类社会实践活动	国家级	6	提供获奖证书
2		省级	4	提供获奖证书
3		校级	2	提供获奖证书
4	参加学院以上"三下乡"社会实践团队，撰写较高质量的调查报告		2	提供调查报告与团队总结
5	参加社会实践，提出合理化建议，并产生一定的经济与社会效益		2	提供当地的相关证明
6	参加志愿服务、公益活动、社团活动、校园文化		2	提供志愿服务记录
7	班级干部、院校学生会成员、社团工作人员等工作满一年，经考核合格 服务中心工作一年，经考核合格		2	提供考核意见
8	获得各类职业资质证书		2	提供证书
9	获得院级以上表彰	省级以上	4	提供获奖证书
		校级/市级	2	提供获奖证书
		院级	1	提供获奖证书

附表55　金融学专业(对口招生)相关职业资格证书

证书名称	发证单位
理财规划师	人力资源与社会保障保部
证券从业资格证	中国证券业协会
保险从业资格证	中国保监会
中国注册金融分析师	金融研究所与中国企业联合会
创业培训(或实训)合格证书	人力资源与社会保障保部
现货分析师证	天津渤海商品交易所总部
商品分析师证等	人力资源和社会保障部

3. 社会责任竞赛活动(含各类竞赛活动,选修,见附表56)

附表56　金融学专业(对口招生)社会责任竞赛活动

级 别	获奖等级	学 分	备 注
国家级	一等奖(及以上)	10	
	二等奖	8	
	三等奖	6	
	优秀奖	4	
省部级	一等奖(及以上)	6	第一名等同一等奖(以此类推),提供获奖证书或表彰文件;集体获奖参与成员按相应等级计分;同一内容多次获奖的按最高奖项认定,不重复计算
	二等奖	5	
	三等奖	4	
	优秀奖	2	
校(地市)级	一等奖(及以上)	2	
	二等奖	1.5	
	三等奖	1	
	优秀奖	0.5	
院(部门)级	一等奖(及以上)	1	
	二等奖	0.5	

说明:金融学专业学生在校期间至少取得28个社会责任学分,社会责任培养课程不少于26学分。参加社会责任实践活动或者社会责任竞赛活动既可以获得其他相应学分。学分的认定工作由班级登记核实并上报学院,学院核实后进行认定。

附录二 中国大学学科门类目录

附表47 中国大学学科门类目录

学科门类代码、名称	一级学科代码、名称	二级学科代码、名称①
01 哲学	0101 哲学	略
02 经济学	0201 理论经济学	020101 政治经济学
		020102 经济思想史
		020103 经济史
		020104 西方经济学
		020105 世界经济
		020106 人口、资源与环境经济学
	0202 应用经济学	020201 国民经济学
		020202 区域经济学
		020203 财政学
		020204 金融学
		020205 产业经济学
		020206 国际贸易学
		020207 劳动经济学
		020208 统计学
		020209 数量经济学
		020210 国防经济

① 只保留经济管理类二级学科,其他学科的二级学科省略。

续表

学科门类代码、名称	一级学科代码、名称	二级学科代码、名称
03 法学	0301 法学	略
	0302 政治学	
	0303 社会学	
	0304 民族学	
	0305 马克思主义理论	
04 教育学	0401 教育学	略
	0402 心理学	
	0403 体育学	
05 文学	0501 中国语言文学	略
	0502 外国语言文学	
	0503 新闻传播学	
	0504 艺术学	
06 历史学	0601 历史学	略
07 理学	0701 数学	略
	0702 物理学	
	0703 化学	
	0704 天文学	
	0705 地理学	
	0706 大气科学	
	0707 海洋科学	
	0708 地球物理学	
	0709 地质学	
	0710 生物学	
	0711 系统科学	
	0712 科学技术史	

续表

学科门类代码、名称	一级学科代码、名称	二级学科代码、名称
08 工学	0801 力学	略
	0802 机械工程	
	0803 光学工程	
	0804 仪器科学与技术	
	0805 材料科学与工程	
	0806 冶金工程	
	0807 动力工程及工程热物理	
	0808 电气工程	
	0809 电子科学与技术	
	0810 信息与通信工程	
	0811 控制科学与工程	
	0812 计算机科学与技术	
	0813 建筑学	
	0814 土木工程	
	0815 水利工程	
	0816 测绘科学与技术	
	0817 化学工程与技术	
	0818 地质资源与地质工程	
	0819 矿业工程	
	0820 石油与天然气工程	
	0821 纺织科学与工程	
	0822 轻工技术与工程	
	0823 交通运输工程	
	0824 船舶与海洋工程	
	0825 航空宇航科学与技术	
	0826 兵器科学与技术	
	0827 核科学与技术	
	0828 农业工程	
	0829 林业工程	
	0830 环境科学与工程	
	0831 生物医学工程	
	0832 食品科学与工程	

续表

学科门类代码、名称	一级学科代码、名称	二级学科代码、名称
09 农学	0901 作物学	略
	0902 园艺学	
	0903 农业资源利用	
	0904 植物保护	
	0905 畜牧学	
	0906 兽医学	
	0907 林学	
	0908 水产	
10 医学	1001 基础医学	略
	1002 临床医学	
	1003 口腔医学	
	1004 公共卫生与预防医学	
	1005 中医学	
	1006 中西医结合	
	1007 药学	
	1008 中药学	
11 军事学	1101 军事思想及军事历史	略
	1102 战略学	
	1103 战役学	
	1104 战术学	
	1105 军队指挥学	
	1106 军制学	
	1107 军队政治工作学	
	1108 军事后勤学与军事装备学	
12 管理学	1201 管理科学与工程	120100 管理科学与工程
	1202 工商管理	120201 会计学
		120202 企业管理
		120203 旅游管理
		120204 技术经济及管理
	1203 农林经济管理	120301 农业经济管理
		120302 林业经济管理

续表

学科门类代码、名称	一级学科代码、名称	二级学科代码、名称
12 管理学	1204 公共管理	120401 行政管理
		120402 社会医学与卫生事业管理
		120403 教育经济与管理
		120404 社会保障
		120405 土地资源管理
	1205 图书馆、情报与档案管理	120501 图书馆学
		120502 情报学
		120503 档案学
13 艺术学	1301 艺术学理论	略
	1302 音乐与舞蹈学	
	1303 戏剧与影视学	
	1304 美术学	
	1305 设计学	